CASE STUDY

法学案例研习系列

刑事诉讼法案例研习

谢丽珍　朱若荪　编著

法律出版社
LAW PRESS · CHINA
——北京——

图书在版编目(CIP)数据

刑事诉讼法案例研习 / 谢丽珍，朱若荪编著. -- 北京：法律出版社，2022
ISBN 978-7-5197-7465-3

Ⅰ. ①刑… Ⅱ. ①谢… ②朱… Ⅲ. ①刑事诉讼法－案例－中国 Ⅳ. ①D925.205

中国国家版本馆 CIP 数据核字(2023)第002092号

刑事诉讼法案例研习
XINGSHI SUSONGFA ANLI YANXI

谢丽珍 朱若荪 编著

责任编辑 郑怡萍
装帧设计 凌点工作室

出版发行 法律出版社
编辑统筹 法律教育出版分社
责任校对 杨锦华 王语童
责任印制 刘晓伟
经　　销 新华书店

开本 710毫米×1000毫米 1/16
印张 17.75　字数 276千
版本 2022年12月第1版
印次 2022年12月第1次印刷
印刷 北京虎彩文化传播有限公司

地址：北京市丰台区莲花池西里7号(100073)
网址：www.lawpress.com.cn
投稿邮箱：info@lawpress.com.cn
举报盗版邮箱：jbwq@lawpress.com.cn

销售电话：010-83938349
客服电话：010-83938350
咨询电话：010-63939796

书号：ISBN 978-7-5197-7465-3
定价：45.00元

作者简介

谢丽珍　湖北大冶人。法学博士,现为温州大学法学院副教授,硕士生导师,法律系主任,清廉温州建设研究中心执行副主任,浙江法治政府研究院兼职研究员。2001 年毕业于中南财经政法大学,获法学学士学位;2004 年毕业于中南财经政法大学,获法学硕士学位;2015 年,毕业于中国政法大学,获法学博士学位。2016 年 12 月 ~2017 年 12 月,入选中共中央政法委、教育部等"双千计划"人才,挂职温州市中级人民法院研究室副主任。温州市公安局禁毒大队兼职讲师,温州市纪委"清廉温州"讲师团成员,温州市人民检察院听证员,温州市政法委执法监督专家智库成员,温州市 551 人才,永嘉县人民检察院专家咨询委员会委员,瓯海区劳动局兼职仲裁员。主要研究方向为诉讼法、监察法和司法制度。已出版著作两本,参编教材多部;独立发表 CSSCI 论文十余篇,主持教育部课题一项,参与国家社科、司法部、教育部、最高人民法院、最高人民检察院等课题十多项;作为主要人员分别参与过智库团队和高级科研团队。

朱若荪　浙江温州人。法律硕士,现为浙江省温州市中级人民法院环境资源庭庭长、温州市女法官协会副会长。1993 年毕业于杭州大学法律系,获法学学士学位;2006 年毕业于浙江大学法律系,获法律硕士学位。历任温州市中级人民法院刑二庭副庭长、研究室主任。2018 年 6 月 ~2020 年 6 月挂职温州市龙湾区人民法院副院长。主要研究方向为刑事司法和行政审判。《沈建雄等非法吸收公共存款案》荣获"促公正 · 法官梦"第三届全国青年法官优秀案例评选一等奖;《滥用职权造成恶劣社会影响即构成犯罪》《沈建雄等非法吸收公众存款案》《检视与探析:我国个人破产若干制度之构建——基于浙江个人债务集中清理实践的思考》等多篇文章发表于国家级刊物。作为主要人员参与《关于人民法院组织制度建设的调研》《司改背景下建立健全专业法官会议制度的调研》《论法官员额制改革的发展与完善》《司法公信力指数研究》等课题。

目　录

基本理论

基本制度

普通程序

PART 01

基本理论

1

Case Study

邱某某故意杀人案

刑诉目的 | 人权保障

研读指导

1. 刑事诉讼中人权保障的内涵包括哪些？
2. 如何认识刑事诉讼中惩罚犯罪与保障人权的关系？

相关法条

《中华人民共和国刑事诉讼法》第一条　为了保证刑法的正确实施，惩罚犯罪，保护人民，保障国家安全和社会公共安全，维护社会主义社会秩序，根据宪法，制定本法。

第二条　中华人民共和国刑事诉讼法的任务，是保证准确、及时地查明犯罪事实，正确应用法律，惩罚犯罪分子，保障无罪的人不受刑事追究，教育公民自觉遵守法律，积极同犯罪行为作斗争，维护社会主义法制，尊重和保障人权，保护公民的人身权利、财产权利、民主权利和其他权利，保障社会主义建设事业的顺利进行。

近似案例

聂露勇故意杀人罪、强奸罪［（2017）最高法刑核30105293号］

■ 案情介绍

2006年6月18日~7月2日，被告人邱某某因怀疑女儿不是其亲生，与其妻何某某两次到陕西省汉阴县铁瓦殿抽签求卦，并留宿于殿堂内。在此期间，邱某某因私自移动殿内两块石碑，与殿内管理人员宋某某发生争执，又因怀疑殿内主持熊某某调戏其妻，遂对宋某某与熊某某两人心怀怨恨，产生了杀人灭殿的恶念。2006年7月14日晚，被告人邱某某在铁瓦殿举行观音会之际赶到殿内。趁主持熊某某等5名管理人员和吴某某等5名香客在火炉边烤火之际，邱某某从厨房偷走了砍柴用的弯刀，待上述10人熟睡后，依次到房间内向10名被害人头部各砍数刀。随后，邱某某又找来斧头向每个被害人头部砍击，造成10名被害人全部死亡。尔后，被告人邱某某又将熊某某的器官剐出烹炒。次日天亮后，被告人邱某某从熊某某房内搜出黑色帆布包内的钱财共计722.2元据为己有，并写下署名为“邱金发”的借据。随后，邱某某将杀人工具等物品放在柴堆上，放火燃烧，并于2006年7月15日晚7时许逃离铁瓦殿。

2006年7月30日晚11时，在湖北省随州市曾都区万福店农场，即武汉—安康铁路复线施工地一临时工棚内，被告人邱某某持一把铁铲劈向正在照看工地材料的周某某。周某某躲避后，背部仍被划伤。被告人邱某某将棚内的一黑色旅行包抢走。因包内无钱，遂将包丢弃于路边的棉花地内。

2006年7月31日上午，被告人邱某某逃至随州市万福店农场魏岗村二组村民魏某某家中，以帮其补盆和合伙做鱼干生意为由，骗取了魏某某的信任。后在其家用餐时，发现魏家有钱，便于当日下午再去魏家，晚饭后用弯刀朝三人头部砍去，将三人砍伤后，被告人邱某某取得现金1302元以及雨伞、手提灯，并逃离现场。魏某某因伤势过重医治无效死亡，其妻女两人的伤情经鉴定系重伤。8月1日凌晨，被告人邱某某乘坐K357次列车返回安康。8月19日被告人邱某某在潜逃回家时被公安机关抓获归案。

2006年8月20日，被告人邱某某因涉嫌故意杀人罪被陕西省汉阴县公安局刑事拘留，8月29日，经汉阴县人民检察院批准，由汉阴县公安局执行逮捕；10月19日，陕西省安康市中级人民法院作出一审判决，被告人邱某某犯故意杀人罪，判处死刑，剥夺政治权利终身；犯抢劫罪，判处死刑，剥夺政治权利终身，并处没收财产人民币5000元。数罪并罚，决定执行死刑，剥夺政治权利终身，并处没收财产人民币5000元。

一审宣判后，邱某某提起了上诉。2006年12月8日，陕西省高级人民法院二审开庭，二审庭审主要围绕两大争议焦点进行，即对犯罪原因的认定和是否采纳司法精神病鉴定申请。控辩双方在庭审中展开了激烈辩论。邱某某的辩护律师提出对邱某某进行司法精神病鉴定的请求，因未提交有说服力的证据而未被法庭采纳。经过审理，二审法院认为原审判决认定上诉人的犯罪事实清楚、证据确实充分，定罪准确，量刑适当，审判程序合法。故依照《刑事诉讼法》的有关规定作出驳回上诉、维持原判的终审裁定。

■ 疑难点释析

本案涉及的疑难点主要集中在法院驳回当事人家属申请司法鉴定的程序是否违法。

司法精神病鉴定既涉及诉讼程序中的举证责任，也事关人权保障和惩罚犯罪的价值平衡，但是相关法律和司法解释在司法精神病鉴定的启动标准方面却没有明确具体的规定，导致司法机关和被告人及其近亲属、辩护人面对此问题时无所适从，影响了司法的公正和效率。本案中，被告人家属及辩护人申请对邱某某进行司法精神病鉴定，相关部门均未采纳其申请。根据我国《刑事诉讼法》的规定，法院直接进行判决的做法并不违法。《刑事诉讼法》第146条规定："为了查明案情，需要解决案件中某些专门性问题的时候，应当指派、聘请有专门知识的人进行鉴定。"此外，公安部于2020年7月20日修正的《公安机关办理刑事案件程序规定》第248条，最高人民检察院于2019年12月2日通过的《人民检察院刑事诉讼规则》第218条也有类似的规定。《刑事诉讼法》第196条规定："法庭审理过程中，合议庭对证据有疑问的，可以宣布休庭，对证据进行调查核实。人民法院调查核实证据，可以进行勘验、检查、查封、扣押、鉴定和查询、冻结。"

《刑事诉讼法》第148条规定："侦查机关应当将用作证据的鉴定意见告知犯罪嫌疑人、被害人。如果犯罪嫌疑人、被害人提出申请，可以补充鉴定或者重新鉴定。”《刑事诉讼法》第 197 条第 1 款规定:“法庭审理过程中,当事人和辩护人、诉讼代理人有权申请通知新的证人到庭,调取新的物证,申请重新鉴定或者勘验。”《公安机关办理刑事案件程序规定》第 252 条规定:“对鉴定意见,侦查人员应当进行审查。对经审查作为证据使用的鉴定意见,公安机关应当及时告知犯罪嫌疑人、被害人或者其法定代理人。”该规定第 253 条至第 256 条规定了犯罪嫌疑人、被害人对鉴定意见有异议,可以申请补充鉴定或者重新鉴定。《人民检察院刑事诉讼规则》第 221 条第 2 款规定:“犯罪嫌疑人、被害人或被害人的法定代理人、近亲属、诉讼代理人提出申请,可以补充鉴定或者重新鉴定,鉴定费用由请求方承担……”该规则第 221 条第 3 款规定:“犯罪嫌疑人的辩护人或者近亲属以犯罪嫌疑人有患精神病可能而申请对犯罪嫌疑人进行鉴定的,鉴定费用由申请方承担。”通过上面的分析可以得出如下结论:在我国,司法精神病鉴定的启动主体为各级司法机关,包括公安机关、人民检察院、人民法院,司法机关在其负责的诉讼阶段各自享有独立启动司法精神病鉴定的权力,且不会受到相互制约。在必要的时候,司法机关可以启动补充鉴定和重新鉴定程序,且鉴定次数没有限制。犯罪嫌疑人、被告人和被害人仅有补充鉴定和重新鉴定的申请权,而无司法精神病鉴定启动的决定权,且法律也没有赋予当事人对启动鉴定的异议权等相应的救济权利。至于启动初次鉴定的申请权,只有《人民检察院刑事诉讼规则》在规定鉴定费用承担主体时,间接表明犯罪嫌疑人的辩护人或者近亲属有申请司法精神病鉴定的权利。

本案中,公安机关在抓捕犯罪嫌疑人后,就会对嫌疑人的多起犯罪行为进行全面侦查,同时,也会对其行为作出基本的判断,确认其是否具备完全的刑事责任能力,在本案的整个侦查过程中,犯罪嫌疑人家属及其律师均未提及犯罪嫌疑人不具备刑事责任能力,只是在开庭审理过程中提出对犯罪嫌疑人进行精神病鉴定的请求,但未提交足够的证据予以证明。此外,根据我国《刑事诉讼法》的规定,有权直接启动司法鉴定的主体是公、检、法等机关,当事人及其代理人、辩护人既没有直接启动司法鉴定的权利,也没有申请司法鉴定的权利,他们只有在对公安、司法机关现有的鉴定意见不服的情况下,才有申请重新鉴定和补充鉴定的权利。除此之外,在公安、司法机关对当事人的重新鉴定或补充鉴定申请不予批准的情况下,立法也并没有赋予当事人有效的救济途径。

■ 知识点梳理

2004年3月14日，第十届全国人民代表大会第二次会议通过《宪法修正案》，首次将“人权”概念引入《宪法》，明确规定“国家尊重和保障人权”。

《刑事诉讼法》第1条规定：“为了保证刑法的正确实施，惩罚犯罪，保护人民，保障国家安全和社会公共安全，维护社会主义社会秩序，根据宪法，制定本法。”这是我国《刑事诉讼法》制定的目的。

《刑事诉讼法》第2条规定：“中华人民共和国刑事诉讼法的任务，是保证准确、及时地查明犯罪事实，正确应用法律，惩罚犯罪分子，保障无罪的人不受刑事追究，教育公民自觉遵守法律，积极同犯罪行为作斗争，维护社会主义法制，尊重和保障人权，保护公民的人身权利、财产权利、民主权利和其他权利，保障社会主义建设事业的顺利进行。”因此，“尊重和保障人权”既是我国《宪法》的基本要求，也是我国《刑事诉讼法》的基本任务，是人民法院、人民检察院、公安机关、司法行政机关、刑事裁判执行机关等均须遵守的总任务之一，与之相应的各项具体诉讼制度和诉讼程序都不得与之相违背，它是作为刑事司法的“红线”和“标线”存在的。

刑事诉讼中的保障人权包含三个层次的要求：第一个层次是保障犯罪嫌疑人、被告人和罪犯的权利，防止无罪的人受到刑事法律追究，防止有罪的人受到不公正的处罚；第二个层次是保障所有诉讼参与人，特别是被害人的权利；第三个层次是通过对犯罪的惩罚保护广大人民群众的权利不受犯罪侵害。其中第一层面保障被追诉人的权利是保障人权的重心所在。[1]

刑事诉讼中，被追究者的人权保障之所以非常重要，是因为国家专门机关在追究、惩罚犯罪的过程中，有时会不自觉地超越权力，从而侵犯了诉讼参与人的权利，特别是犯罪嫌疑人、被告人的权利，导致错追错判，严重损害了司法公正。正因如此，世界上任何民主法治环境下制定的刑事诉讼法，都着重规定了旨在保障人权的各种原则、制度和程序，以把惩治犯罪的权力的使用关在制度的笼子里。我国的《刑事诉讼法》也是如此，它规定了保障无罪的人不受刑事追究的原则，规定了控

---

〔1〕 陈光中主编：《刑事诉讼法》，北京大学出版社、高等教育出版社2021年版，第12页。

辩平等原则，规定了不得强迫自证其罪原则和非法证据排除规则等一系列保障人权的原则、制度和程序。随着我国社会主义民主法治建设的不断发展，我国《刑事诉讼法》中的人权理念和制度保障将进一步加强和完善。

2
Case Study

黄新故意杀人案

法院依法定罪原则

■ 研读指导

1. 法院依法定罪原则的内涵。
2. 证据存疑案件的审查判断及处理原则。

■ 相关法条

《中华人民共和国刑事诉讼法》第十二条　未经人民法院依法判决，对任何人都不得确定有罪。

第五十一条　公诉案件中被告人有罪的举证责任由人民检察院承担，自诉案件中被告人有罪的举证责任由自诉人承担。

第五十二条　审判人员、检察人员、侦查人员必须依照法定程序，收集能够证实犯罪嫌疑人、被告人有罪或者无罪、犯罪情节轻重的各种证据。严禁刑讯逼供和以威胁、引诱、欺骗以及其他非法方法收集证据，不得强迫任何人证实自己有罪。必须保证一切与案件有关或者了解案情的公民，有客观地充分地提供证据的条件，除特殊情况外，可以吸收他们协助调查。

第二百条　在被告人最后陈述后，审判长宣布休庭，合议庭进行评议，根据已经查明的事实、证据和有关的法律规定，分别作出以下判决：（一）案件事实清楚，证据确实、充分，依据法律认定被告人有罪的，应当作出有罪判决；（二）依据法律认定被告人无罪的，应当作出无罪判决；（三）证据不足，不能认定被告人有罪的，应当作出证据不足、指控的犯罪不能成立的无罪判决。

近似案例

陈传钧抢劫案[(2014)粤高法刑四终字第127号]

案情介绍

被告人黄新,男,31岁,公司职员,住河南省郑州市东明路。1998年10月26日被监视居住,同年11月3日被逮捕。

被告人黄新故意杀人案,由河南省郑州市人民检察院于2001年2月1日向河南省郑州市中级人民法院提起公诉。

起诉书指控:1998年10月23日晚,被告人黄新与女友刘燕在与刘燕同村的王三梅家打牌。打牌过程中,黄新与刘燕二人发生了口角,后两人一同回到同居的住处。第二天早上9时许,黄新离开该住处。上午10时30分左右,刘燕父亲刘转运上楼检查电话线时发现刘燕被害。经法医鉴定:刘燕系被他人扼勒颈部并用单刃刺器刺伤左颈部致机械性窒息合并失血性休克而死亡,死亡时间约为1998年10月24日凌晨1时许。公安机关经过现场调查及讯问黄新,同时根据法医对刘燕死亡时间的鉴定证实:刘燕被害时,只有黄新在场。根据黄新的供述、刘转运等证人证言、鉴定结论、现场勘查笔录,以及有关查证情况等证据,公诉机关认为,黄新故意非法剥夺他人生命,致刘燕死亡,其行为已构成故意杀人罪。

被告人黄新否认杀害刘燕。

被告人黄新的辩护人辩称:公诉机关仅依据有关刘燕死亡时间的鉴定结论,指控被告人黄新构成故意杀人罪,严重不符合"证据应当确实充分"的法定证明标准。在本案中,黄新没有故意杀害刘燕的犯罪动机;起诉书认定的刘燕死亡时间与刑事技术鉴定书记载的刘燕尸体的尸斑、角膜、瞳孔等尸体现象明显不符;死者体内检出了非黄新所留的"大量精子",说明刘燕有可能是在黄新离开后被他人所害,刘燕被害一案应另行核实定性为强奸杀人案。

法庭调查中,控辩双方对公诉机关提供的证据进行了质证:

1. 公诉机关提供的被告人黄新的所有供述材料,刘转运、任素勉、王三梅等证人证言以及黄新当庭供述可以证明:案发前一天晚上,黄新和刘燕在王三梅家打牌时发生了口角。案发当日上午9时许,黄新离开刘燕家,并与刘燕之母任素勉有过对话。黄新离开刘燕后帮其姐去买电脑配件。上午10时30分左右,刘转运发现女儿刘燕被害死亡。

被告人黄新辩称没有杀害刘燕,自1998年10月23日晚至次日上午9时许,他和刘燕始终在一起,他离开时刘燕还活着。辩护人认为:黄新与刘燕发生口角之事,不能证明黄新具有杀害刘燕的动机。

2. 公诉机关提供的郑州市公安局(98)公法医鉴字第243号刑事技术鉴定书(以下简称243号鉴定书)的"现场情况"一栏中有关于刘燕被杀案现场勘查笔录的记载:刘燕遇害的现场位于二楼的西侧,为一室一厅居室,门锁完好,无撬压痕迹;室内的厕所外窗开启,纱窗关闭,未见攀爬痕迹;卧室西侧、南侧窗户均为铝合金推拉窗,未见攀爬痕迹。

被告人黄新的辩护人认为:该刑事技术鉴定书"现场情况"的有关记载是错误的。有关该案现场的照片显示:卧室西侧窗户铝合金推拉窗及纱窗均呈开启状,卧室南侧窗户铝合金推拉窗开启、纱窗关闭。

3. 公诉机关提供的243号鉴定书记载:"根据尸检情况,死者颈前及右侧有散在片状擦伤及皮下出血,甲状软骨有一水平走向的环形闭锁式索沟,颈部皮下及肌肉组织出血,结合颜面部青紫肿胀、眼结膜点状出血、心肺外膜下点状出血等窒息征象,说明刘燕生前曾被人扼颈(手)、勒颈(电源线)致机械性窒息。死者颈部插一匕首,检验见其创道斜向内后下方,致左侧颈内静脉贯通创、左侧锁骨下动脉一分枝横断,左胸腔内大量积血,结合尸斑较浅淡、两肺苍白等失血征象,说明刘燕系在心脏尚未完全停跳时被人用单刃刺器(匕首)刺伤左颈部致大量失血。""刘燕系被他人扼勒颈部并用单刃刺器刺伤左颈部致机械性窒息合并失血性休克而死亡。"

被告人黄新的辩护人认为:由于凶器之一的匕首来源不明,凶器上也没有提取到指纹,没有证据证明是黄新实施了用手扼颈、用电源线勒颈并用单刃刺器刺伤刘燕左颈部致刘燕死亡的行为。

4. 公诉机关提供的243号鉴定书、公安部(99)公物证鉴字第3904号物证鉴定书,最高人民检察院(2000)高检技鉴第05号鉴定书(以下简称05号鉴定书)和省、市有关部门的法医关于刘燕死亡时间的研究记录，均证明刘燕的死亡时间为1998年10月24日凌晨1时或2时许。

被告人黄新的辩护人认为：刘燕死亡时间的结论存在疑点。其一，刘燕的死亡时间是以尸冷作为唯一尸体现象作出的结论，未实际考虑死者当时赤身裸体、大量失血并置于非木质地板上等这些影响尸冷，进而影响死亡时间推定的重要因素。其二，243号鉴定书记载，死者“尸斑分布于尸体背侧未受压部位，淡紫红色，指压部门褪色”“角膜透明”“瞳孔圆形散大，直径约0.5cm”。根据法医学文献，上述尸体现象应分别出现于死后2～3小时、1小时以内和4小时以内。被害人的这些尸体现象，均不符合已死亡12小时的现象，表明上述法医鉴定关于被害人已死亡12小时的推定是不可靠的。其三，公安部(99)公物证鉴字第3904号物证鉴定书没有鉴定人签名，不宜作为定案的证据；有关部门研究刘燕死亡时间的会议纪要，不属于《刑事诉讼法》规定的证据种类范围，不具有证据效力；最高人民检察院的05号鉴定书，是根据郑州市公安局的243号鉴定书作出的，证据效力有限。

5. 公诉机关提供的公安部(98)公物证鉴字第3059号物证检验报告记载：“刘燕的阴道擦拭检见大量精子，并检出A、B型物质。”经公安部(98)公物证鉴字第3276号物证鉴定书、(2001)公物证鉴字第2303号物证鉴定书证实，“该精子DNA基因型与黄新DNA基因型不同”。

辩护人认为：死者体内有他人“大量精子”表明，刘燕被害的时间应发生在10月24日早晨9时许黄新离开刘燕之后。根据公安部的三份鉴定书中对“简要案情”均描述为“刘燕被强奸杀害”这一事实，本案应定性为强奸杀人案。

郑州市中级人民法院认为：公诉机关指控被告人犯罪，必须做到指控的事实清楚，证据确实、充分。在本案中，根据现有证据，起诉书指控被告人黄新杀害刘燕的动机事实不清，证据不足。根据证据显示，凶手杀害刘燕时所使用的手段是用手扼颈、用电源线勒颈并用单刃刺器刺伤左颈部，致刘燕因“机械性窒息合并失血性休克而死亡”，而公诉机关出示的证据，不能证实黄新实施了这一直接、具体的行为。起诉书指控黄新犯故意杀人罪的证据，只有关于被害人刘燕死亡时间的鉴定结论这个唯一的间接证据，而刑事技术鉴定书记载的被害人尸斑、角膜、瞳孔等尸体现象，按照法医学文献推定的死亡时间与鉴定书关于刘燕死亡时间的鉴定结论之间存在明显矛盾，现有证据对此不能予以合理地解释。公诉机关在法庭调查中没有能够对“死者刘燕阴道分泌物中的大量精子出自何人”“刘燕遇害前是否被他人强奸”等重大疑点问题进行说明，现有证据亦不能对此给予合理地解释。这说明，本案的事实并没有调查清楚，公诉机关提供的现有证据，明显不足以证明刘燕确系黄新所杀。由于事实不清，证据不足，郑州市人民检察院指控被告人黄新杀害刘燕不能成立，故不予支持。被告人黄新及其辩护人关于公诉机关的指控事实不清、证据不足的辩解、辩护意见依法得以成立，应予采纳。

据此，郑州市中级人民法院于2002年7月30日依照《刑事诉讼法》第162条第3项之规定，判决如下：被告人黄新无罪。本判决已发生法律效力。

■ 疑难点释析

本案中侦查机关收集了大量的有罪证据和无罪证据，而根据法院有罪判决的基本要求，必须达到事实清楚、证据确实充分排除合理怀疑的标准，本案中黄新杀人的动机事实不清、证据不足，不足以达到法院有罪判决的标准，根据无罪推定原则，法院作出无罪判决符合法律规定。本案涉及的疑难点是侦查机关收集到很多证据，为什么法院依旧可以作无罪判决。

对于刑事诉讼证据不足的案件，审判机关应如何裁决？

法院依法定罪原则，即未经人民法院依法判决，对任何人都不得确定有罪原则。在国外，称无罪推定原则，也可称为无罪类推，是指任何人在法院没有以确实、充分的证据证实和判决有罪之前，应视为无罪。无罪推定强调的是对被告人所指控的罪行，必须有充分、确凿、有效的证据。刑事诉讼证据，是刑事诉讼活动的核心内容。公诉机关指控被告人犯罪，必须做到指控的事实清楚，证据确实、充分。如果审判机关在审判过程中，根据现有证据，认定起诉书指控被告人的犯罪事实不清、证据不足的，根据我国《刑事诉讼法》第200条第3项的明确规定，由于不能证明被告人有罪，就应推定其无罪，即应当作出证据不足，指控的犯罪不能成立的无罪判决。

我国《刑事诉讼法》第12条规定：“未经人民法院依法判决，对任何人都不得确定有罪。”根据我国《刑事诉讼法》的规定，未经人民法院依法判决不得确定有罪的原则有以下两点基本要求：(1)确定被告人有罪的权力由人民法院统一行使。

(2)人民法院确定任何人有罪,必须依法判决。未依法开庭审理,依据《刑法》作出判决,并正式宣判,人民法院也不得确定任何人有罪。根据“无罪推定”原则,我国《刑事诉讼法》明确规定控诉方承担被告人有罪的举证责任。

在本案中,公安机关相继收集了犯罪嫌疑人供述、证人证言、物证、鉴定意见、勘验检查笔录等诸多证据,但涉及本案的作案动机、作案时间,现有证据存在矛盾之处,尤其是现有鉴定意见对死亡时间的证明明显存在疑点,对被害人体内获取的精液也无法证实其实际主体,导致黄新杀人的证据无法达到事实清楚、证据确实充分的程度,作为公诉案件,被告人没有证明自己有罪无罪的责任,举证责任由检察机关承担,检察机关举证达不到排除合理怀疑标准,法院只能作出证据不足,指控不能成立的无罪判决。本案中侦查机关收集了大量的有罪证据和无罪证据,而根据法院有罪判决的基本要求,必须达到事实清楚、证据确实充分排除合理怀疑的标准,本案中黄新杀人的动机事实不清、证据不足,不足以达到法院有罪判决的标准,根据无罪推定原则,法院作出无罪判决符合法律规定。

■ 知识点梳理

无罪推定原则最早出现在英国的普通法之中。1764 年,意大利法学家贝卡里亚在《论犯罪与刑罚》一书中从理论上对该原则进行了阐述。1789 年法国《人权宣言》首次在国家立法中承认和确立了该原则。随后,这一原则又在美国、德国、意大利、加拿大等国的宪法或法律中确立下来。“二战”以后,联合国在包括《世界人权宣言》《公民权利和政治权利国际公约》《经济、社会及文化权利国际公约》等在内的很多人权保障公约或其他法律文件中均确立了这一原则。现在,无罪推定原则已经成为国际普遍适用的人权保障原则。

尽管各国在立法中对无罪推定的表述不尽相同,但其基本含义是一致的,即任何人在未被依法确定为有罪以前,应被推定或者假定为无罪。对此,可以进行以下理解:(1)它是一种推定。任何人在没有被检察官举出充分证据证明有罪,并由法院通过合法、正当的程序作出有罪判决之前,应被推定为无罪,在法律上应居于无罪的地位,不能被当作罪犯来看待。因此,在刑事诉讼中,他应当拥有一系列旨在对抗国家追诉权的诉讼特权和程序保障,如有权获知被控的罪名和理由、有权获得律师帮助、不被强迫自证其罪等。(2)它是一种可以被推翻的推定。如果法官通过合法、正当的审判程序,认为检察官提出的证据已经充分证明被告人是有罪的,因此作出被告人有罪的生效判决,那么针对该被告人的无罪推定就被推翻,在法律地位上无罪的被告人就转化成罪犯。否则,无罪的“推定”将转化成无罪的“认定”,被告人应被释放。由此可见,无罪推定所设定的并不是任何事实,不等于无罪认定,而仅仅设定的是一种法律状态,一种具有暂时性、程序性的法律状态。这一法律状态仅存在于刑事诉讼程序中,一旦程序结束,无罪推定则转化为有罪认定,或者转化为无罪认定,此时就没有无罪推定存在的空间了。在审判阶段,无罪推定原则有三项要求:其一,法律已经推定被告人无罪,因此被告人不得被强迫自证其罪,也没有证明自己无罪的义务。其二,检察官负有证明被告人有罪的责任,并且这一证明责任是不可转移的。其三,疑罪从无。检察官有一定证据证明被告人有罪,但证据并不充分时,无罪推定没有被推翻,被告人应被宣告为无罪。

在刑事诉讼中,犯罪嫌疑人既然被推定为无罪,其人身自由应不被限制和剥夺,除非追诉方有证据证明其有犯罪行为,不对其采取强制措施会导致案件无法或难以追诉和审判,并经过司法审查和授权。

无罪推定原则对于确保被告人获得公正审判具有重大意义,在很多国家都被视为刑事诉讼制度的基石之一。作为对被告人在刑事诉讼过程中所处地位的保护性假定,它防止过早地和无根据地把任何人看作罪犯。它要求检察官承担证明被告人有罪的责任,而被告人没有证明自己无罪或者有罪的责任,这使国家追诉机关强大的追诉权得到制约和平衡,有利于实现控辩双方的实质对等,使被告方可以有效参与刑事审判,积极影响案件结局。它还要求法官在审判过程中应排除对被告人先入为主的偏见,不得把被告人当作有罪的人来看待,保持中立无偏的态度,从而使被告人在审判过程中受到公正的对待。

根据《刑事诉讼法》第 12 条明确规定:“未经人民法院依法判决,对任何人都不得确定有罪。”这意味着,在法院依法判决之前,任何人都不处于有罪公民的地位。具体体现在以下几个方面:(1)被追诉者在被起诉前处于犯罪嫌疑人的地位,被起诉后则处于被告人的地位,从而避免将其视为“有罪者”、“人犯”或“罪犯”。(2)在法庭审判过程中,控诉方承担证明被告人有罪的举证责任。公诉案件中,公诉人负有提出证据证明被告人有罪的责任;自诉案件中,自诉人负有提出证据证明被告人有罪的责任,被告人不承担证明自己有罪或无罪的义务。(3)疑罪从无,即公诉人不能提出确实充分的证据证实被告人的罪行,法庭经过庭审和补充性调查也不能查明被告人有罪的事实,那么就只能判定被告人无罪。

无罪推定虽然是一项国际司法准则,且源于国外,但中国的无罪推定原则则是根据中国的实际国情,结合中国刑事诉讼的实践经验和需要,对其进行合理的取舍,因而具有以下特点:(1)中国的无罪推定原则更侧重于实质,而不仅仅是称谓问题。在立法上没有使用"假定其无罪"和"不能被称为罪犯"等表述,而是使用"不得确定有罪"的表述。(2)在证明责任的问题上,不仅强调了国家机关在形式上的责任,而且更加强调其在实质上的证明责任。在国家机关履行职责时,不是强调被告人的消极对抗,被告人、犯罪嫌疑人均不享有沉默权,而是强调控辩双方的积极配合,当然,并没有要求被告人承担证明自己无罪的义务。(3)作为一项法律原则,明确规定了侦查、起诉和审判机关的行为标准,要求既注重结果又要注重过程。

3 Case Study 艾文礼受贿案

认罪认罚从宽原则

■ 研读指导

1. 刑事诉讼中认罪认罚从宽原则的内涵包括哪些？
2. 认罪认罚从宽有没有案件适用范围的限制？

■ 相关法条

《中华人民共和国刑事诉讼法》第十五条　犯罪嫌疑人、被告人自愿如实供述自己的罪行，承认指控的犯罪事实，愿意接受处罚的，可以依法从宽处理。

■ 近似案例

聂露勇故意杀人罪、强奸罪[(2017)最高法刑核30105293号]

■ 案情介绍

2019年4月18日，江苏省苏州市中级人民法院公开宣判河北省政协原副主席艾文礼受贿案，对被告人艾文礼以受贿罪判处有期徒刑8年，并处罚金人民币300万元；对艾文礼受贿所得财物及其孳息予以追缴，上缴国库。艾文礼当庭表示服从判决，不上诉。

经审理查明：2005～2013年，被告人艾文礼利用其担任中共石家庄市委副书记，河北省承德市人民政府市长，中共承德市委书记，河北省石家庄市人民政府市长，中共河北省委常委、宣传部部长等职务上的便利，为相关单位和个人在企业改制、项目开发、舆情处置、安排工作等方面谋取利益。2006～2014 年，被告人艾文礼直接或通过其近亲属收受上述单位和个人给予的财物，共计折合人民币 6478.2918 万元。被告人艾文礼受贿一案，江苏省苏州市人民检察院于 2018 年 12 月 3 日向苏州市中级人民法院提起公诉，苏州市中级人民法院遵照最高人民法院指定管辖决定于 2018 年 12 月 5 日立案受理，并依法组成合议庭，于 2018 年 12 月 27 日公开开庭审理，经合议庭评议，于 2019 年 4 月 18 日上午作出一审宣判。苏州市中级人民法院认为，被告人艾文礼的行为构成受贿罪，数额特别巨大，应依法惩处。鉴于艾文礼于案发前携带赃款赃物主动到中央纪委国家监委投案，并如实供述自己的罪行，构成自首；真诚认罪、悔罪，避免、减少损害结果的发生；积极主动退缴全部赃款赃物，具有法定、酌定从轻、减轻处罚情节，依法可对其减轻处罚。

本案系《监察法》实施以来，首例携带赃款赃物主动到中央纪委国家监委投案的案件。中央纪委国家监委对外发布的有关通报中，首次使用了“提出减轻处罚的建议”的表述，检察机关的量刑建议中，亦提出对艾文礼予以减轻处罚的意见。人民法院对艾文礼的依法判处，对腐败分子有强大的震慑作用。

■ 疑难点释析

本案是贪污腐败案件适用认罪认罚从宽原则的典型案例，认罪认罚没有特定的案件范围限制，认罪认罚适用于侦查、起诉、审判各个阶段，所有刑事案件也可以适用，普通刑事案件、贪污腐败案件也可以适用。但“可以”适用不是一律适用，认罪认罚后是否从宽，由司法机关根据案件具体情况决定。本案虽然受贿数额特别巨大，但符合认罪认罚从宽程序的证明标准，符合认罪认罚的基本条件，适用该原则判处刑罚符合法律规定。但本案也有几个疑点问题：

1. 本案艾文礼受贿 6400 余万元，属于数额特别巨大，法院判处其 8 年有期徒刑是基于什么理由？

根据最高人民法院、最高人民检察院《关于办理贪污贿赂刑事案件适用法律若干问题的解释》第 3 条的规定，艾文礼受贿数额属特别巨大，按照《刑法》第 383 条第 1 款第 3 项、第 386 条的规定，论罪应对其判处 10 年以上有期徒刑或者无期徒刑，并处罚金或者没收财产。法院之所以判处艾文礼有期徒刑8年，并处罚金人民币300万元是基于其具有以下从宽处罚情节：第一，艾文礼犯罪以后自动投案，如实供述自己的罪行，系自首。根据《刑法》第67条第1款的规定，对自首的犯罪分子，可以从轻或者减轻处罚。其中，犯罪较轻的，可以免除处罚。第二，艾文礼在提起公诉前如实供述自己的罪行、真诚悔罪、积极退赃，避免、减少损害结果的发生，案发后赃款赃物及其孳息已全部退缴并被查封、扣押在案。根据《刑法》第383条第3款、第386条的规定，可以从轻处罚。第三，艾文礼自愿如实供述自己的罪行，承认指控的犯罪事实，愿意接受检察机关提出的减轻处罚量刑建议，并在律师见证下签署了认罪认罚具结书。根据《刑事诉讼法》第15条的规定，可以依法从宽处理。

法院综合考虑全案案情以及艾文礼具有的上述法定从宽处罚情节，决定对艾文礼减轻处罚，故依法作出上述判决。需要补充说明的是，国家监察委员会在将案件移送检察机关审查起诉时，依照《监察法》第31条的规定，也向检察机关提出了减轻处罚建议。

2. 一般情况下自首的被告人也是愿意认罪认罚的，但对自首的被告人适用认罪认罚从宽处罚是否存在重复评价问题？

这里需要明确自首和认罪认罚从宽的区别。首先，自首和认罪认罚依据的法律规范性质不同。自首的规定在《刑法》中，属实体性规范；认罪认罚从宽的规定在《刑事诉讼法》中，系程序性规范。其次，自首主要出于节约国家司法成本，让司法机关能够及时有效地实现惩罚犯罪、保护人民的刑法目的而设立。因此，行为人是否愿意接受相应刑罚处罚，不影响自首的成立。而认罪认罚强调的则是进入刑事诉讼程序后行为人对司法机关、监察机关评价行为的认可态度，将认罪认罚从宽处罚制度化，有利于推进繁简分流、优化司法资源配置，在更高层次上实现公正和效率相统一。由此，行为人自首后可以选择认罪认罚，也可以选择认罪不认罚；而无论行为人是否具有自首情节，都有认罪认罚余地。故对既主动投案，自愿如实供述自己罪行，又认罪认罚的被告人，同时适用两项从宽处罚制度是符合法律规定的，不属于重复评价。

3. 艾文礼案适用认罪认罚从宽程序在当今反腐背景下有何法治意义？

艾文礼适用认罪认罚从宽程序被判8年，体现出我们的法治反腐。在实践中，相比于普通犯罪,腐败犯罪的主体具有特殊身份,腐败犯罪案件的办理难度明显大于其他普通案件。进一步讲,腐败犯罪案件的隐蔽性很强,侦查取证的难度比普通刑事案件大,往往耗费更多司法资源,对其适用认罪认罚从宽制度,可以最大限度发现犯罪事实、节约司法成本,可以减轻司法机关的负担、强化惩防力度和提升司法效益。而且,对腐败犯罪案件,适用认罪认罚从宽制度,不仅可以提高反腐实际效果,还对积极退赃、海外追逃与劝返、海外追赃与退赃等具有显著作用。更重要的是,其最终目的是鼓励涉嫌职务犯罪的被调查人、涉案人员犯罪后改过自新、将功折罪,积极配合监察机关的调查工作,争取宽大处理。此举既体现了我们党惩前毖后、治病救人的一贯方针,也有利于监察机关顺利查清案件,提高反腐败工作效率。

对艾文礼犯罪案件,适用认罪认罚从宽制度,可谓"恰逢其时"。《刑事诉讼法》规定的认罪认罚从宽制度,针对的是各类刑事案件,显然包括腐败犯罪案件。同时,《监察法》也有类似的规定,为贪污贿赂犯罪案件适用认罪认罚从宽制度提供了依据。对艾文礼案件适用认罪认罚从宽制度的规范依据与实践依据,主要为:

(1)规范依据。根据我国《监察法》第 31 条之规定,涉嫌职务犯罪的被调查人主动认罪认罚,有下列情形之一的,监察机关经领导人员集体研究,并报上一级监察机关批准,可以在移送人民检察院时提出从宽处罚的建议:自动投案,真诚悔罪悔过的;积极配合调查工作,如实供述监察机关还未掌握的违法犯罪行为的;积极退赃,减少损失的;具有重大立功表现或者案件涉及国家重大利益等情形的。这为适用认罪认罚从宽制度提供了直接的规范依据。按照《刑法》第 67 条、第 383 条的规定,犯罪嫌疑人在提起公诉前如实供述自己的罪行、真诚悔罪、积极退赃、减少损害结果的发生,如果属于贪污数额较大(或者有其他较重情节)的,可以从轻、减轻或者免除处罚;如果属于贪污数额巨大(或者有其他严重情节)、贪污数额特别巨大(或者有其他特别严重情节)的,可以从轻处罚。由此可见,对于涉嫌贪污、受贿犯罪的犯罪嫌疑人,可以在提起公诉前就量刑等情况展开协商,进而根据协商结果视情况予以从轻处罚。《刑事诉讼法》第 15 条规定,犯罪嫌疑人、被告人自愿如实供述自己的罪行,承认指控的犯罪事实愿意接受处罚的,可以依法从宽处理。

(2)实践依据。目前,已经有职务犯罪适用认罪认罚从宽制度的做法。例如,在河北省委原常委、政法委原书记张越受贿一案中,江苏省常州市中级人民法院认为:“鉴于张越犯罪以后自动投案,如实供述自己的罪行,系自首;归案后检举揭发他人重大犯罪问题,经查证属实,具有重大立功表现;认罪悔罪,积极退赃,赃款赃物大部分已退缴,依法可对其从轻处罚。”在北京市委原副书记吕锡文受贿一案中,吉林省吉林市中级人民法院认为:“鉴于吕锡文到案后,如实供述自己的罪行……认罪、悔罪,积极退缴全部赃款赃物,具有法定从轻处罚情节,依法可以从轻处罚。”

河北省政协原党组副书记、副主席艾文礼严重违纪违法被开除党籍,按规定取消其享受的待遇。又因其自动投案,真诚悔罪悔过,依法将其涉嫌犯罪问题移送检察机关依法审查起诉。对于该案,中央纪委国家监委对外发布的中管干部党纪政务处分通报中首次使用有关“提出减轻处罚的建议”的表述。2018 年 12 月,被告人艾文礼在辩护人见证下签署了《认罪认罚具结书》,明确表示承认犯罪事实,愿意接受公诉机关提出的减轻处罚量刑建议。基于此,检察机关根据《刑事诉讼法》的规定在提起公诉的同时,也一并提出减轻处罚的建议。

艾文礼主动投案的实例,给一些走上职务犯罪歧途的公职人员带来强烈冲击。对艾文礼提出减轻处罚建议,充分警示已步入歧途党员干部:迷途知返悔罪悔过才是正确出路。这也进一步促使他们选择了自首。

实践还进一步证明,党中央完善认罪认罚从宽制度的决策部署符合我国国情,有利于在更高层次上实现公正与效率的统一,有利于推进全面依法治国、促进国家治理体系和治理能力现代化。对艾文礼投案自首、如实交代问题后提出从宽处罚的建议,于法有据,于理有依,体现了以法治思维和法治方式惩治腐败的重大进步,兼顾了惩戒的政治效果、纪法效果和社会效果。

在新时代背景下,对艾文礼等案件适用认罪认罚从宽制度,是依法反腐、制度反腐的必然选择,有助于优化反腐机制和提高反腐的实际效果。

■ 知识点梳理

1. 认罪认罚从宽原则的内涵

认罪认罚从宽是指犯罪嫌疑人、被告人自愿如实供述自己的犯罪,对于指控犯罪事实没有异议,同意检察机关的量刑意见并签署具结书的案件,可以依法从宽处理。完善刑事诉讼中认罪认罚从宽制度,是 2014 年 10 月 23 日第十八届四中全会审议通过的《中共中央关于全面推进依法治国若干重大问题的决定》提出的一项司法改革举措,2018 年修改的《刑事诉讼法》第 15 条规定了认罪认罚从宽原则。2019 年 10 月 24 日,最高人民检察院联合最高人民法院、公安部、国家安全部、司法部召开新闻发布会,共同发布《关于适用认罪认罚从宽制度的指导意见》,对认罪认罚从宽制度的基本原则、当事人权益保障等作出了具体规定。认罪认罚从宽制度是修改后《刑事诉讼法》确立的一项重要制度,是在立法和司法领域推进国家治理体系和治理能力现代化的重大举措。目的是通过对认罪认罚的犯罪嫌疑人、被告人依法给予程序上从简或者实体上从宽的处理,实现有效惩治犯罪、强化人权司法保障、提升诉讼效率、化解社会矛盾、减少社会对抗、促进社会和谐。《关于适用认罪认罚从宽制度的指导意见》以《刑法》《刑事诉讼法》的基本原则和宽严相济刑事政策为指导,坚持以问题为导向,对认罪认罚从宽制度的基本原则、适用范围和条件、从宽幅度、审前程序、量刑建议、审判程序、律师参与、当事人权益保障等作出了具体规定。

从宽分为实体上从宽和程序上从简两方面。对认罪认罚案件,属于基层法院所管辖的可能判处 3 年以下有期徒刑的案件,被告人认罪认罚可以适用速裁程序进行审判。对于基层法院管辖可能判处 3 年以上有期徒刑刑罚的案件,可以适用简易程序。在审理当中,被告人对程序适用提出异议的,或者有其他不宜简化审理情形的,人民法院依法转为普通程序进行审理。这是程序上的从宽。

实体上,检察机关根据犯罪事实和对社会危害程度以及认罪认罚的情况,依法提出从宽处罚的量刑建议,人民法院在作出判决时一般应采纳人民检察院指控的罪名和量刑建议,但是如果被告人不构成犯罪,或者不应当追究刑事责任,或者违背意愿认罪认罚,否认指控犯罪事实,或者指控的罪名跟人民法院审理的罪名不一致,以及有其他可能影响公正审判情形的除外。但是从保障人权和确保司法公正角度,对以下几类案件是不适用的:一是犯罪嫌疑人、被告人是属于尚未完全丧失辨认或者控制自己行为能力的精神病人;二是未成年人的犯罪嫌疑人和被告人,他们的代理人和辩护人对未成年人认罪认罚有异议的;三是犯罪嫌疑人、被告人可能不构成犯罪,以及有其他不宜适用的情形。

我国认罪认罚从宽制度的最大特点是五个“没有限制”和一个“一般应当采纳”。五个“没有限制”是指:一是对认罪认罚从宽制度适用的罪名没有限制。这意味着我国现行《刑法》中规定的大多数罪名,都可以适用认罪认罚从宽制度,以及只要被追诉人认罪的案件都可以适用认罪认罚从宽制度。二是对办案机关没有限制。法律规定公检法三机关都可以开展认罪认罚从宽工作。三是对参与主体没有限制。法律对犯罪嫌疑人、被告人、被害人等案件当事人,以及他们的法定代理人及其辩护律师、值班律师等,在参与认罪认罚活动中没有加以限制。四是对诉讼阶段没有限制。法律规定在刑事诉讼的侦查阶段、审查起诉阶段和审判阶段,以及审判阶段的一审、二审程序等,都没有加以限制。五是对诉讼程序没有限制。即无论是速裁程序,还是简易程序,抑或普通程序,都可以适用认罪认罚从宽制度。而所谓的一般应当采纳,是指法律规定人民法院对于人民检察院指控的罪名和提出的量刑建议一般应当采纳。正由于这五个"没有限制"和一个"一般应当采纳",有人认为所有罪名、所有案件、所有机关、所有主体和所有程序都可以适用认罪认罚从宽制度,把五个"没有限制"理解成五个"所有可做";也正由于法律规定一般应当采纳,才迫使检察机关提出精准量刑建议,否则就无法做到一般应当采纳。因此,认罪认罚从宽制度中的五个"没有限制"和一个"一般应当采纳",不仅成为认罪认罚从宽制度应用实践中经常发生分歧和争议的根本原因,而且也将成为今后司法实践中发生分歧和争议的主要渊源。[1]

2. 认罪认罚的司法实践

认罪认罚从宽程序自 2018 年在《刑事诉讼法》明确规定后,在全国范围内的适用逐步展开,其中,2019 年 1 月至 2020 年 8 月,在监察机关、人民法院、公安机关和司法行政机关支持配合下,全国检察机关在依法严惩严重刑事犯罪的同时,适用认罪认罚从宽制度办结案件 1,416,417 件,共 1,855,113 人,人数占同期办结刑事犯罪总数的 61.3%,这一制度在推进国家治理中的优势充分彰显。一是有效促进社会和谐稳定。犯罪嫌疑人自愿认罪认罚,有助于增强接受教育矫治的自觉性,更好回归社会,最大限度减少社会对立情况。适用这一制度办理的案件中,一审后被告人上诉率为 3.9%,低于其他刑事案件 11.5%。同时,将是否与被害方达成刑事和解、取得被害方谅解作为从宽的重要考虑因素,也有助于弥补被害方身心及财产受到的侵害,化解社会矛盾,修复被损害的社会关系。二是更加及时有效惩治犯

[1] 胡云腾:《完善认罪认罚从宽制度改革的几个问题》,载《中国法律评论》2020 年第 3 期。

罪。近年来,犯罪专业化、智能化、隐蔽化明显增强,无论是侦查取证还是审查起诉、法庭审理,难度不断加大。鼓励犯罪嫌疑人主动坦白、如实供述,配合司法机关查明犯罪事实、获取证据,有利于取证固证,及时、有效惩治犯罪。特别是一些团伙案件,犯罪嫌疑人往往订立攻守同盟、对抗司法,通过认罪认罚从宽制度可以有效分化瓦解犯罪分子,实现对案件的深挖、彻查。三是显著提升刑事诉讼效率。认罪认罚从宽,既在实体上体现从宽,也在程序上体现从简。修改后《刑事诉讼法》构建了诉讼程序与案件复杂程度、认罪与否、刑罚轻重相适应的多层次案件处理机制,推动繁简分流、简案快办、难案精办。检察机关适用该制度办理的案件,起诉到法院后适用速裁程序审理的占 27.6%;适用简易程序审理的占 49.4%;适用普通程序审理的占 23%,比 2018 年下降 20%。四是更好保障当事人权利。坚持提速不降低质量、从简不减损权利保障。高度重视被害方合法权益保护,细致释明认罪认罚从宽、刑事和解等具体法律规定,充分听取被害人及其诉讼代理人对案件处理的意见。对 33,040 名因犯罪侵害致生活陷入困境的被害人开展司法救助,发放救助金 4.89 亿元。及时告知犯罪嫌疑人相关法律规定,让其充分知悉认罪认罚的性质和法律后果;值班律师为犯罪嫌疑人提供法律帮助 124.6 万人次。将是否认罪认罚作为判断社会危险性的重要考量因素,认罪认罚案件不捕率高于整体刑事案件 18.3%;法院宣告缓刑案件占 36.2%,高出整体刑事案件 6.9%。认罪认罚从宽制度完全符合我国现阶段刑事犯罪结构变化和刑事诉讼制度发展规律,有利于更好实现司法公正与效率的统一,是推进国家治理体系和治理能力现代化的重要举措,党中央的决策部署和全国人大常委会的立法决定是完全正确的。[1]

---

〔1〕 张军:《最高人民检察院关于人民检察院适用认罪认罚从宽制度情况的报告》,载《检察日报》2020 年 10 月 17 日,第 2 版。

4 Case Study

张金柱交通肇事案

人民法院、人民检察院依法独立行使职权原则

■ 研读指导

1. 人民法院独立行使审判权、人民检察院独立行使检察权原则。
2. 如何处理媒体监督与司法权独立行使的关系？

■ 相关法条

《中华人民共和国刑事诉讼法》第五条　人民法院依照法律规定独立行使审判权，人民检察院依照法律规定独立行使检察权，不受行政机关、社会团体和个人的干涉。

《中华人民共和国宪法》第一百三十一条　人民法院依照法律规定独立行使审判权，不受行政机关、社会团体和个人的干涉。

第一百三十六条　人民检察院依照法律规定独立行使检察权，不受行政机关、社会团体和个人的干涉。

■ 近似案例

孙小果涉黑涉恶团伙案[（2019）云刑再3号]

■ 案情介绍

1997年8月，河南省郑州市发生一起交通肇事案，肇事者张金柱开车撞上骑

自行车的苏某甲、苏某乙父子俩，导致1人抢救无效死亡，1人被拖行数百名后重伤。事后，《大河文化报》第一时间作出报道，随后，《南方都市报》《焦点访谈》等多家媒体也予以报道和关注。经查明，张金柱原为郑州市公安局分局局长，作为公安人员的张金柱点燃了大众的怒火，瞬时群情激愤。媒体更加以大肆渲染，要求严格执法、从严惩治。在此情形下，郑州中院依法审理，于1998年1月12日作出判决："本院认为，被告人张金柱身为民警，酒后驾车逆行，造成一人死亡；为逃避罪责，又不顾另一被害人死活，在汽车拖卡着被害人的情况下继续行驶，致人重伤造成严重残疾，其行为已分别构成交通肇事罪和故意伤害罪，且手段特别残忍，社会影响极坏，不杀不足以平民愤。"因此，判决如下："被告人张金柱犯故意伤害罪，判处死刑，剥夺政治权利终身；犯交通肇事罪，判处有期徒刑三年，决定执行死刑，剥夺政治权利终身。"张金柱不服，提出上诉，河南省高级人民法院裁定驳回张金柱上诉请求，维持原判，核准张金柱死刑，10天后，张金柱被执行了死刑。

■ 疑难点释析

本案涉及疑难点是如何处理媒体监督与审判权的独立行使的关系？

人民法院独立行使审判权，人民检察院独立行使检察权原则要求人民法院依照法律规定独立行使审判，不受行政机关、社会团体和个人的干涉；人民检察院独立行使检察权，不受行政机关、社会团体和个人的干涉。这里的干涉，特指干扰司法机关正常诉讼活动进行的非法行为，如以言代法、以权压法等，而不是正常的工作建议和批评意见。媒体监督，作为群众监督的一种，由于其自身所特有的开放性与广泛性，为我国的监督体系注入了新的活力，在促进司法公正、遏制司法腐败方面发挥了积极作用。然而，媒体监督是一把"双刃剑"，缺乏制约或运用不当便可能对司法公正造成负面影响，从而妨碍或破坏司法公正。

审判权独立行使原则是国际公认的基本法治原则，也是我国宪法和法律的重要原则。《宪法》第131条对审判权的独立行使做了规定："人民法院依照法律规定独立行使审判权，不受行政机关、社会团体和个人的干涉。"《人民法院组织法》第4条也规定："人民法院依照法律规定独立行使审判权，不受行政机关、社会团体和个人的干涉。"因此，新闻报道不干涉和影响审判权的独立行使符合宪法和法律的基本精神。审判权的独立行使,作为一项宪法明确规定的基本原则,它与国家的政治体制和结构有着密切联系,调整着国家司法机关与立法机关、行政机关的关系,是现代法治的重要内容;作为一项司法审判原则,它确保法院审判权的公正行使,防止法官的审判过程和结果受到来自其他政府权力或外界力量的干涉和影响,使法院真正成为抵制专制权力、维护公民人权的最重要的最后一道屏障。公正审判的首要条件是法官在审判中对争讼双方保持中立,不偏不倚,这必然要求其排除各种外来的干预,保持独立审判。特别是在刑事诉讼中,独立的司法权使面临公共权力侵害的普通公民可以与国家追诉机关进行一场平等的理性的抗争,使普通公民可以真正"为权利而斗争"。否则,刑事诉讼将很难不异化为一种行政性的治罪活动,公民的权利难以得到保障。审判独立的核心是法官在进行司法裁判过程中,只服从法律的要求和良心的命令,客观对待证据、事实,而不受来自法院内部和外部的干预和控制。为了确保法官独立行使司法裁判权,必须建立必要的制度保障机制。这些制度保障机制大体上包括以下五个层面的内容:一是法院的整体独立或外部独立,即法院无论在司法裁判还是在司法行政管理方面,都独立于法院之外的机构、组织和个人(如立法机构、行政机构、新闻媒体等),不受外部力量或权威的控制和干预;二是法院的内部独立,即法官在进行司法裁判时独立于其同事以及上级法院的法官;三是法官的身份独立,即法官的任期和任职条件应得到充分保障;四是法官的职业特权,即为避免法官因执行司法审判职能而处于不利地位或陷入不利境地而赋予其一些司法豁免特权,如法官在审判中所发表的言论不受指控和法律追究,法官对案件的审理和所作的裁判结论不得被列入议会的讨论议程等;五是法官的职业伦理准则,即对法官的行为加以限制,以使其免受不正当影响,如不得从事或参与政治活动,不得在行政机关、立法机关担任职务,不能从事商业活动等。

为了保证审判权的独立行使,2015 年 3 月 18 日,中共中央办公厅、国务院办公厅印发了《领导干部干预司法活动、插手具体案件处理的记录、通报和责任追究规定》,并发出通知,要求各地区各部门认真贯彻执行。其中第 2 条规定,各级领导干部应当带头遵守宪法法律,维护司法权威,支持司法机关依法独立公正行使职权。任何领导干部都不得要求司法机关违反法定职责或法定程序处理案件,都不得要求司法机关做有碍司法公正的事情。该规定第 3 条规定,对司法工作负有领导职责的机关,因履行职责需要,可以依照工作程序了解案件情况,组织研究司法政策,统筹协调依法处理工作,督促司法机关依法履行职责,为司法机关创造公正司法的环境,但不得对案件的证据采信、事实认定、司法裁判等作出具体决定。该规定第4条规定,司法机关依法独立公正行使职权,不得执行任何领导干部违反法定职责或法定程序、有碍司法公正的要求。

贯彻审判权独立行使原则,要求我们制定各种制度保证审判权独立于各种利益、权力、人情等非法律因素的影响,当然也包括独立于媒体的影响,这已经是世界范围内的共识。但贯彻审判权独立行使也要处理好审判独立与人民群众监督的关系。人民法院在依法独立审判的同时,还必须自觉接受社会和人民群众的监督,虚心听取各方面的批评和建议,这样才有利于改进工作,更好地履行职责。群众监督包括媒体监督,媒体监督运用得当,可以促进司法公开,纠正司法专横,减少司法腐败,促进司法公正,而媒体监督一旦超出一定范围,就可能会导致舆论审判,容易影响人民法院依照法律规定独立行使审判权。正如有学者提道:"媒体报道重大案件及其审判情况、参与对司法活动的监督,有助于揭露司法腐败、促进司法公正;但是,若媒体缺少社会责任、人权观念及法律知识,不能客观公正地报道案件,就会传播错误的法律观念,影响司法公正、损害政府形象。"

本案中,如果张某只是一般身份,根据《刑法》的有关规定,犯交通肇事罪的,处3年以下有期徒刑或者拘役。交通运输肇事后逃逸或者有其他特别恶劣情节的,处3年以上7年以下有期徒刑。因逃逸致人死亡的,处7年以上有期徒刑(判到15年的占少数)。本案最终以数罪并罚处被告人死刑,在我国对交通肇事罪的处理中显属罕见,甚至可以说是绝无仅有。据报道,被告人在审理过程中,便曾强烈要求主审法官不要受新闻舆论的影响。而在此之前,同一地区发生一起情节大体相同的案件,犯罪人最终仅以交通肇事罪判刑2年零6个月,这不得不引起我们对媒体舆论可能对司法造成的消极影响深刻地进行反思。

■ 知识点梳理

我国《刑事诉讼法》第5条规定:"人民法院依照法律规定独立行使审判权,人民检察院依照法律规定独立行使检察权,不受行政机关、社会团体和个人的干涉。"该规定是对《宪法》第126条和第131条、《人民法院组织法》第4条、《人民检察院组织法》第9条的重申,可以概括为人民法院、人民检察院依法独立行使职权原则。显然,这一原则包含两项内容,一是人民法院依法独立行使审判权,即审判独立;二是人民检察院依法独立行使检察权,即检察独立。本案主要涉及审判权的独立行使问题,因此,重点介绍前者,审判权独立行使原则,是一项为现代法治国家所普遍承认和确立的基本法律准则。作为一项宪法原则,它确认司法权的专属性和独立性,是现代法治的基石;作为一项审判原则,它确保法院审判权的公正行使,防止法官的审判过程和审判结果受到来自其他政府部门和外界力量的干涉和影响。审判本身是一个以主观认识客观,以已知探求未知的活动,理性思维与独立判断是法官正确认识案件事实和适用法律的基础。在此理性判断与逻辑推理的过程中,排除任何形式的干涉和影响,包括来自媒体的渲染和影响,对于承审法官是十分必要的。

新闻自由,是指采集、发布、传送和收受新闻的自由,包括报刊的出版自由;电台电视台的播放自由;新闻采访与报道的自由;媒体发表意见和进行批评的自由。[1] 当新闻用于报道和监督司法活动时,由于司法活动的严肃性和司法判决在社会上的重要影响,新闻自由的范围和程度应当受到限制。不仅新闻的采集、发布和传送要遵照有关法律规定进行,而且发表意见和进行批评更要慎重。也就是说,从事司法报道和监督的记者要采取对法律负责、对真实性负责的态度,要承担更重的法律责任。实践中,新闻工作者常常过多地强调新闻自由,对司法活动的报道往往超越了法律的界限,从而对人民法院独立行使审判权和司法公正造成伤害。新闻的典型性原则要求新闻媒体从社会公众心理考虑,抓住典型、重大、疑难、复杂案件进行报道,引起公众关注与参与,形成舆论热点。在片面追求轰动效应、提高收视率的利益驱动下,媒体可能会对某些案件的情节过于渲染或妄加评论,从而对法官判案形成强大的舆论压力和心理负担。新闻的及时性原则要求新闻报道要快速、及时,最好在现场报道,这样才能反映新闻的应有价值。而司法活动的过程和程序具有很强的特殊性,不合时宜的报道可能对诉讼公正产生消极影响。如审判

---

〔1〕 季立新:《从新闻官司看新闻法制建设的紧迫性》,载《上海大学学报(社会科学版)》1997年第6期。

前对案件事实的大量披露，审判过程中对控辩双方举证和论辩的轻率表态，都可能对诉讼当事人的合法权益造成伤害，可能对法官独立判断依法办案施加影响。所以，媒体监督与人民法院独立行使审判权之间本质上表现为侵犯与排斥的关系。由于人民法院独立行使审判权是司法公正的前提和必要条件，因此需要对媒体监督加以规范与限制。既要坚持媒体监督，充分发挥其遏制司法腐败、促进司法公正的积极作用，又要维护人民法院独立行使审判权，排除包括媒体在内的一切非法干扰，消除媒体监督可能产生的消极影响。

为了最大限度地发挥媒体监督对司法公正的促进作用，同时又要尽可能地消除媒体大量覆盖可能造成的消极影响，这就需要正确处理审判权的独立行使与媒体监督的关系，探索建立合理的媒体监督模式，需要将媒体监督纳入法制的轨道。建立合理的媒体监督模式，重要的是要寻求法律所保护的各种权益之间的平衡。审判公开是一项基本的诉讼原则，是宪法赋予公民的一项重要权利，与此同时，还要考虑被告人获得公正审判的权利，社会的安全，国家秘密，被害人、证人的权益，等等。从媒体的角度，要加强自律，报道司法活动要采取对法律负责的态度，遵守新闻工作的要求，做到实事求是、客观公正、文责自负。从司法执法机关的角度，要主动配合媒体报道，提供方便。比如，最近几年，我国很多地方在司法机关、执法机关建立发言人制度、记者招待会制度，由专门的机构或人员定期适时地发布司法活动的信息，以便使公众和媒体及时地了解事件的真相或诉讼的进展。要根据案件的不同情况和诉讼的不同阶段，确定可以公开或应予公开的内容。要形成一套制度和规则，以便媒体和司法执法机关共同遵守。

5
Case Study

王力军非法经营案

"以事实为依据，以法律为准绳"原则

■ 研读指导

1. 什么是事实？
2. 适用法律时是否要考虑法与情、理的协调？

■ 相关法条

《中华人民共和国刑事诉讼法》第六条　人民法院、人民检察院和公安机关进行刑事诉讼，必须依靠群众，必须以事实为根据，以法律为准绳。对于一切公民，在适用法律上一律平等，在法律面前，不允许有任何特权。

■ 近似案例

天津赵某气枪案[(2017)津01刑终41号]

■ 案情介绍

内蒙古自治区巴彦淖尔市临河区人民检察院指控被告人王力军犯非法经营罪一案，内蒙古自治区巴彦淖尔市临河区人民法院经审理认为，2014年11月至2015年1月，被告人王力军未办理粮食收购许可证，未经工商行政管理机关核准登记并颁发营业执照，擅自在临河区白脑包镇附近村组无证照违法收购玉米，将所收购的玉米卖给巴彦淖尔市粮油公司杭锦后旗蛮会分库，非法经营数额218,288.6元，非法获利6000元。案发后,被告人王力军主动退缴非法获利6000元。2015年3月27日,被告人王力军主动到巴彦淖尔市临河区公安局经侦大队投案自首。原审法院认为,被告人王力军违反国家法律和行政法规规定,未经粮食主管部门许可及工商行政管理机关核准登记并颁发营业执照,非法收购玉米,非法经营数额218,288.6元,数额较大,其行为构成非法经营罪。鉴于被告人王力军案发后主动到公安机关投案自首,主动退缴全部违法所得,有悔罪表现,对其适用缓刑确实不致再危害社会,决定对被告人王力军依法从轻处罚并适用缓刑。宣判后,王力军未上诉,检察机关未抗诉,判决发生法律效力。

最高人民法院于2016年12月16日作出(2016)最高法刑监6号再审决定,指令内蒙古自治区巴彦淖尔市中级人民法院对本案进行再审。

再审中,原审被告人王力军及检辩双方对原审判决认定的事实无异议,再审查明的事实与原审判决认定的事实一致。内蒙古自治区巴彦淖尔市人民检察院提出了原审被告人王力军的行为虽具有行政违法性,但不具有与《刑法》第225条规定的非法经营行为相当的社会危害性和刑事处罚必要性,不构成非法经营罪,建议再审依法改判。原审被告人王力军在庭审中对原审认定的事实及证据无异议,但认为其行为不构成非法经营罪。辩护人提出了原审被告人王力军无证收购玉米的行为,不具有社会危害性、刑事违法性和应受惩罚性,不符合《刑法》规定的非法经营罪的构成要件,也不符合《刑法》谦抑性原则,应宣告原审被告人王力军无罪。

内蒙古自治区巴彦淖尔市临河区人民法院于2016年4月15日作出(2016)内0802刑初54号刑事判决,认定被告人王力军犯非法经营罪,判处有期徒刑1年,缓刑2年,并处罚金人民币2万元;被告人王力军退缴的非法获利款人民币6000元,由侦查机关上缴国库。最高人民法院于2016年12月16日作出(2016)最高法刑监6号再审决定,指令内蒙古自治区巴彦淖尔市中级人民法院对本案进行再审。内蒙古自治区巴彦淖尔市中级人民法院于2017年2月14日作出(2017)内08刑再1号刑事判决:(1)撤销内蒙古自治区巴彦淖尔市临河区人民法院(2016)内0802刑初54号刑事判决;(2)原审被告人王力军无罪。

■ 疑难点释析

本案涉及案件事实的认定和适用法律的选择问题。即王力军无证照买卖粮食的行为是否构成非法经营罪的社会危害性、刑事违法性和刑事处罚必要性。

本案的事实认定无疑义，无论是检察机关指控还是王力军本人的自首，都对王力军未经粮食主管部门许可及工商行政管理机关核准登记并颁发营业执照，非法收购玉米，非法经营数额218,288.6元，数额较大的行为予以确定，王力军没有办理粮食收购许可证及工商营业执照买卖玉米的事实清楚，这种行为的确违法了国家的粮食流通管理的有关规定，但是否达到《刑法》第225条非法经营罪规定的严重扰乱市场秩序的危害程度则存在争议。

也即认定一个人的行为是否构成犯罪，除了收集相应的证据认定事实，还需要选择使用的法律，我国《刑事诉讼法》第6条规定："人民法院、人民检察院和公安机关进行刑事诉讼……必须以事实为根据，以法律为准绳……"

以事实为根据，就是重证据，重调查研究。公安司法机关在进行刑事诉讼，认定被告人的行为性质是否属于犯罪及确定刑事责任时，应当忠实于案件事实真相，以客观存在的案件事实作为处理问题的根本依据。公安司法机关据以定案的事实，必须以收集到的证据所证实的案件事实为根据，而不能以主观臆测、想象或查无实据的议论为根据，没有确实充分的证据来证明案件事实，就不能对被告人定罪量刑。本案的事实，既有王力军的自首，也有公安机关查明的证据材料予以证实，控辩双方都无异议。

以法律为准绳，就是指公安司法机关应该在查明案件事实的基础上，以法律为尺度来衡量案件的具体事实和情节，按照法律的规定对案件作出正确处理，本案犯罪行为的最终认定，需要以《刑法》《刑事诉讼法》为准绳，而我国《刑法》对非法经营罪的认定，有四种类型，前面三种无疑跟本案无关，唯有第四种"其他严重扰乱市场秩序的非法经营行为"可以适用于本案。但根据司法解释中对情节严重的认定，应当根据相关行为是否具有与《刑法》第225条前3项规定的非法经营行为相当的社会危害性、刑事违法性和刑事处罚必要性进行判断。综观本案的基本案情，无证买卖粮食虽然达到了数额巨大，但其社会危害性尚未达到给予刑事处罚的程度，同时，就本案而言，王力军从粮农处收购玉米卖予粮库，没有严重扰乱市场秩序，且不具有与《刑法》第225条规定的非法经营罪前3项行为相当的社会危害性，不具有刑事处罚的必要性。因此，本案的判决，我们应该考虑：（1）对于《刑法》第225条第4项规定的“其他严重扰乱市场秩序的非法经营行为”的适用，应当根据相关行为是否具有与《刑法》第225条前3项规定的非法经营行为相当的社会危害性、刑事违法性和刑事处罚必要性进行判断。（2）判断违反行政管理有关规定的经营行为是否构成非法经营罪，应当考虑该经营行为是否属于严重扰乱市场秩序。对于虽然违反行政管理有关规定，但尚未严重扰乱市场秩序的经营行为，不应当认定为非法经营罪。

■ 知识点梳理

我国《刑事诉讼法》第6条规定：“人民法院、人民检察院和公安机关进行刑事诉讼……必须以事实为根据，以法律为准绳……”

以事实为根据，就是重证据，重调查研究。公安司法机关在进行刑事诉讼，认定被告人的行为性质是否属于犯罪及确定刑事责任时，应当忠实于案件事实真相，以客观存在的案件事实作为处理问题的根本依据。公安司法机关据以定案的事实，必须以收集到的证据所证实的案件事实为根据，而不能以主观臆测、想象或查无实据的议论为根据，没有确实充分的证据来证明案件事实，就不能对被告人定罪量刑。本案的事实，既有王力军的自首，也有公安机关查明的证据材料予以证实，控辩双方都无异议。

以法律为准绳，就是指公安司法机关应该在查明案件事实的基础上，以法律为尺度来衡量案件的具体事实和情节，按照法律的规定对案件作出正确处理，不能凭借一己好恶或一时情绪来定案，也不能根据其他因素，如外界压力、自己的利益来定案。以法律为准绳，还指公安司法机关及其工作人员严格按照《刑事诉讼法》规定的原则、制度和程序办案。在办案过程中，切实保障公民的人身权利。在认定被告人的罪名及其刑罚时，只能以《刑法》为唯一依据，凡《刑法》未规定为犯罪的行为，不得判决被告人有罪，《刑法》的从重、从轻或减轻处罚的规定，公安司法机关也应遵守。以事实为根据，以法律为准绳是紧密联系，相辅相成的。事实是正确适用法律的基础,如果不以事实为根据运用法律,就会丧失客观标准,会对案件作出不正确的处理。不以法律为准绳,则无法保证查明案件事实,即使查清了案件事实,也会失去方向和尺度。只有两者相结合,才能既准确惩罚犯罪,又有效地保障人权,全面实现刑事诉讼的任务。

PART 02

基本制度

6 Case Study 张子强等非法买卖爆炸物、抢劫、绑架、走私武器案

管辖制度

研读指导

1. 什么是刑事诉讼管辖制度？
2. 刑事诉讼法规定管辖制度的意义。
3. 刑事管辖与国家司法主权问题。

相关法条

《中华人民共和国刑事诉讼法》第二十条　基层人民法院管辖第一审普通刑事案件，但是依照本法由上级人民法院管辖的除外。

第二十五条　刑事案件由犯罪地的人民法院管辖。如果由被告人居住地的人民法院审判更为适宜的，可以由被告人居住地的人民法院管辖。

案情介绍

上诉人(原审被告人)：张子强，男，43岁，广西壮族自治区玉林市人，住香港。1998年7月22日被逮捕。

上诉人(原审被告人)：陈智浩，男，36岁，广东省海丰县人，住香港。1998年7月22日被逮捕。

上诉人(原审被告人)：马尚忠，男，33岁，河北省秦皇岛市人，住湖北省老河口市。1997年11月，因盗窃罪被判处有期徒刑11年，剥夺政治权利3年，在广东省

坪石监狱服刑。1998 年 6 月 23 日押回广州市受审。

上诉人(原审被告人):梁辉,男,32 岁,湖北省老河口市人,住老河口市。1998 年 7 月 22 日被逮捕。

上诉人(原审被告人):钱汉寿,男,42 岁,广东省海丰县人,住香港。1998 年 7 月 22 日被逮捕。

1998 年 10 月 30 日,广东省广州市中级人民法院对张子强、陈智浩、马尚忠、梁辉、钱汉寿和李运、朱玉成、蔡智杰、余汉俊、刘鼎勋、黄华生、柯贤庭、胡济舒、叶心瑜、钱汉业、罗志平、甘永强、邓礼显、张焕群、陈立新、黄英德、何志昌、黄文雄、刘国华、余船、江荣长、张志烽、陈树汉、黄毅、韩法、江才古、罗月英、陈辉光、叶继联、叶继钰、刘锦荣等 36 名被告人非法买卖、运输爆炸物、抢劫、绑架、走私武器、弹药、非法买卖、运输枪支、弹药、私藏枪支、弹药、窝赃一案作出一审判决(本文对李运等 31 名被告人的判决部分予以省略)。其中,对被告人张子强以非法买卖爆炸物罪,判处死刑,剥夺政治权利终身;以绑架罪,判处无期徒刑,剥夺政治权利终身,并处没收财产人民币 6.62 亿元;以走私武器、弹药罪,判处无期徒刑,剥夺政治权利终身,并处没收财产人民币 10 万元。决定执行死刑,剥夺政治权利终身,并处没收财产人民币 6.621 亿元。

对被告人陈智浩以抢劫罪,判处死刑,剥夺政治权利终身,并处没收财产人民币 54 万元;以走私武器、弹药罪,判处死刑,缓期 2 年执行,剥夺政治权利终身,并处没收财产 10 万元;以绑架罪,判处无期徒刑,剥夺政治权利终身,并处没收财产人民币 2.95 亿元;以非法运输爆炸物罪,判处有期徒刑 8 年;以非法买卖枪支、弹药罪,判处有期徒刑 6 年;以私藏弹药罪,判处有期徒刑 2 年。决定执行死刑,剥夺政治权利终身,并处没收财产人民币 2.9564 亿元。

对被告人马尚忠以抢劫罪,判处死刑,剥夺政治权利终身,并处没收财产人民币 10 万元;以走私武器、弹药罪,判处有期徒刑 15 年,剥夺政治权利 5 年,并处没收财产人民币 5 万元;以非法买卖枪支、弹药罪,判处有期徒刑 12 年,剥夺政治权利 4 年;原判盗窃罪余刑 9 年 5 个月零 5 日,剥夺政治权利 3 年。决定执行死刑,剥夺政治权利终身,并处没收财产人民币 15 万元。

对被告人梁辉以抢劫罪,判处死刑,剥夺政治权利终身,并处没收财产人民币 10 万元;以绑架罪,判处有期徒刑 13 年,剥夺政治权利 4 年,并处没收财产人民币

360 万元;以走私武器、弹药罪,判处有期徒刑 12 年,剥夺政治权利 4 年,并处没收财产人民币 5 万元。决定执行死刑,剥夺政治权利终身,并处没收财产人民币 375 万元。

对被告人钱汉寿以非法买卖爆炸物罪,判处死刑,剥夺政治权利终身。

第一审宣判后,被告人张子强、陈智浩、马尚忠、梁辉、钱汉寿不服,提出上诉。

上诉人张子强及其辩护人称:本案犯罪行为实施地在香港,侵犯的客体是香港居民的人身权和财产权,应由香港法院管辖,一审法院管辖不当;张子强购买爆炸物只与钱汉寿联系,不应对全案负责;原判非法买卖爆炸物罪的量刑偏重;原判认定的绑架罪证据不足,申请二审调取被害人陈述、同案人供词及有关物证;走私武器弹药行为只是绑架罪的预备行为,不应单独定罪;张子强检举了他人偷越边境、抢劫香港金行、贩毒等多宗犯罪线索,具有立功表现,应当从轻处罚。

上诉人陈智浩及其辩护人称:原判认定陈智浩是抢劫案中致李晨曦死亡的凶手有误,量刑偏重;在公安机关尚未掌握其在香港二次抢劫事实的情况下首先交待,并供出同案人,应当认定为自首和重大立功,要求从轻处罚。

上诉人马尚忠及其辩护人称:马尚忠在抢劫李晨曦案中没有用封箱胶纸封被告人口、眼,不是故意致被害人死亡;在所参与的两次抢劫中均不是主犯,要求二审从轻处罚。

上诉人梁辉及其辩护人称:原判认定梁辉在抢劫李晨曦案中恐吓、殴打被害人,并卡被害人脖子不符合事实,认定被害人死亡无直接证据;梁辉在该案中是从犯,被抓后坦白交代并供出同案人犯罪事实,应属自首和立功,被抓好坦白交代并供出同案犯罪事实,应属自首和立功,要求二审从轻处罚。

上诉人钱汉寿及其辩护人称:钱汉寿未出资,没有非法买卖爆炸物,只是受他人指使运输了爆炸物,情节较轻,是运输爆炸物罪的从犯;被抓后能坦白认罪,并揭发了同案人的多宗犯罪事实,应认定为立功;原判量刑过重,要求二审从轻处罚。

广东省高级人民政府经审查查明:

1997 年 10 月,上诉人张子强向上诉人钱汉寿提出购买炸药,并指派刘鼎勋与钱汉寿联系具体事宜,还通过刘鼎勋向钱汉寿先后支付了购买炸药款港币 15 万元。同年 11 月,钱汉寿回原籍广东省汕尾市非法购买炸药 818.483 公斤、雷管 2000 支、导火索 750 米,分装在 40 个泡沫箱内伪装成海鲜,并于 1998 年 1 月 7 日指使他人运到香港交给刘鼎勋。次日晨，张子强、刘鼎勋伙同他人一起将爆炸物搬运进流水响大窝村95号。中午，又转移至马草垄村94号。同月17日，该批爆炸物被查获。

1994年年底至1995年年初，上诉人陈智浩找到叶继欢，共同参与蔡智杰等人的密谋，准备劫持天津市物资综合贸易中心驻深圳办事处经理李晨曦，以取得其在深圳的一批钢材提货单后提取钢材。1995年1月14日晚10时许，上诉人马尚忠、梁辉和黄毅受叶继欢指使，驾驶一辆吉普车到深圳与陈智浩会合，在深圳市南方国际大酒店附近将李晨曦劫持往广州。途中，黄毅开车，陈智浩、马尚忠、梁辉恐吓、殴打被害人。梁辉卡被害人脖子并用手铐反铐其双手，马尚忠则用封箱胶纸封住被害人口、眼，后梁辉、马尚忠又用棉被、衣物捂住被害人头部，致其死亡后，搜去其携带的办公室钥匙。马尚忠、梁辉、黄毅开车到城郊抛尸灭迹，陈智浩则将钥匙交给余汉俊等人。同月16日，蔡智杰等人用从被害人办公室搜得的提货单提走直径8毫米的盘元钢277.39吨（价值人民币721,214元），予以销赃。

1991年年初，上诉人陈智浩、马尚忠和朱玉成、李运、黄华生、叶继欢、林铁先后在广州、深圳等地密谋到香港抢劫金行。马尚忠、陈立新到云南省砚山县平远街购得AK47自动步枪和五四式手枪各2支、手榴弹3枚。陈智浩则到湖南省衡阳市购得子弹350发、手榴弹3枚及部分手枪配件。同年6月，陈智浩安排马尚忠、朱玉成和叶继欢、林铁携带AK47自动步枪2支、手枪6支、手榴弹3枚、子弹350发及手枪配件从深圳偷渡到香港，与先期抵港的陈智浩、李运、黄华生会合。同月9日下午，陈智浩、马尚忠等7人持枪和携带面具、螺丝刀、布袋、手套等作案工具，驾驶抢劫被害人余某的轻型货车前往香港物华街，叶继欢、马尚忠持枪在街上把守接应，其他人分别冲入“周生生”“周大福”“东盛”等5间珠宝金行，采用持枪威胁等方法，抢得金器一批（共价值港币5,739,892元）。在香港警察围捕时，叶继欢、马尚忠开枪掩护，7人共同乘车逃离现场。途中，又另劫被害人曾某的汽车换车继续逃跑。作案后，经叶继欢销赃，陈智浩分得赃款港币42万元，马尚忠分得赃款人民币10万元。

1992年年初，上诉人陈智浩与朱玉成、李运、叶继欢、林铁等人先后在广州深圳等地密谋再次到香港抢劫。同年3月10日下午，陈智浩等人在香港分别抢得被害人陈某某的出租车、钟某某的轻型货车后，朱玉成驾车，其他人携带枪支、丝袜、螺丝刀、布袋、手套等作案工具到香港大埔道，叶继欢持枪在街上把守，朱玉成在车上等候接应，其他人冲入“周生生”“谢瑞麟”两间珠宝金行，采用持枪威胁等方法，抢得金器一批，价值港币1,682,138元。在香港警察围捕时，共同乘车逃离现场。作案后，经叶继欢销赃，陈智浩分得赃款港币12万元。

1995年年底至1996年年初，上诉人张子强、陈智浩和柯贤庭、朱玉成、李运、叶继欢、郭志华等人先后在深圳名都酒店、日新宾馆等地，多次密谋绑架勒索香港人李某某，为此又纠合上诉人梁辉和罗志平、张焕群等3人共同作案。张子强出资港币140万元用于购买枪支弹药、车辆等作案工具及租赁关押人质的房屋；陈智浩、朱玉成负责购买车辆、假车牌及对讲机，朱玉成还负责租下关押人质的一农场房屋；柯贤庭负责观察李某某的行踪。叶继欢为此从内地购得AK47自动枪二支、微型冲锋枪1支、手枪5枪、炸药9包（重1.887公斤）及子弹一批，在张子强、陈智浩等人的安排和接应下，于1996年5月12日与上诉人梁辉等人将上述枪支弹药偷运到香港。5月23日下午6时许，张子强接到柯贤庭的电话后得知李某某的行踪，即与陈智浩等人携带枪支、铁锤等作案工具，在香港深水湾道80号附近绑架了被害人李某某及其司机林某某。张子强、陈智浩到李家收取勒索的赎金港币10.38亿元后，释放被害人。张子强分得赃款港币3.62亿元，陈智浩分得赃款港币2.95亿元。

1997年年初，上诉人张子强图谋绑架香港人郭某某，指使张志烽观察郭某某的行踪。张志烽又将绑架图谋转告胡济舒、陈树汉等人。此后，张子强与上述同案人先后在广州市胜利宾馆、东莞市华侨酒店、深圳市广东银行大厦的喷泉酒楼等地密谋并作具体分工。其间，张子强、胡济舒分别出资港币200余万元，20万元为实施犯罪作准备，胡济舒还纠合甘永强、邓礼显等人参与绑架。1997年9月29日下午6时许，张子强接张志烽电话后得知郭某某的行踪，即与甘永强、邓礼显等人在香港海滩道公路桥底附近，将郭某某绑架至香港马鞍岗200号。张子强向郭家收取了勒索的赎金港币6亿元后，释放被害人。作案后，张子强分得赃款港币3亿元。

1995年5~8月，上诉人陈智浩将非法取得的爆炸物一批藏匿在罗月英在深圳的租屋内。后陈智浩指使韩法、陈辉光、罗月英将爆炸物分两次交他人运至香港。陈智浩收到这些爆炸物后，藏匿于香港薄扶林山上。破案后，在薄扶林缴获其藏匿的炸药 25.4 公斤。

1995 年,上诉人陈智浩将手枪子弹 13 发、猎枪子弹 4 发、雷管 10 支等物装入一茶叶罐内,藏匿在罗月英在深圳怡景花园荷萍阁 A2 房内,后被查获。

1997 年年初,上诉人陈智浩指使韩法在深圳购得五四式手枪 1 支、子弹 16 发,韩将该枪、弹交陈辉光藏匿。同年 8 月至 9 月,陈智浩又指使罗志平购得雷鸣登猎枪 1 支及猎枪子弹 26 发,罗志平将该枪、弹带到深圳交罗月英藏匿。后陈智浩指使陈辉光从罗月英处取走猎枪及子弹藏匿于陈辉光住处。破案后,上述枪支弹药被查获。

广东省高级人民法院认为:

本案指控的犯罪,有些犯罪行为虽然是在香港实施,但是组织、策划等实施犯罪的准备工作,均发生在内地;实施犯罪所使用的枪支、爆炸物及主要的作案工具均是从内地非法购买后走私运到香港,依照《刑事诉讼法》(1996 年)第 24 条的规定,内地法院对本案依法享有管辖权。

上诉人张子强出资向上诉人钱汉寿购买爆炸物,指使刘鼎勋负责联络,还伙同他人装卸和转移购买的爆炸物。这些情节有张子强、钱汉寿、刘鼎勋等人的供述和缴获的爆炸物、犯罪工具等证据证实。张子强、钱汉寿违反国家有关爆炸物管理的法律、法规,非法买卖爆炸物的行为,危害公共安全,已触犯《刑法》第 125 条第 1 款的规定,构成非法买卖爆炸物罪,且非法买卖爆炸物数量巨大,情节严重。张子强是非法购买爆炸物的货主和策划、指挥者,钱汉寿参与密谋并负责购买、运输,二人在共同犯罪中起主要作用,均是主犯,应当按照其所组织、指挥或参与的全部犯罪处罚。原判量刑适当。张子强及其辩护人认为张不应对全案负责,没有依据。钱汉寿及其辩护人认为钱汉寿未出资,没有非法买卖爆炸物,只是运输爆炸物罪的从犯,且情节较轻,与事实不符。

上诉人陈智浩在抢劫李晨曦案中,使用暴力手段作案,对李的死亡负有直接责任;在两次抢劫香港金行中,不仅策划、指挥,还直接实施抢劫。上诉人马尚忠在抢劫李晨曦案中,采取暴力手段封李的口、眼,是致李死亡的直接凶手之一;在抢劫香港物华街金案中,持枪威胁并开枪拒捕。上诉人梁辉在抢劫李晨曦案中,对李实施恐吓、殴打、卡颈等暴力手段,是致李死亡的直接凶手之一。这些情节均有本人和多名同案人的供述为证。陈智浩、马尚忠、梁辉以非法占有为目的,持械使用暴力及胁迫手段劫取他人财物，其行为触犯1979年《刑法》第150条第2款的规定，构成抢劫罪，抢劫数额巨大，情节严重。在共同犯罪中，陈智浩、马尚忠、梁辉起主要作用，是主犯，应当按照其所组织、指挥或参与的全部犯罪处罚。原判量刑适当。陈智浩及其辩护人关于原判认定陈智浩是抢劫案中致李晨曦死亡的凶手有误，量刑偏重；在公安机关尚未掌握其在香港二次抢劫事实的情况下首先交代，并供出同案人，应当认定为自首和重大立功，要求从轻处罚的辩解理由和辩护意见；马尚忠、梁辉及其辩护人上诉否认是抢劫案中的主犯，要求从轻处罚的辩解理由和辩护意见，均不予采纳。

上诉人张子强、陈智浩、梁辉以勒索财物为目的，绑架他人，其行为均已触犯1991年9月4日全国人大常委会通过的《关于严惩拐卖、绑架妇女、儿童的犯罪分子的决定》第2条第3款的规定，构成绑架罪，且勒索金额特别巨大，情节严重。张子强在两次绑架犯罪中均提起犯意，并出资购买作案工具，且分占巨额赎金。这些情节有本人和同案人的供述及指认密谋地点、绑架现场、作案工具、被害人开出的提款汇票及授权书等证据证实，足资认定。张子强、陈智浩在实施绑架的共同犯罪中起组织、指挥作用，是主犯，应当按照其所组织、指挥的全部犯罪处罚；梁辉是从犯，依法应从轻或减轻处罚。原判量刑适当。张子强及其辩护人上诉认为认定绑架罪的证据不足，申请调取新的证据，理由不能成立。

上诉人张子强、陈智浩、马尚忠、梁辉违反海关法规，逃避海关监管，携带枪支、弹药偷运出境，其行为触犯全国人大常委会《关于惩治走私罪的补充规定》第1条的规定，构成走私武器、弹药罪，情节特别严重。在共同犯罪中，张子强、陈智浩起组织、指挥作用，是主犯，应当按照其所组织、指挥的全部犯罪处罚；马尚忠、梁辉是从犯，依法应从轻或减轻处罚。原判量刑适当。张子强及其辩护人上诉认为走私武器、弹药是为了实施绑架犯罪，应当被绑架罪吸收，不能独立定罪的理由，不能成立。

上诉人陈智浩伙同他人违反国家爆炸物管理的有关法律、法规，非法运输爆炸物，危害公共安全，其行为触犯1979年《刑法》第112条的规定，构成非法运输爆炸物罪，情节严重。在共同犯罪中，陈智浩起组织、指挥作用，是主犯，应当按照其组织、指挥的全部犯罪处罚。

上诉人陈智浩、马尚忠与他人非法买卖枪支、弹药的行为，已经触犯1979年

《刑法》第112条的规定,构成非法买卖枪支、弹药罪。在共同犯罪中,陈智浩、马尚忠是主犯,应当按照其所指挥、参与的全部犯罪处罚。

上诉人张子强、陈智浩、马尚忠、梁辉均一人犯数罪,依照《刑法》第69条的规定,应当数罪并罚。

张子强的辩护人认为张子强在二审期间检举他人的犯罪线索,有立功表现,应当从轻处罚一事,广东省公安厅刑侦局证实,张子强的检举均无法查证,不构成立功。

综上所述,一审判决认定事实清楚,证据确实、充分,定罪准确,对上诉人张子强、陈智浩、马尚忠、梁辉、钱汉寿的量刑适当。该五人的上诉理由及其辩护人的辩护理由不能成立,应予驳回。据此,广东省高级人民法院依照《刑事诉讼法》第189条第1项的规定,于1998年12月4日判决:维持一审对上诉人张子强、陈智浩、马尚忠、梁辉、钱汉寿的判决。

依照最高人民法院《关于授权高级人民法院核准部分死刑案件的通知》的规定,广东省高级人民法院在终审判决中同时核准了判处上诉人张子强、陈智浩、马尚忠、梁辉、钱汉寿死刑,剥夺政治权利终身的刑事判决。

■ 疑难点释析

1. 张子强案件共有36名被告人,其中,除18人是内地居民外,张子强等其他18人都是香港居民。内地司法机关对张子强等18名香港居民进行侦查、起诉和审判是不是合法?

2. 内地司法机关对张子强等18名香港居民有无刑事管辖权?

(1)依照我国《刑法》第6条第1款、第3款的规定,凡在中华人民共和国领域内犯罪的,除法律有特别规定的以外,都适用本法。犯罪的行为或者结果有一项发生在中华人民共和国领域内的,就认为是在中华人民共和国领域内犯罪。根据此条规定,张子强一案,内地完全有刑事管辖权,可适用内地的《刑法》处理。

(2)我国《刑事诉讼法》第25条规定,刑事案件由犯罪地的人民法院管辖。该条确立了犯罪地管辖原则。1997年3月14日修订的《刑法》也确定了以领域管辖权为基础的空间效力体制。犯罪地管辖原则或者领域管辖权原则,是世界上绝大多数国家及地区法律制度普遍实行的管辖原则。之所以说犯罪地是基本原则,是指它是主要的管辖原则但不是唯一的管辖原则。这是因为管辖问题是个相当复杂的问题，实践中的个案更为复杂，仅靠一个原则是不能解决现实中所有的复杂问题的，还应当根据具体情况适用一些补充原则。例如，《刑事诉讼法》第25条除规定"刑事案件由犯罪地的人民法院管辖"这一基本原则外，还规定："如果由被告人居住地的人民法院审判更为适宜的，可以由被告人居住地的人民法院管辖。"

什么是犯罪地？1998年6月29日最高人民法院审判委员会通过的《关于执行〈中华人民共和国刑事诉讼法〉若干问题的解释》第2条规定："犯罪地是指犯罪行为发生地。以非法占有为目的的财产犯罪，犯罪地包括犯罪行为发生地和犯罪分子实际取得财产的犯罪结果发生地。"该解释确认了这样的原则：犯罪地以犯罪行为发生地为主，犯罪结果地为辅。这种观点，为世界上绝大多数国家及地区认同，并且在立法中规定和在司法中实践。后来2013年新修改的司法解释第2条继续规定"犯罪地包括犯罪行为发生地和犯罪结果发生地"。《关于实施刑事诉讼法若干问题的规定》第2条规定：《刑事诉讼法》（1996年）第24条（现为《刑事诉讼法》第25条）规定"刑事案件由犯罪地的人民法院管辖"。犯罪地，包括犯罪的行为发生地和结果发生地。

什么是犯罪行为？从其外延来看，犯罪行为既包括实行行为，也包括预备行为。《刑法》第22条第1款规定："为了犯罪，准备工具、制造条件的，是犯罪预备。"犯罪预备行为，既可以依附于主行为定罪，也可以独立于主行为之外单独定罪。例如，张子强案件中的非法买卖、运输爆炸物，走私武器弹药等行为，当然是绑架罪的预备行为，但是这些行为可以构成独立的罪名。对发生在本区域内并且构成犯罪的预备行为可以进行司法管辖，这也是世界上绝大多数国家及地区法律制度认同的原则。从事实来看，张子强等香港居民的许多犯罪预备行为发生在内地。广州市中级人民法院认定，1997年9月，被告人张子强、钱汉寿、刘鼎勋经密谋并由张子强出资，在广东省汕尾市非法购买大量炸药、雷管和导火索，偷运到香港。陈智浩在广东省海丰县非法购买一批炸药，指使同案人偷运到香港。1991年和1996年，被告人张子强等人将在内地非法购买的一批枪支弹药偷运香港。被告人张子强一伙经在广州、深圳、东莞多次密谋策划后，分别于1996年5月和1997年9月在香港绑架了李某、林某和郭某，勒索巨额"赎金"。

鉴于以上理论根据、法律根据和事实根据，内地司法机关对张子强案件拥有无可争议的管辖权。对于张子强案件，内地公安机关有权依法进行侦查，检察机关有权依法提起公诉，法院有权依法进行审判。

(3)虽然内地刑事管辖实行属地原则为主，属人原则与便利审判为辅的管辖原则。而根据我国香港特别行政区的相关规定，其效力只及于发生在香港的犯罪行为，没有域外效力，采取较严格的属地原则。至于在我国香港特别行政区外发的犯罪案件除非有个别的成文法授权，我国香港特别行政区法院才有可能行使管辖权〔1〕。据此，我国香港特别行政区居民张子强一案，无论是由内地审理，还是由我国香港特别行政区审理都能找到法律依据，使得张子强一案发生了刑事管辖权的冲突和适用刑法的冲突。在解决此问题时，内地和我国香港特别行政区刑事司法协助工作做得非常成功，双方从既要维护各法域的刑事法制权威，又要保护当事人的合法权益角度出发，采用了区际刑事法律冲突国家普遍采用的冲突规范，以属地（犯罪地）原则为主，便利审判原则为补充作为管辖和适用法律的冲突规范，解决了此案的管辖和刑法适用问题，由内地对张子强一案行使刑事管辖权，使此案得到了圆满的处理。最终受理此案的广东省中级人民法院以本案有些犯罪行为虽然是在香港实施，但是组织、策划等实施犯罪的准备工作，均发生在内地，实施犯罪所使用的枪支、爆炸物及主要的作案工具均是从内地非法购买后走私运到香港，并以张子强等在内地被抓获，从便利审判原则出发，广州市中级人民法院最初受理，行使了对张子强一案的刑事管辖权，是有充分法律依据的。〔2〕

■ 知识点梳理

刑事诉讼中的审判管辖，是指人民法院审判第一审刑事案件的职权范围，包括各级人民法院之间、普通人民法院与专门人民法院之间，以及同级人民法院之间，在审判第一审刑事案件上的权限划分。从诉讼的角度讲，审判管辖所要解决的是某个刑事案件由哪个人民法院作为第一审进行审判的问题。

我国《刑事诉讼法》第25条规定："刑事案件由犯罪地的人民法院管辖。如果

〔1〕 陈正云主编：《中国刑事法律冲突论》，中国法制出版社1997年版，第141页。

〔2〕 《中华人民共和国最高人民法院公报》1999年第1期。

由被告人居住地的人民法院审判更为适宜的，可以由被告人居住地的人民法院管辖。”这一规定表明，在我国，确定刑事案件地区管辖的原则有两个：即犯罪地和被告人居住地。但两者在地区管辖中的地位并不是并列的，而是以犯罪地作为确定地区管辖的基本原则，被告人居住地作为确定地区管辖的辅助性原则。刑事案件原则上应由犯罪地的人民法院管辖。这里所说的犯罪地，包括犯罪的行为发生地和结果发生地。一般理解为包括犯罪预备地、犯罪行为实施地、犯罪结果地以及销赃地等。根据最高人民法院《关于适用〈中华人民共和国刑事诉讼法〉的解释》（全书正文简称《刑诉解释》）的规定，针对或者利用计算机网络实施的犯罪，犯罪地包括犯罪行为发生地的网站服务器所在地，网络接入地，网站建立者、管理者所在地，被侵害的计算机信息系统及其管理者所在地，被告人、被害人使用的计算机信息系统所在地，以及被害人财产遭受损失地。法律规定刑事案件原则上由犯罪地的人民法院管辖的主要理由是：(1)犯罪地一般是罪证最集中存在的地方，案件由犯罪地人民法院管辖，便于及时地、全面地收集和审查核实证据，有利于迅速查明案情；(2)犯罪地是当事人、证人所在的地方，由犯罪地的人民法院审判，便于他们就近参加诉讼活动，有利于审判工作的顺利进行；(3)案件既然在犯罪地发生，当地群众自然关心案件的处理，由犯罪地人民法院审判，更能有效地发挥审判的法制教育作用，而且也有利于群众对法院审判工作的监督；(4)案件由犯罪地人民法院审判，便于人民法院系统地掌握和研究当地刑事案件发生的情况和规律，及时提出防范的建议，加强社会治安的综合治理，预防和减少犯罪的发生。

同时，我国《刑事诉讼法》第 26 条规定，几个同级人民法院都有权管辖的案件，由最初受理的人民法院审判。在必要的时候，可以移送主要犯罪地的人民法院审判。另外，我国 2021 年通过的《刑诉解释》第 15 条规定：“一人犯数罪、共同犯罪或者其他需要并案审理的案件，其中一人或者一罪属于上级人民法院管辖的，全案由上级人民法院管辖。”

7 Case Study 牛顿等八人抢劫案

特殊管辖

■ 研读指导

1. 国际列车上发生的案件如何管辖?
2. 特殊管辖的执行问题。

■ 相关法条

《中华人民共和国刑事诉讼法》第二十六条　几个同级人民法院都有权管辖的案件,由最初受理的人民法院审判。在必要的时候,可以移送主要犯罪地的人民法院审判。

最高人民法院《关于适用〈中华人民共和国刑事诉讼法〉的解释》第五条　在列车上的犯罪,被告人在列车运行途中被抓获的,由前方停靠站所在地负责审判铁路运输刑事案件的人民法院管辖。必要时,也可以由始发站或者终点站所在地负责审判铁路运输刑事案件的人民法院管辖。

被告人不是在列车运行途中被抓获的,由负责该列车乘务的铁路公安机关对应的审判铁路运输刑事案件的人民法院管辖;被告人在列车运行途经车站被抓获的,也可以由该车站所在地负责审判铁路运输刑事案件的人民法院管辖。

第六条　在国际列车上的犯罪,根据我国与相关国家签订的协定确定管辖;没有协定的,由该列车始发或者前方停靠的中国车站所在地负责审判铁路运输刑事案件的人民法院管辖。

第七条　在中华人民共和国领域外的中国船舶内的犯罪,由该船舶最初停泊的中国口岸所在地或者被告人登陆地、入境地的人民法院管辖。

第八条 在中华人民共和国领域外的中国航空器内的犯罪，由该航空器在中国最初降落地的人民法院管辖。

■ 案情介绍

被告人：牛顿，男，36 岁，北京市人，无业。

被告人：邢忠实，男，20 岁，河北省人，无业。

被告人：秦之彤，男，31 岁，河南省人，无业。

被告人：张文骥，男，40 岁，北京市人，无业。

被告人：李秋华，女，40 岁，北京市人，无业。

被告人：姜明华，女，36 岁，北京市人，原系中俄贸易进出口公司职员。

被告人：杨珍春，女，21 岁，四川省人，无业。

被告人：张宝辉，男，33 岁，山东省人，无业。

1993 年 7 月 17 日，北京铁路公安局对上述被告人以抢劫罪立案侦查，后移送检察机关审查起诉。1994 年 6 月 10 日，北京铁路运输检察分院向北京铁路运输中级人民法院提起公诉。起诉书认定上述被告犯罪事实如下：

1. 1993 年 5 月 9 日被告人牛顿在 3 次国际列车上持凶器抢劫旅客 1800 美元。

2. 1993 年 1 月 27 日至 5 月 24 日被告人牛顿分别伙同虞曾珍、张占臣、李德民等人（均另案处理）先后五次持凶器窜入莫斯科莫大旅馆、日出旅馆、国际列车上抢劫旅客 1980 美元、15 万卢布、皮夹克 20 件。并将莫大旅馆一旅客头部、肩部等处砍伤。

3. 1993 年 1 月被告人牛顿、李秋华伙同杨彤、王平等人（另案处理）在莫斯科市区两名四川人住处抢劫美元 100 元。

4. 1993 年 5 月 3 日和 16 日被告人牛顿、秦之彤、杨珍春伙同王琪、虞曾珍等人（另案处理）先后三次在国际列车上抢劫 1800 美元、10 万卢布以及一台单放机、2 个乞丐包、1 个沙洗衬衣包。

5. 1993 年 4 月至 5 月 9 日被告人牛顿、邢忠实伙同张占臣、马继强、牛永利等人（另案处理）持凶器在国际列车上先后二次抢劫旅客 800 美元，人民币 50 元。

6. 1993 年 5 月 24 日被告人牛顿、秦之彤、张宝辉伙同李德民、杨春友（另案处理）持凶器在 3 次国际列车上抢劫旅客 124 万卢布。

1993 年 7 月 8 日，被告人牛顿、张文骥、姜明华伙同虞曾珍，持凶器在莫斯科某被害人房内抢劫时，被先后抓获。

北京铁路运输检察分院审查认为，被告人牛顿、邢忠实、秦之彤、张文骥、李秋华、姜明华、杨珍春、张宝辉目无国法，多次在国际列车以及莫斯科市区进行抢劫，其行为均已构成抢劫罪。其中牛顿、邢忠实、秦之彤所犯罪行情节特别严重。牛顿在共同犯罪中起主要作用，系主犯，应予严惩；被告人张文骥虽系抢劫未遂，但其手段残忍，情节恶劣，亦应依法惩处。

1994 年 10 月 7 日，北京铁路运输中级法院经公开审理，依照《刑法》第 150 条第 1 款、第 2 款，第 5 条，第 22 条第 1 款，第 23 条，第 51 条第 1 款，第 52 条，第 53 条第 1 款，第 67 条第 1 款，第 68 条第 2 款、第 3 款和《铁路法》第 65 条之规定，判处被告人牛顿死刑，剥夺政治权利终身；判处被告人邢忠实无期徒刑，剥夺政治权利终身；判处被告人秦之彤无期徒刑，剥夺政治权利终身；判处被告人张文骥有期徒刑 14 年，剥夺政治权利 3 年；判处被告人李秋华有期徒刑 3 年；判处被告人姜明华有期徒刑 3 年；判处被告人杨珍春有期徒刑 3 年，缓刑 3 年；判处被告人张宝辉有期徒刑 3 年。

被告人牛顿、邢忠实、秦之彤、张文骥、姜明华、张宝辉不服一审判决，向北京市高级人民法院提出上诉。

1994 年 12 月 5 日，北京市高级人民法院经审理，作出裁定：驳回上诉，维持原判。并根据最高人民法院授权高级人民法院核准部分死刑案件的规定，核准对牛顿以抢劫罪判处死刑，剥夺政治权利终身的裁定。1994 年 12 月 7 日，对被告人牛顿执行死刑。

■ 疑难点释析

在国际列车及境外多次抢劫他人财物的行为，应当如何论处？我国《刑事诉讼法》能否管辖？

在国际列车及境外多次抢劫他人财物的行为构成抢劫罪。我国 1979 年《刑法》第5条规定了属人管辖,即“中华人民共和国公民在中华人民共和国领域外犯前条以外的罪,而按本法规定的最低刑为三年以上有期徒刑的,也适用本法;但是按照犯罪地的法律不受处罚的除外”。1997年《刑法》修改继续保持了属人管辖人员。抢劫罪是按照我国《刑法》规定的,最低刑为3年以上的有期徒刑。因此,对于在境外犯抢劫罪的行为,适用我国的法律。根据1979年《刑法》第150条的规定,以暴力、胁迫或者其他方法抢劫公私财物的,处3年以上10年以下有期徒刑;犯前款罪,情节严重的或者致人重伤、死亡的,处10年以上有期徒刑、无期徒刑或者死刑,可以并处没收财产。另外,根据我国《铁路法》第65条的规定,在列车内,抢劫旅客财物,伤害旅客的,依照《刑法》有关规定从重处罚。

而根据《刑诉解释》第6条的规定,在国际列车上的犯罪,根据我国与相关国家签订的协定确定管辖;没有协定的,由该列车始发或者前方停靠的中国车站所在地负责审判铁路运输刑事案件的人民法院管辖。故本案中牛顿多人在国际列车上实施的抢劫行为,因牛顿等具有中国国籍,中国法律对其有管辖权,根据我国《刑事诉讼法》的规定,列车始发地或者前方停靠地的中国车站所在地法院有管辖权,可以依法进行审判。

■ 知识点梳理

1. 刑事诉讼中的管辖,一般是根据刑事案件的性质、情节的轻重、复杂程度、发生地点、影响大小等不同特点和公安司法机关在刑事诉讼中的职责确定的。我国《刑事诉讼法》关于公、检、法机关管辖权限划分的基本出发点是保证刑事诉讼任务的顺利实现。确立管辖的原则是:

(1)依法管辖的原则。针对改革开放以来犯罪情况所发生的变化,新类型犯罪案件的增多以及刑事执法环境的改善和司法实践经验的积累,《刑事诉讼法》对公、检、法三机关案件管辖的分工作了重新划分与调整,这不仅进一步明确了公、检、法三机关在刑事诉讼中的职责、权限,而且对各司法机关在受理案件中管什么、如何管作出了具体规定,为公安司法机关依法管辖提供了法律依据,从而有效地防止了刑事管辖中的任意性和越俎代庖现象的发生,对于保证公、检、法三机关分工负责、互相配合、互相制约原则的贯彻落实起着十分重要的作用。

(2)准确及时的原则。《刑事诉讼法》关于刑事案件管辖的规定,充分考虑到要适应公安司法机关的性质和职权,均衡公安司法机关的工作负担,以利于它们有效地履行各自的职责,准确、及时、有效地查明犯罪事实,正确适用法律,保证办案质量,提高办案效率,完成《刑事诉讼法》规定的惩罚犯罪,保护人民的根本任务。

(3)便利诉讼的原则。《刑事诉讼法》关于管辖的规定,有利于公安司法机关调查核实证据,保证办案质量;有利于诉讼参与人参加诉讼,节省财力和时间;有利于群众旁听案件,接受群众对审判工作的监督,从而扩大办案的社会效果。

(4)维护合法权益的原则。为防止告状无门,保障当事人等诉讼参与人的诉讼权利,《刑事诉讼法》还从维护公民合法权益的角度出发,将被害人有证据证明对被告人侵犯自己人身、财产权利的行为依法应当追究刑事责任,而公安机关或者人民检察院不予追究被告人刑事责任的案件,划归自诉案件的范畴,要求人民法院依法受理,既体现了法律对公民合法权益的尊重和维护,也加重了人民法院的责任。

(5)原则性与灵活性相结合的原则。为了适应刑事案件复杂性的特点,以及办案实际工作的需要,刑事案件的管辖,除了要有明确的原则性规定以外,还应有一定的灵活性。例如,我国《刑事诉讼法》第 24 条关于上下级人民法院的变通管辖、第 27 条关于地区管辖中可以由上级人民法院指定管辖的规定,都体现了在依法管辖的前提下,仍需贯彻原则性与灵活性相结合的原则,以利于处理管辖中的争议和例外情况。

刑事案件的错综复杂,使得有些案件尚不能完全适用上述地区管辖的法律规定,对此《刑诉解释》对特殊情况予以特别规定:

2. 对于我国缔结或者参加的国际条约所规定的罪行,中华人民共和国在所承担条约义务的范围内,行使刑事管辖权,涉及地区管辖的有:(1)对于我国缔结或者参加的国际条约所规定的犯罪,我国具有刑事管辖权的案件,由被告人被抓获地的人民法院管辖。(2)在中国领域外的中国船舶内的犯罪,由犯罪发生后该船舶最初停泊的中国口岸所在地的人民法院管辖。(3)在中国领域外的中国航空器内的犯罪,由犯罪发生后该航空器在中国最初降落地的人民法院管辖。(4)中国公民在驻外的中国使、领馆内的犯罪,由该公民主管单位所在地或者他的原户籍地的人民法院管辖。(5)在国际列车上发生的刑事案件的管辖,按照中国与相关国家签订的有关管辖协定执行。没有协定的,由犯罪发生后列车最初停靠的中国车站所在地或者目的地的铁路运输法院管辖。

8 Case Study 李庄伪证案

回避制度

研读指导

1. 刑事诉讼中回避的种类有几种?
2. 犯罪嫌疑人、被告人及其辩护人能否申请合议庭集体回避?

相关法条

《中华人民共和国刑事诉讼法》第二十九条　审判人员、检察人员、侦查人员有下列情形之一的,应当自行回避,当事人及其法定代理人也有权要求他们回避:(一)是本案的当事人或者是当事人的近亲属的;(二)本人或者他的近亲属和本案有利害关系的;(三)担任过本案的证人、鉴定人、辩护人、诉讼代理人的;(四)与本案当事人有其他关系,可能影响公正处理案件的。

第三十二条　其他人员的回避

本章关于回避的规定适用于书记员、翻译人员和鉴定人。辩护人、诉讼代理人可以依照本章的规定要求回避、申请复议。

第四十四条第二款　……辩护人涉嫌犯罪的,应当由办理辩护人所承办案件的侦查机关以外的侦查机关办理……

近似案例

王万彬为他人办理假证书构成伪造国家机关证件罪、伪造事业单位印章罪案[(2013)淮中刑终字第0015号]

■ 案情介绍

2009年,重庆市黑社会性质团伙主要嫌疑人龚刚模被起诉。龚刚模曾任重庆银钢集团销售公司总经理,成立了重庆万贯财务公司。2005年,东方资产管理公司重庆办事处将21亿元不良债权以4300万元卖予万贯财务公司。龚刚模还与法院官员勾结,低价拍卖了重庆"奥妮土地"。有犯罪前科的万州人樊奇杭得到龚刚模资助发放高利贷,并于2006年8月开始购买了多支枪械弹药。2009年6月3日,龚刚模指使他人在重庆江北区爱丁堡小区门前枪杀了重庆男子李明航。2009年7月10日起重庆开展了一系列针对当地黑帮组织的"打黑除恶专项行动"。被认为是自中华人民共和国建立后类似行动中规模最大的。龚刚模等34人的涉黑案被称为重庆"打黑第一案"。龚刚模于2009年6月被捕。2010年1月3日龚刚模等被检察院以杀人罪及有关黑社会、枪支、毒品、赌场、行贿的9项罪名提起公诉。2月10日在重庆市第一中级人民法院进行了宣判,一审判处主要嫌疑人樊奇杭、吴川江死刑,龚刚模无期徒刑。5月31日,重庆市高级人民法院二审维持了一审的判决。

龚刚模原辩护律师系北京康达律师事务所合伙人、专职律师李庄。当地检察院在查办龚案时怀疑李庄唆使犯罪嫌疑人及证人伪造证据,令犯罪嫌疑人谎称被警方刑讯逼供。检察院随后以辩护人毁灭证据、伪造证据、妨害作证等罪名对其提起公诉。该案于2009年12月30日进行了一审,在本案的开庭过程中,当法官宣读完审判员、公诉人和辩护人的名单后,李庄提出异议:"我申请3位审判员、3位公诉人和2位法院书记员集体回避。"李庄认为,他被控伪造证据、妨害作证,两项妨害司法的"受害者"都是当地法院,因此当地法院与他有明显的利害关系,而"运动员不能同时做裁判员"。审判长驳回申请,理由是:法律未就集体回避有明文规定。李庄进而提出:"那我逐一申请各位回避。3位审判员申请3次,3位公诉人申请3次,一共6份申请。"审判长同样驳回。

在公诉人宣读完《公诉书》后,审判长询问被告有无异议。李庄答:"我先提5点申请,在此基础上,我才会提出异议。(1)《公诉书》列明的8名证人,今天一个都没到庭,我要求证人出庭;(2)我要求对龚刚模做司法鉴定;(3)我要求调取看守所的录像、录音，让法院判别我到底有没有诱导龚刚模作假证；(4)我要求本案延后审理，因为本案是龚刚模案的衍生案件，应等龚刚模的案件有了定论再审我；(5)申请异地审理。”

公诉人回答说，证人不愿出庭，无法勉强。审判长当庭驳回李庄的5项申请。一审判处李庄有期徒刑2年零6个月，李庄不服上诉，后二审，李庄被判处有期徒刑1年零6个月。

2011年4月又进行了李庄遗漏罪行的审理，但最后因证据存疑，检方撤诉。李庄于2011年6月11日刑满出狱。这一刑事案件被称为李庄伪证案，俗称李庄案。该案被中国诸多媒体所报道，其关于律师职业道德和人身权利、执业权利及更多内幕的争议，在社会上，特别是中国法律界引起了诸多讨论。

■ 疑难点释析

1. 李庄的行为是否构成伪证罪？

本案的公诉人随后出示的一系列证人证言笔录，直指龚刚模绝无遭刑讯逼供，而是李庄诱导他编造的借口。在这些证人中，既包括龚刚模的堂兄弟龚云飞和龚刚华、龚刚模的妻子程琪，也包括由李庄从石家庄带到北京发展的“得意门生”马晓军。这些证人均向警方指证：“李庄教龚刚模在开庭时大喊刑讯逼供，并把被刑讯逼供的情景表演出来。”另外，公诉人手里还有其他一些物证也是证明李庄诱导嫌疑人编造口供。在刑诉中，认定一个人的行为是否构成犯罪，主要依靠事实和证据，一审、二审法院最终确定李庄罪名成立，也是公诉人提供的材料达到了事实清楚、证据确实充分的程度，故对此结果，遵照法律规定。

2. 李庄伪证罪由重庆江北区法院受理，法官是否需要回避？该案由重庆警方侦查是否合理？

李庄被捕后，他的律师称检法机关与该案有利害关系。在送达法院的申请书中，李庄的律师高子程称，李庄案发，源于作为辩护律师的李庄认为，龚刚模自称卷宗证据显示该案存在刑讯逼供、证据矛盾等问题，遂建议龚在庭审时陈述或演示刑讯逼供过程，并申请伤情鉴定。高子程称，李庄案的侦查机关，与龚刚模案中被指涉嫌刑讯逼供的侦查机关，为同一侦查机关。如庭审证明刑讯逼供难以排除，且伤痕鉴定证明龚刚模伤痕确系刑讯逼供所致,侦查人员可能涉嫌刑讯逼供犯罪。那么,本案庭审结果必然在李庄犯罪和侦查人员涉罪间二选其一。所以,李庄案庭审结果与同为李庄案及龚刚模案侦查机关存在利害关系。高子程指出,依照司法程序,起诉李庄的公诉机关,与起诉龚刚模的公诉机关,同为重庆市检察院辖下检察机关。所以,本案庭审结果又与重庆市检察机关存在利害关系。高子程称,作为重庆市第一中级人民法院辖区内的基层法院,江北区法院审理李庄案,必由重庆市第一中级人民法院二审。所以,李庄案审理结果与重庆市第一中级人民法院同样存在利害关系。

我国《刑事诉讼法》第 24 条规定:“刑事案件由犯罪地的人民法院管辖。如果由被告人居住地的人民法院审判更为适宜的,可以由被告人居住地的人民法院管辖。”这一规定表明,在我国,确定刑事案件地区管辖的原则有两个:即犯罪地和被告人居住地。但两者在地区管辖中的地位并不是并列的,而是以犯罪地作为确定地区管辖的基本原则,被告人居住地作为确定地区管辖的辅助性原则。李庄涉嫌的伪证罪主要发生在重庆市,重庆市属于犯罪地,由重庆市的法院审判便于及时、全面地收集和审核证据,也方便审判的顺利进行。但法律同时也规定了指定管辖的情形,其中一种就是原来的法院不宜行使管辖权时,上级法院可以指定其他下级法院管辖。例如,为了排除干扰,保证审判活动的顺利进行,上级人民法院可以指定下级人民法院将其管辖的某一案件,移送其他人民法院审判,以保证案件能够得到正确、及时的处理。如果按照法定回避制度的规定,李庄伪证罪的审判人员、检察人员不符合法定回避事由,所以律师申请出庭的检察人员、审判人员集体回避于法无据,但考虑到本案发生之前,李庄作为律师为龚刚模提供辩护,李庄案的侦查机关是李庄辩护主张中可能涉嫌对龚刚模刑讯逼供的机关,李庄案的检察机关是龚刚模案市检察院的下属机关,审判的重庆市江北区人民法院是龚刚模案重庆市第一中级人民法院的下属法院,从为了排除干扰,保证审判活动的顺利进行,保障审判结果的公正角度出发,李庄涉嫌伪证罪不宜再由重庆市的侦查机关、检察机关、审判机关受理。

因此,在本案中,李庄案涉及辩护人辩护权利、辩护义务,李庄行为是否构成伪证罪应该根据侦查人员收集的证据予以认定。李庄伪证罪由重庆市江北区人民法院受理,受理法院法官不存在法定的回避事由,李庄提出异议的理由认为重庆市江北区人民法院是受害人,而龚刚模案由重庆市第一中级人民法院受理审判的,根据刑诉管辖制度中案件由犯罪地法院管辖,符合法律规定,但由辩护人代理案件的侦查人员继续侦查辩护人伪证罪,则不够稳妥。

■ 知识点梳理

我国《刑事诉讼法》第 25 条规定:“刑事案件由犯罪地的人民法院管辖。如果由被告人居住地的人民法院审判更为适宜的,可以由被告人居住地的人民法院管辖。”这一规定表明,在我国,确定刑事案件地区管辖的原则有两个:即犯罪地和被告人居住地。刑事案件原则上应由犯罪地的人民法院管辖。法律规定刑事案件原则上由犯罪地的人民法院管辖的主要理由是:(1)犯罪地一般是罪证最集中存在的地方,案件由犯罪地人民法院管辖,便于及时地、全面地收集和审查核实证据,有利于迅速查明案情;(2)犯罪地是当事人、证人所在的地方,由犯罪地的人民法院审判,便于他们就近参加诉讼活动,有利于审判工作的顺利进行;(3)案件既然在犯罪地发生,当地群众自然关心案件的处理,由犯罪地人民法院审判,更能有效地发挥审判的法制教育作用,而且也有利于群众对法院审判工作的监督;(4)案件由犯罪地人民法院审判,便于人民法院系统地掌握和研究当地刑事案件发生的情况和规律,及时提出防范的建议,加强社会治安的综合治理,预防和减少犯罪的发生。

我国《刑事诉讼法》第 27 条规定:“上级人民法院可以指定下级人民法院审判管辖不明的案件,也可以指定下级人民法院将案件移送其他人民法院审判。”法律的这一规定表明,有些刑事案件的地区管辖是根据上级人民法院的指定而确定的,这在诉讼理论上称为指定管辖,是相对法定管辖而言的。指定管辖一般适用于两类刑事案件:一类为地区管辖不明的刑事案件,例如,刑事案件发生在两个或两个以上地区的交界处,犯罪地属于哪个人民法院管辖的地区不明确,在这种情况下,就可以由上级人民法院指定某一个下级人民法院审判。这样就可以避免案件无人管辖或者因管辖争议而延误案件的处理。另一类为由于各种原因,原来有管辖权的法院不适宜或者不能审判的刑事案件,为了排除干扰,保证审判活动的顺利进行,上级人民法院可以指定下级人民法院将其管辖的某一案件,移送其他人民法院审判,以保证案件能够得到正确、及时的处理。

刑事诉讼中的回避,是指与案件有某种利害关系或者其他特殊关系的审判人员、检察人员和侦查人员等[1]不得参与该案诉讼活动。为实现利益规避和防止预断而建立的与案件有某种利害关系或者其他特殊关系的特定人员不得参与该案诉讼活动的制度,称为“回避制度”。我国《刑事诉讼法》实行的是有因回避制度,该法第 29 条对回避的理由作出了规定:(1)是本案的当事人或者是当事人的近亲属的。这里的“近亲属”,根据《刑事诉讼法》第 108 条第 6 项的规定,包括“夫、妻、父、母、子、女、同胞兄弟姊妹”。(2)本人或者他的近亲属和本案有利害关系的。(3)担任过本案的证人、鉴定人、辩护人、诉讼代理人的。(4)与本案当事人有其他关系,可能影响公正处理案件的。

如果审判人员、检察人员或侦查人员与本案当事人存有上述三种情形以外的其他关系,并且这种关系的存在可能导致案件无法得到公正处理的,也应当回避。另外,担任过本案侦查人员、公诉人的,不能再担任法官,《刑诉解释》第 29 条第 1 款规定,“参与过本案调查、侦查、审查起诉工作的监察、侦查、检察人员,调至人民法院工作的,不得担任本案的审判人员”。这一规定是为了免使其在侦查、起诉中对案件形成的认识成为预断,听不进去诉讼中的举证和辩论,导致错误裁判。

回避制度是为了确保司法公正而确立的制度。公正是司法的灵魂和生命,刑事诉讼制度应当围绕实现公正而进行设置。在保障公正的各种制度中,回避制度是不可或缺的,这是在司法过程中使特定的诉讼主体保持中立的制度。

无论在哪一种诉讼制度中,法院、法官都必须中立,只有中立才可能有公正的裁判。在最初的诉讼关系中,诉讼主体构成较为简单,只有原告、被告和法院三方,其中必须保持中立的诉讼角色,只有法院。对于法院来说,公正行使裁判权的必要条件,就是要使审理案件的法官在诉讼中保持不偏不倚,要做到这一点,必须使法官符合以下三项标准:

第一,“与自身有关的人不应该是法官”[2],这是古罗马时期已经确立的一项法律原则,法官是案件的裁判者而且只能是裁判者,不能既是裁判者又是当事人,否则裁判者就会公权私用,让司法的天平向自己倾斜。

---

〔1〕 包括书记员、翻译人员、鉴定人、调查人员、司法警察。

〔2〕 [美]戈尔丁(Golding M. P.):《法律哲学》,齐海滨译,三联书店 1987 年版,第 240 页。

第二，结果中不应含纠纷解决者个人利益，也就是说裁判者不能直接从解决纠纷中获得个人利益。[1] 即使纠纷解决者不是当事人，只要解决纠纷对于他来说可以从中获利（这里指的不是从处理案件中获得薪水、职业上的满足感或者社会尊重这一类正当权益和精神满足），纠纷就不可能按照一种正义的精神得到公道的解决。

第三，纠纷解决者不应有支持或反对某一方的偏见，法官应当防止预断，祛除偏见。[2] 偏见既可能是对某人存在恶意（不良印象、观感和抵触的情绪等），也可能是对于某人的善意（偏袒），无论存在哪一种情况，纠纷解决者都不可能以公道之心处理案件。

在现代司法中，随着现代刑事诉讼基本格局的形成，警察、检察官、鉴定人、翻译人员、调查人员也成为诉讼主体，他们参与诉讼活动，客观、公正成为对他们提出的一项基本要求。对于警察、检察官来说，要做到尊重事实真相，就必须对有利和不利犯罪嫌疑人、被告人的证据一律加以注意，并对证据作出客观的判断。对于书记员来说，记录须准确、客观，不能暗中取舍，书记员与案件没有利害关系或者其他可能影响客观记录的特殊关系，才能做到这一点。同样，翻译人员在诉讼活动中须尽忠实传达的义务，如果翻译人员不能客观、中立，人们也难以期望他能够进行准确而不是歪曲的翻译。鉴定人进行鉴定必须尊重事实，客观公正，与案件有利害关系或者其他可能影响客观记录的特殊关系者不能承担此项工作。

---

〔1〕［美］戈尔丁（Golding M. P.）：《法律哲学》，齐海滨译，三联书店1987年版，第240页。

〔2〕［美］戈尔丁（Golding M. P.）：《法律哲学》，齐海滨译，三联书店1987年版，第240页。

9 Case Study

聂树斌强奸杀人案

辩护制度

研读指导

1. 什么是辩护制度?
2. 刑事诉讼法规定辩护制度的意义。
3. 我国刑事辩护制度的新发展。

相关法条

《中华人民共和国刑事诉讼法》第三十三条第一款　犯罪嫌疑人、被告人除自己行使辩护权以外,还可以委托一至二人作为辩护人……

第三十四条　犯罪嫌疑人自被侦查机关第一次讯问或者采取强制措施之日起,有权委托辩护人;在侦查期间,只能委托律师作为辩护人。被告人有权随时委托辩护人。侦查机关在第一次讯问犯罪嫌疑人或者对犯罪嫌疑人采取强制措施的时候,应当告知犯罪嫌疑人有权委托辩护人。人民检察院自收到移送审查起诉的案件材料之日起三日以内,应当告知犯罪嫌疑人有权委托辩护人。人民法院自受理案件之日起三日以内,应当告知被告人有权委托辩护人。犯罪嫌疑人、被告人在押期间要求委托辩护人的,人民法院、人民检察院和公安机关应当及时转达其要求。犯罪嫌疑人、被告人在押的,也可以由其监护人、近亲属代为委托辩护人。辩护人接受犯罪嫌疑人、被告人委托后,应当及时告知办理案件的机关。

第三十五条　犯罪嫌疑人、被告人因经济困难或者其他原因没有委托辩护人的,本人及其近亲属可以向法律援助机构提出申请。对符合法律援助条件的,法律援助机构应当指派律师为其提供辩护。犯罪嫌疑人、被告人是盲、聋、哑人,或者是尚未完全丧失辨认或者控制自己行为能力的精神病人，没有委托辩护人的，人民法院、人民检察院和公安机关应当通知法律援助机构指派律师为其提供辩护。犯罪嫌疑人、被告人可能被判处无期徒刑、死刑，没有委托辩护人的，人民法院、人民检察院和公安机关应当通知法律援助机构指派律师为其提供辩护。

第三十六条　法律援助机构可以在人民法院、看守所等场所派驻值班律师。犯罪嫌疑人、被告人没有委托辩护人，法律援助机构没有指派律师为其提供辩护的，由值班律师为犯罪嫌疑人、被告人提供法律咨询、程序选择建议、申请变更强制措施、对案件处理提出意见等法律帮助。人民法院、人民检察院、看守所应当告知犯罪嫌疑人、被告人有权约见值班律师，并为犯罪嫌疑人、被告人约见值班律师提供便利。

第三十七条　辩护人的责任是根据事实和法律，提出犯罪嫌疑人、被告人无罪、罪轻或者减轻、免除其刑事责任的材料和意见，维护犯罪嫌疑人、被告人的诉讼权利和其他合法权益。

第三十八条　侦查期间辩护律师的权利

辩护律师在侦查期间可以为犯罪嫌疑人提供法律帮助；代理申诉、控告；申请变更强制措施；向侦查机关了解犯罪嫌疑人涉嫌的罪名和案件有关情况，提出意见。

第三十九条　辩护律师可以同在押的犯罪嫌疑人、被告人会见和通信。其他辩护人经人民法院、人民检察院许可，也可以同在押的犯罪嫌疑人、被告人会见和通信。辩护律师持律师执业证书、律师事务所证明和委托书或者法律援助公函要求会见在押的犯罪嫌疑人、被告人的，看守所应当及时安排会见，至迟不得超过四十八小时。危害国家安全犯罪、恐怖活动犯罪案件，在侦查期间辩护律师会见在押的犯罪嫌疑人，应当经侦查机关许可。上述案件，侦查机关应当事先通知看守所。辩护律师会见在押的犯罪嫌疑人、被告人，可以了解案件有关情况，提供法律咨询等；自案件移送审查起诉之日起，可以向犯罪嫌疑人、被告人核实有关证据。辩护律师会见犯罪嫌疑人、被告人时不被监听。辩护律师同被监视居住的犯罪嫌疑人、被告人会见、通信，适用第一款、第三款、第四款的规定。

第四十条　辩护律师自人民检察院对案件审查起诉之日起，可以查阅、摘抄、复制本案的案卷材料。其他辩护人经人民法院、人民检察院许可，也可以查阅、摘抄、复制上述材料。

第四十一条　辩护人申请调查取证权

辩护人认为在侦查、审查起诉期间公安机关、人民检察院收集的证明犯罪嫌疑人、被告人无罪或者罪轻的证据材料未提交的，有权申请人民检察院、人民法院调取。

第四十二条　辩护人对特定证据的处理原则

辩护人收集的有关犯罪嫌疑人不在犯罪现场、未达到刑事责任年龄、属于依法不负刑事责任的精神病人的证据，应当及时告知公安机关、人民检察院。

第四十三条　辩护律师经证人或者其他有关单位和个人同意，可以向他们收集与本案有关的材料，也可以申请人民检察院、人民法院收集、调取证据，或者申请人民法院通知证人出庭作证。辩护律师经人民检察院或者人民法院许可，并且经被害人或者其近亲属、被害人提供的证人同意，可以向他们收集与本案有关的材料。

第四十四条　辩护人的义务

辩护人或者其他任何人，不得帮助犯罪嫌疑人、被告人隐匿、毁灭、伪造证据或者串供，不得威胁、引诱证人作伪证以及进行其他干扰司法机关诉讼活动的行为。违反前款规定的，应当依法追究法律责任，辩护人涉嫌犯罪的，应当由办理辩护人所承办案件的侦查机关以外的侦查机关办理。辩护人是律师的，应当及时通知其所在的律师事务所或者所属的律师协会。

■ 近似案例

张文中诈骗、单位行贿、挪用公款再审改判无罪案（最高人民法院《关于加快建设全国统一大市场提供司法服务和保障的意见》及配套典型案例）

■ 案情介绍

1994年8月，河北省石家庄市郊区孔寨村发生一起奸杀案。随后，鹿泉区下聂庄村青年聂树斌被认定是这起故意杀人、强奸妇女案的犯罪嫌疑人。

1994 年 12 月 6 日，河北省石家庄市人民检察院指控聂树斌犯故意杀人罪、强奸妇女罪，向石家庄市中级人民法院提起公诉。石家庄市中级人民法院于 1995 年 3 月 15 日，以故意杀人罪判处聂树斌死刑，以强奸妇女罪判处聂树斌死刑，决定执行死刑。聂树斌不服一审判决，提出上诉。

1995 年 4 月 25 日，河北省高级人民法院作出刑事附带民事判决，维持对聂树斌犯故意杀人罪的定罪量刑，撤销对聂树斌犯强奸妇女罪的量刑，改判有期徒刑 15 年，决定执行死刑，并根据最高人民法院授权核准聂树斌死刑。1995 年 4 月 27 日，聂树斌被执行死刑。

2005 年 1 月 17 日，另案被告人王书金自认系聂树斌案真凶。此事经媒体报道后，引发社会关注。自 2007 年 5 月起，聂树斌的母亲、父亲、姐姐向河北省高级人民法院和多个部门提出申诉，认为聂树斌不是凶手，要求改判无罪。

2014 年 12 月 4 日，根据河北省高级人民法院请求，最高人民法院指令山东省高级人民法院复查本案。山东省高级人民法院经复查认为，原审判决缺少能够锁定聂树斌作案的客观证据，在被告人作案时间、作案工具、被害人死因等方面存在重大疑问，不能排除他人作案的可能性，原审认定聂树斌犯故意杀人罪、强奸妇女罪的证据不确实、不充分，建议最高人民法院启动审判监督程序重新审判该案。

最高人民法院同意山东省高级人民法院意见，于 2016 年 6 月 6 日作出再审决定，提审本案。2016 年 6 月 20 日，最高人民法院决定该案由最高人民法院第二巡回法庭审理。

最高人民法院审理认为，原判认定聂树斌犯故意杀人罪、强奸妇女罪的主要依据是聂树斌的有罪供述与在案其他证据印证一致。但是，综观全案，本案缺乏能够锁定原审被告人聂树斌作案的客观证据，聂树斌作案时间不能确认，作案工具来源不能确认，被害人死亡时间和死亡原因不能确认；聂树斌被抓获之后前 5 天讯问笔录缺失，案发之后前 50 天内多名重要证人询问笔录缺失，重要原始书证考勤表缺失；聂树斌有罪供述的真实性、合法性存疑，有罪供述与在卷其他证据供证一致的真实性、可靠性存疑，是否另有他人作案存疑；原判据以定案的证据没有形成完整锁链，没有达到证据确实、充分的证明标准，也没有达到基本事实清楚、基本证据确凿的定罪要求。

判决结果：2016 年 12 月 2 日，最高人民法院对聂树斌故意杀人、强奸妇女再审案公开宣判，法院再审认定聂树斌案原判认定的聂树斌犯故意杀人罪、强奸妇女罪的事实不清、证据不足，当庭宣告撤销原审判决，改判聂树斌无罪。

2017 年 3 月，聂树斌家属获 268.13991 万元国家赔偿。

而该案的再审宣判，多位律师接力 12 年，他们是李树亭律师、姚姓律师、张思之律师、李会更律师、刘博今律师、李金星律师、陈光武律师、王殿学律师、辜光伟律师、朱爱民律师、彭思源律师、王兴律师、张磊律师、张青松律师、杨金柱律师，正是因为他们积极履行辩护职责，最终聂树斌改判无罪。

■ 疑难点释析

1. 律师有无申请再审的权利？

根据我国《刑事诉讼法》第 37 条的规定，辩护人的责任是根据事实和法律，提出犯罪嫌疑人、被告人无罪、轻罪或者减轻、免除其刑事责任的材料和意见，维护犯罪嫌疑人、被告人的诉讼权利和其他合法权益。而本案符合《刑事诉讼法》第 253 条规定的因申诉而重新审判的情形中的“有新的证据证明原判决、裁定认定的实施确有错误，可能影响定罪量刑的”这种情形，聂树斌已经于 1995 年被执行死刑，2005 年 1 月，涉嫌犯故意杀人罪被河北公安机关网上追逃的王书金，被河南荥阳公安机关抓获后自认系聂树斌案真凶。2005 年 3 月，聂树斌母亲找到律师李树亭，请求帮忙申请再审。李律师通过查阅判决书、询问证人等发现本案判决事实不清、证据不足，尤其是王书金的供述，作为新的证据向上级法院申诉，申请再审。《刑诉解释》第 451 条规定：“当事人及其法定代理人、近亲属对已经发生法律效力的判决、裁定提出申诉的，人民法院应当审查处理。案外人认为已经发生法律效力的判决、裁定侵害其合法权益，提出申诉的，人民法院应当审查处理。申诉可以委托律师代为进行。”也就是明确了律师可以帮助当事人及其法定代理人进行申诉。故律师受委托之后有申请再审的权利。

2. 辩护制度的意义

掌握辩护制度的意义，需要明确我国的刑事辩护制度，是在刑事诉讼中保障人民民主权利和加强社会主义法制的重要体现。正确理解并认真贯彻这一制度，对于惩罚犯罪分子，防止罪及无辜，以及完成刑事诉讼教育任务的实现都具有重要意义：

（1）有利于司法机关准确、及时地查明案情和正确适用法律，提高办案质量。刑事案件形形色色，案件事实错综复杂，有罪无罪，此罪彼罪，是否应处以刑罚，应处以何种刑罚，往往不易区分。办案人员只有经过全面调查研究，认真听取控、辩双方的意见，才能防止主观片面性。

（2）有利于维护犯罪嫌疑人、被告人的合法权益。在我国，惩罚犯罪分子与保护犯罪嫌疑人、被告人的合法权益是不矛盾的。司法实践中，犯罪嫌疑人、被告人处于受追诉的地位，加上法律知识欠缺，不知道自己的诉讼权利等主客观方面的不利因素，常常使犯罪嫌疑人、被告人不敢辩护或不懂得怎样辩护，对于他人侵犯自己诉讼权利的行为也不知道如何处理。实行辩护制度，不仅可以消除犯罪嫌疑人、被告人的思想顾虑，而且可以使他们得到辩护人多方面的实际帮助，这对于维护他们的合法权益是十分必要的。

（3）有利于对公民进行法制宣传教育，使广大群众增强法治观念，使犯罪分子认罪服法和接受改造。在法庭上，通过辩护，可以使旁听的群众全面了解案情和事实真相，使公民懂得什么是违法犯罪行为，从而受到深刻的法制教育。同时，实行辩护制度，能够使被告人及其辩护人充分陈述有利于被告人的事实和理由，在此基础上作出的判决，具有说服力，易于为被告人所接受，能够减少其不满情绪，有利于对罪犯进行改造。

■ 知识点梳理

1. 辩护、辩护权和辩护制度

辩护，是指刑事案件的被追诉人及其辩护人反驳对被追诉人的指控，提出有利于被追诉人的事实和理由，论证被追诉人无罪、罪轻或者应当减轻、免除处罚，维护被追诉人的程序性权利，以保障被追诉人合法权益的诉讼活动。

辩护权是法律赋予犯罪嫌疑人、被告人的一项专属的诉讼权利，即犯罪嫌疑人、被告人针对指控进行辩解，以维护自己合法权益的一种诉讼权利，它在犯罪嫌疑人、被告人各项诉讼权利中，居于核心地位。根据我国《宪法》第130条的规定，被告人有权获得辩护。这就使得被告人享有辩护权成为一项宪法原则。从各国的法律规定来看,辩护权是一项不附有任何先决条件,没有“但书”限制的权利,这就意味着:第一,辩护权贯穿在整个刑事诉讼的过程中,不受诉讼阶段的限制;第二,辩护权不受犯罪嫌疑人、被告人是否有罪以及罪行轻重的限制,无论他们的犯罪性质和严重程度如何,都享有平等的辩护权;第三,辩护权不受案件调查情况的限制,无论案件事实是否清楚,证据是否确实充分,犯罪嫌疑人、被告人都依法享有辩护权;第四,辩护权不受犯罪嫌疑人、被告人认罪态度的限制,无论他们是否认罪,是否坦白交代,均不能作为限制其辩护权的理由;第五,辩护权的行使不受辩护理由的限制,不管具体案件的犯罪嫌疑人、被告人是否具备辩护的理由,均不影响他们享有辩护权。犯罪嫌疑人、被告人行使辩护权的具体方式有两种:一种是自行辩护,即犯罪嫌疑人、被告人本人进行辩护;另一种是通过辩护人进行辩护,即由犯罪嫌疑人、被告人委托的辩护人或者在必要的时候由法律援助机构指派的律师进行辩护。辩护制度,是法律规定的关于辩护权、辩护种类、辩护方式、辩护人的范围、辩护人的责任、辩护人的权利与义务等一系列规则的总称。它是犯罪嫌疑人、被告人有权获得辩护原则在刑事诉讼中的体现和保障,是现代国家法律制度的重要组成部分。在我国,《刑事诉讼法》是辩护制度的主要法律渊源,此外,《宪法》、《律师法》以及司法解释中也有大量的有关辩护制度的规定,成为辩护制度的辅助法律渊源。

辩护、辩护权和辩护制度三者之间的关系是:辩护权是辩护制度产生的基础,不承认犯罪嫌疑人、被告人的辩护权就不可能有辩护制度;辩护制度是辩护权的保障,各种辩护制度都是为了保障犯罪嫌疑人、被告人充分、正确行使辩护权而设立的;辩护是辩护权的外在表现形式,即辩护权是通过各种具体的辩护活动实现的。

2. 辩护制度的正当性基础

辩护制度的确立、发展和完善,是人类法律制度发展史上的重大进步,它的建立、发展及完善具有非常深厚的正当性基础。

(1)辩护制度的设立,反映了人类对刑事诉讼认识规律的正确把握。刑事案件都是已经发生过的事实,因此,在刑事诉讼过程中,人们对刑事案件事实的认定有一个主观再现客观的过程,如何使人的主观认识符合刑事案件的客观实际,是刑事诉讼中必须解决的一个重大课题。无论是马克思主义哲学中的“对立统一规律”,还是我国古代朴素的“兼听则明”的认识论观点,抑或是西方的实证主义的哲学观,都说明辩护制度作为同起诉制度相对应的一个方面,对于保证司法机关客观公正地确定刑事案件的客观事实具有重大意义。正是刑事诉讼的这一客观现实需要才使辩护制度具有生命力。

(2)辩护制度的发展,适应了法律和诉讼越来越职业化的需要。回顾中国辩护制度发展的历程便不难发现,在法律虚无主义盛行的年代,辩护制度没有存在的市场。只有当国家奉行法治,诉讼过程中迫切需要专业化的律师为涉讼当事人提供法律服务之时,辩护制度才有其生存和发展的土壤。

(3)辩护制度的完善,反映了人类对人权理念和人权保障的追求。现代意义上的辩护制度,就是从人权理论中推导出来的。在资产阶级革命前夕,一批著名的启蒙思想家如英国的李尔本、洛克,法国的狄德罗、伏尔泰、孟德斯鸠等人,就提出了“天赋人权”“主权在民”“法律面前人人平等”的响亮革命口号,并在此基础上提出了在诉讼中用辩论式诉讼模式取代纠问式模式,赋予被告人辩护权,在审判中实行辩护原则等主张,这些理论为资产阶级革命成功后以法律形式确立辩护制度打下了坚实的理论基础。20世纪以后,尤其是第二次世界大战以后,国际社会从法西斯恣意践踏人权的血的教训中惊醒,更加意识到人权保障的重要性,并因此达成并通过了一系列有关人权保障的国际公约和文件,这些国际公约和文件对于当代世界各国刑事辩护制度的发展和完善起到了巨大的推动作用。

特别需要指出的是,面对强大的国家司法机器,犯罪嫌疑人、被告人显然处于十分弱小的地位,如果没有一定的制度作保障,很容易造成对犯罪嫌疑人、被告人合法权益的漠视,诉讼过程的残暴和诉讼结果的不公,中世纪的刑事诉讼中被告人的诉讼客体地位充分说明了这一点。所以,法律赋予犯罪嫌疑人、被告人以辩护权的一个重要目的,就是要使犯罪嫌疑人、被告人从诉讼客体的地位中解放出来,成为诉讼的主体。同时,还需指出的是,辩护权的受益者不仅仅是犯罪嫌疑人、被告人个人,而是全体社会公民。因为任何公民都有可能因为涉嫌犯罪而成为犯罪嫌疑人、被告人,这时辩护权就成为其合法权益的法律屏障,他们借此可以抵御国家司法权的滥用。因此,辩护制度是现代民主和法制社会不可缺少的组成部分,辩护权在本质上具有公民权的属性,辩护原则也成为各国宪法中规定的一条宪法性原则。

(4)辩护制度的基本内容在很大程度上取决于刑事诉讼的结构。现代刑事诉讼结构是由控、辩、审三方的地位及相互关系决定的，因此，辩护职能的发挥程度、所起作用和方式与刑事诉讼结构密切相关。大陆法系实行职权主义诉讼模式，英美法系实行当事人主义诉讼模式，由于两种诉讼模式的差异，辩护的某些运行机制，诸如辩护方式、辩护对审判的引导力等方面也就表现出不同的特点。我国1996年、2012年、2018年三次对《刑事诉讼法》的全面修正，在原有的职权主义诉讼模式的基础上，吸收了英美对抗式诉讼的某些因素。这一变化也给刑事辩护制度带来了一系列变革，无论是从辩护人介入诉讼的时间上，还是从辩护人的诉讼权利及其保障上，都对《刑事诉讼法》中相关条款作了重大修正。一方面，明确侦查阶段，犯罪嫌疑人就可以请律师作辩护人；侦查机关、检察机关、审判机关有义务告知犯罪嫌疑人、被告人可以委托辩护人，特定情况下，公检法三机关有义务为犯罪嫌疑人、被告人指定承担法律援助义务的律师作为辩护人。另一方面，明确辩护律师的职责除了为犯罪嫌疑人、被告人进行实体性辩护以外，还可以为犯罪嫌疑人、被告人进行程序性辩护。如此，让辩护制度更加全面、完善，真正实现犯罪嫌疑人、被告人的有效辩护。

10 Case Study 陈满申诉案

证据裁判原则

■ 研读指导

1. 什么是证据裁判原则？
2. 证据在刑诉中的重要性。

■ 相关法条

《中华人民共和国刑事诉讼法》第五十条　可以用于证明案件事实的材料，都是证据。

证据包括：（一）物证；（二）书证；（三）证人证言；（四）被害人陈述；（五）犯罪嫌疑人、被告人供述和辩解；（六）鉴定意见；（七）勘验、检查、辨认、侦查实验等笔录；（八）视听资料、电子数据。

证据必须经过查证属实，才能作为定案的根据。

第五十五条　对一切案件的判处都要重证据，重调查研究，不轻信口供。只有被告人供述，没有其他证据的，不能认定被告人有罪和处以刑罚；没有被告人供述，证据确实、充分的，可以认定被告人有罪和处以刑罚。证据确实、充分，应当符合以下条件：（一）定罪量刑的事实都有证据证明；（二）据以定案的证据均经法定程序查证属实；（三）综合全案证据，对所认定事实已排除合理怀疑。

第二百条　在被告人最后陈述后，审判长宣布休庭，合议庭进行评议，根据已经查明的事实、证据和有关的法律规定，分别作出以下判决：

（一）案件事实清楚，证据确实、充分，依据法律认定被告人有罪的，应当作出有罪判决；

（二）依据法律认定被告人无罪的，应当作出无罪判决；

（三）证据不足，不能认定被告人有罪的，应当作出证据不足、指控的犯罪不能成立的无罪判决。

《中华人民共和国刑法》第六十一条　对于犯罪分子决定刑罚的时候，应当根据犯罪的事实、犯罪的性质、情节和对于社会的危害程度，依照本法的有关规定判处。

近似案例

戴庆成强奸、抢劫、盗窃、故意伤害案［安徽省高级人民法院（2015）皖刑终字第00254号］

案情介绍

陈满，男，1963年2月生，四川省富县人。

1992年12月25日19时30分许，海南省海口市振东区（现美兰区）上坡下村109号发生火灾。19时58分，海口市消防中队接警后赶到现场救火，并在灭火过程中发现室内有一具尸体，立即向公安机关报案。20时30分，海口市公安局接报警后派员赶现场进行现场勘查及调查工作。经走访调查后确定，死者是居住在109号的钟某，曾经在此处租住的陈满有重大作案嫌疑。同年12月28日凌晨，公安机关将犯罪嫌疑人陈满抓获。1993年9月25日，海口市人民检察院以陈满涉嫌故意杀人罪，将其批准逮捕。1993年11月29日，海口市人民检察院以涉嫌故意杀人罪对陈满提起公诉。海口市中级人民法院一审判决认定以下事实：1992年1月，被告人陈满搬到海口市上坡下村109号钟某所在公司的住房租住。其间，陈满因未交房租等，与钟某发生矛盾，钟某声称要向公安机关告发陈满私刻公章帮他人办工商执照之事，并于同年12月17日要陈满搬出上坡下村109号房。陈满怀恨在心，遂起杀害钟某的歹念。同年12月25日19时许，陈满发现上坡下村停电并得知钟某要返回四川老家，便从宁屯大厦窜至上坡下村109号，见钟某正在客厅喝酒，便与其聊天，随后从厨房拿起一把菜刀，趁钟某不备，向其头部、颈部、躯干等处连砍数刀，致钟某当即死亡。后陈满将厨房的煤气罐搬到钟某卧室门口，用打火机点着火焚尸灭迹。大火烧毁了钟某卧室里的床及办公桌等家具，消防队员及时赶到，才将大火扑灭。经法医鉴定：被害人钟某身上有多处锐器伤、颈动脉被割断造成失血性休克死亡。

1994 年 11 月 9 日，海口市中级人民法院以故意杀人罪判处陈满死刑，缓期 2 年执行，剥夺政治权利终身；以放火罪，判处有期徒刑 9 年，决定执行死刑，缓期 2 年执行，剥夺政治权利终身。

1994 年 11 月 13 日，海口市人民检察院以原审判决量刑过轻，应当判处死刑立即执行为由提出抗诉。1999 年 4 月 15 日，海南省高级人民法院驳回抗诉，维持原判。判决生效后，陈满的父母提出申诉。

2001 年 11 月 8 日，海南省高级人民法院经复查驳回申诉。陈满的父母仍不服，向海南省人民检察院提出申诉。2013 年 4 月 9 日，海南省人民检察院经审查，认为申诉人的申诉理由不成立，不符合立案复查条件。陈满不服，向最高人民检察院提出申诉。

2015 年 2 月 10 日，最高人民检察院按照审判监督程序向最高人民法院提出抗诉。

最高人民检察院复查认为，原审判决据以定案的证据不确实、不充分，认定原审被告人陈满故意杀人、放火的事实不清，证据不足。

2015 年 4 月 24 日，最高人民法院作出再审决定，指令浙江省高级人民法院再审。2015 年 12 月 29 日，浙江省高级人民法院公开开庭审理了本案。法院经过审理认为，原审裁判据以定案的主要证据即陈满的有罪供述及辨认笔录的客观性、真实性存疑，依法不能作为定案依据；本案除原被告人陈满有罪供述外无其他证据指向陈满作案。因此，原审裁判认定原审被告人陈满故意杀人并放火焚尸灭迹的事实不清、证据不足，指控的犯罪不能成立。2016 年 1 月 25 日，浙江省高级人民法院作出再审判决：撤销原审判决裁定，原审被告人陈满无罪。

■ 疑难点释析

证据是认定案件事实的唯一依据，只有达到“犯罪事实清楚，证据确实充分”才能认定犯罪成立。当法院作出的生效判决事实不清，证据不足时，检察院依法享有法律监督权，可以启动再审抗诉。

本案中,针对陈满的生效判决,认定案件事实的证据是否达到确实充分的程度?

最高人民检察院认为海南省高级人民法院的生效判决认定事实的证据材料存在问题,依法启动审判监督程序。理由主要有三:

一是原审裁判认定陈满具有作案时间与在案证据证明的案件事实不符。原审裁判认定原审被告人陈满于1992年12月25日19时许,在海口市振东区上坡下村109号房间持刀将钟某杀死。根据证人杨某春、刘某生、章某胜的证言,能够证实在当日19时左右陈满仍在宁屯大厦,而根据证人何某庆、刘某清的证言,19时多一点听到109号传出上气不接下气的"啊啊"声,大约过了30分钟看见109号起火。据此,有证据证明陈满案发时仍然在宁屯大厦,不可能在同一时间出现在案发现场,原审裁判认定陈满在19时许进入109号并实施杀人、放火行为与证人提供的情况不符。

二是原审裁判认定事实的证据不足,部分重要证据未经依法查证属实。原审裁判认定原审被告人陈满实施杀人、放火行为的主要证据,除陈满有罪供述为直接证据外,其他如公安机关火灾原因认定书、现场勘查笔录、现场照片、物证照片、法医检验报告书、物证检验报告书、刑事科学技术鉴定书等仅能证明被害人钟某被人杀害,现场遭到人为纵火;在案证人证言只是证明了发案时的相关情况、案发前后陈满的活动情况以及陈满与被害人的关系等情况,但均不能证实犯罪行为系陈满所为。而在现场提取的带血白衬衫、黑色男西装等物品在侦查阶段丢失,没有在原审法院庭审中出示并接受检验,因此不能作为定案的根据。

三是陈满有罪供述的真实性存在疑问。陈满在侦查阶段虽曾作过有罪供述,但其有罪供述不稳定,时供时翻,且与现场勘查笔录、法医检验报告等证据存在矛盾。如陈满供述杀人后厨房水龙头没有关,而现场勘查时,厨房水龙头呈关闭状,而是卫生间的水龙头没有关;陈满供述杀人后菜刀扔到被害人的卧室中,而现场勘查时,该菜刀放在厨房的砧板上,且在菜刀上未发现血迹、指纹等痕迹;陈满供述将"工作证"放在被害人身上,是为了制造自己被烧死假象的说法,与案发后其依然正常工作、并未逃避侦查的实际情况相矛盾。

我国《刑事诉讼法》所规定的"犯罪事实清楚,证据确实、充分"是一个主客观相结合的证明标准。所谓案件事实清楚,是指认定事实的司法工作人员对定罪量刑有关的事实和情节已经查清楚或认识清楚，这是从主观状态上说的；所谓证据确实、充分，是对证据质和量的综合要求，是实现司法人员对案件事实认识清楚的客观根据。证据确实，即每个证据必须是客观真实的，不是虚假的，并且具有客观的关联性；证据充分，是指一切定罪量刑的事实都有证据加以证明，而且证据的数量足以确定性地认定案件事实，但不能将其具体量化，要视具体案情而定。为了在司法实践中更准确地适用刑事证明标准，《刑事诉讼法》第53条第2款对"证据确实、充分"作出了具体解释，规定"证据确实、充分"，应当符合以下条件：(1)定罪量刑的事实都有证据证明；(2)据以定案的证据均经法定程序查证属实；(3)综合全案证据，对所认定事实已排除合理怀疑。首先，要求定罪量刑的事实都有证据证明，这是对证据量的要求。其次，要求据以定案的证据均经过法定的程序查证属实，这是对证据质的要求。该要求既包括对证据真实性之要求，即必须查证属实，又包括程序正义要素，即必须通过法定程序加以查证属实。最后，综合全案证据，对所认定事实已排除合理怀疑。

■ 知识点梳理

证据是刑事诉讼的基石，认定案件事实，必须以证据为根据。证据未经当庭出示、辨认、质证等法庭调查程序查证属实，不能作为定案的根据。对于在案发现场提取的物证等实物证据，未经鉴定，且在诉讼过程中丢失或者毁灭，无法在庭审中出示、质证，有罪供述的主要情节又得不到其他证据印证，而原审裁判认定被告人有罪的，人民检察院应当依法进行监督。

1. 证据的意义

刑事诉讼活动离不开证据，是围绕运用证据、认定案件事实而展开的。证据对于完成刑事诉讼任务、实现司法公正发挥着基础性的作用，具有非常重要的意义，具体表现在以下几个方面：

(1)证据是准确认定案件事实的主要手段。刑事诉讼的过程是运用证据认定案件事实的过程。案件事实发生在过去，不可能真正重新出现，司法人员只有通过证据，才能使过去发生的案件事实全景地或片段地在自己面前近似地显现。也就是说，司法人员是依靠证据去查明案件事实真相的。当然在特定情况下，根据法律规定,司法人员可以通过司法认知来确定事实,但这并不妨碍证据作为准确认定案件事实的主要手段而存在,司法实践中诉讼证明活动主要是依靠证据而进行的。

(2)证据是有效实现司法公正的基石。一方面是由于在运用证据准确认定案件事实的基础上适用法律,案件才能得到正确的处理,最大限度地做到不枉不纵,从而实现司法的实体公正。另一方面,围绕证据而确立的一系列诉讼程序(如证据的收集程序)和证据规则(如非法证据排除规则、特权规则),有利于限制国家权力,保障个人权利,凸显司法的程序公正。

(3)证据是当事人维护合法权利的重要依据。在证据裁判原则占基础地位的现代刑事诉讼中,证据对于被害人和犯罪嫌疑人、被告人而言,都是维护其合法权利的重要依据。就被害人而言,证据能使真正的犯罪分子受到应有的惩罚,抚平被害人及其家属的心灵创伤,并使其受犯罪带来的财产损失得到赔偿;就被追诉人而言,通过证据,既可以避免其被无辜冤枉,也可以防止国家专门机关对其滥用权力。

(4)证据是进行社会主义法制宣传与教育的有效工具。在刑事诉讼活动中,通过确凿充分的证据,可以有效地揭露犯罪、证实犯罪、惩罚犯罪,迫使犯罪嫌疑人、被告人认罪服法;也可以震慑一部分社会不稳定分子,使他们悬崖勒马,不敢实施犯罪;还可以提高判决对当事人和社会公众的可接受性,提升司法的公信力,有利于当事人息讼,促进社会和谐安定。

2. 证据裁判原则

在现代诉讼中,证据的重要意义与证据裁判原则是密切联系的。证据裁判原则,也称证据裁判主义,是指对于案件争议事实的认定应当依据证据。它包括以下三方面的要求:第一,裁判所认定的案件事实必须以证据为依据;第二,裁判所依据的证据是具有证据能力的证据;第三,作为综合裁判所依据的证据,必须达到法律规定的证明标准。

在司法证明史上,最初处于“神明裁判”阶段。当时被控犯罪的人不承认有罪,便采取“神判”的方式,把案件事实的裁判交给“神”来行使。这种非证据裁判的方式是与当时的生产力落后、人类处于愚昧状态相适应的。随着社会的发展,人类认识能力不断提高,司法裁判者开始主要依靠证据认定案件事实,在欧洲中世纪后期则实行法定证据制度,但这时期的证据以被告人的口供为主,并实行法定刑讯制度,如果从包括中国在内的世界范围来看,这时期可视为口供裁判阶段,因此也不能认为已实行了证据裁判原则。到了近代西方资产阶级革命和启蒙运动以后，才逐步确立了证据裁判原则。

证据裁判原则作为刑事诉讼的一项基本原则，已为现代法治国家和地区的立法所普遍确认。但在法律中明文规定这一原则的，仅仅是大陆法系的部分国家和地区。例如，《日本刑事诉讼法》第317条规定："认定事实，应当依据证据。"[1]在英美法系国家，其大量存在的证据规则和刑事程序中关于证据出示、认定等规定，也都是证据裁判原则的具体体现。

我国的立法和司法也遵循证据裁判原则。《刑事诉讼法》虽然没有明确规定这一原则，但有关条文包含了证据裁判原则的内容。如第55条第1款规定："对一切案件的判处都要重证据，重调查研究，不轻信口供。只有被告人供述，没有其他证据的，不能认定被告人有罪和处以刑罚；没有被告人供述，证据确实、充分的，可以认定被告人有罪和处以刑罚。"2010年最高人民法院、最高人民检察院、公安部、国家安全部、司法部《关于办理死刑案件审查判断证据若干问题的规定》（以下简称《办理死刑案件证据规定》）第2条明确规定："认定案件事实，必须以证据为根据"，正式确立了刑事诉讼中的证据裁判原则。之后，2021年《刑诉解释》第61条规定："认定案件事实，必须以证据为根据。"2019年《人民检察院刑事诉讼规则》第61条第1款也规定："认定案件事实，应当以证据为根据。"这进一步说明证据裁判原则已成为我国刑事证据制度之基石性原则。

我国《刑事诉讼法》将"证据确实、充分"作为刑事诉讼中有罪的证明标准，但是对于何为"证据确实、充分"，我国《刑事诉讼法》一直没有规定。在理论上，刑事诉讼法学界一般将"证据确实、充分"解释为"唯一性"或者"排他性"，即根据现有的证据只能得出被追诉人就是犯罪人之结论，否则就意味着证据没有达到"确实、充分"之程度。自20世纪末期，随着对抗式审判方式和诉讼价值多元化在我国的兴起，传统的客观真实观开始受到质疑，法律真实观等诉讼真实观开始出现。相应地，在刑事诉讼证明标准上，除主张仍然使用"犯罪事实清楚，证据确实充分"外，还有人主张使用"排除合理怀疑""内心确信""确定无疑"等。[2]

---

〔1〕《日本刑事诉讼法》，宋英辉译，中国政法大学出版社2000年版，第73页。

〔2〕陈光中、李玉华、陈学权：《诉讼真实与证明标准改革》，载《政法论坛》2009年第2期。

我国理论界之所以会提出这些观点，是因为司法实务部门的同志感觉到“证据确实、充分”不太好把握；相比之下，无论是英美法系的“排除合理怀疑”，还是大陆法系的“内心确信”，都以裁判者的内心对案件事实之认识程度作为定罪的证明标准，这对裁判者来说是比较好感觉的主观标准。正是在此背景下，“排除合理怀疑”之表述开始为立法部门和中央司法机关所注意。《办理死刑案件证据规定》第5条第1款将“证据确实、充分”作为死刑案件的证明标准，并在该条第2款将“证据确实、充分”解释为：“证据确实、充分是指：(一)定罪量刑的事实都有证据证明；(二)每一个定案的证据均已经法定程序查证属实；(三)证据与证据之间、证据与案件事实之间不存在矛盾或者矛盾得以合理排除；(四)共同犯罪案件中，被告人的地位、作用均已查清；(五)根据证据认定案件事实的过程符合逻辑和经验规则，由证据得出的结论为唯一结论。”新《刑事诉讼法》保留了原《刑事诉讼法》规定的“证据确实、充分”之证明标准，并从以下三个方面对何为“证据确实、充分”进行了解释：(1)要求定罪量刑的事实都有证据证明，即对证据量的要求。对证据量的要求之参照标准是证明对象，只有与定罪量刑有关的全部证明对象都有证据证明才达到了证据确实、充分的标准。需要指出的是，实践中个别错案的出现，并不是由于没有证据，而是证据的量不够，即有些证明对象有证据证明，但有些证明对象没有证据证明。(2)要求据以定案的证据均经过法定的程序查证属实，此即对证据质的要求。该要求既包括对证据真实性之要求，即必须查证属实，属于客观的、实实在在的证据；还包括对证据的证据能力之要求，即必须经过法定的举证、质证和认证程序。(3)对全案证据的综合审查，要求对所认定的事实达到排除合理怀疑的程度。确定证据证明的标准，正是证据裁判原则的基本体现，而要坚持证据裁判原则，还需要我们做到：

第一，切实强化证据裁判和证据审查意识。证据裁判原则是现代刑事诉讼的一项基本原则，是正确惩治犯罪，防止冤假错案的重要保障。证据裁判原则不仅要求认定案件事实必须以证据为依据，而且所依据的证据必须客观真实、合法有效。我国《刑事诉讼法》第50条第3款规定：“证据必须经过查证属实，才能作为定案的根据。”这是证据使用的根本原则，违背这一原则就有可能导致冤假错案，放纵罪犯或者侵犯公民的合法权利。检察机关审查逮捕、审查起诉和复查刑事申诉案件，都必须注意对证据的客观性、合法性进行审查，及时防止和纠正冤假错案。对于刑事申诉案件，经审查，如果原审裁判据以定案的有关证据，在原审过程中未经法定程序证明其真实性、合法性，而人民法院据此认定被告人有罪的，人民检察院应当依法进行监督。

第二，坚持综合审查判断证据规则。《刑事诉讼法》第 20 条第 1 项规定："案件事实清楚，证据确实、充分，依据法律认定被告人有罪的，应当作出有罪判决。"证据确实、充分，不仅是对单一证据的要求，而且是对审查判断全案证据的要求。只有使各项证据相互印证，合理解释消除证据之间存在的矛盾，才能确保查明案件事实真相，避免出现冤假错案。特别是在将犯罪嫌疑人、被告人有罪供述作为定罪主要证据的案件中，尤其要重视以客观性证据检验补强口供等言词证据。只有口供而没有其他客观性证据，或者口供与其他客观性证据相互矛盾、不能相互印证，对所认定的事实不能排除合理怀疑的，应当坚持疑罪从无原则，不能认定被告人有罪。

综上，认定案件事实，必须以证据为依据。对一切案件的判处都要重证据，死刑案件的判处更应如此。坚持证据裁判原则，核心就是要严格把握"事实清楚，证据确实充分"的证明标准。证据确实充分要求：定罪量刑的事实都有证据证明；据以定案的证据均经法庭程序查证属实；综合全案证据，对所认定的事实已排除合理怀疑。证据不足或者关键证据无法排除合理怀疑，不能认定被告人有罪的，应当按照疑罪从无的原则作出证据不足的无罪判决或对该事实不予认定。

11 Case Study

张凯闵电信诈骗案

对境外证据和电子数据的审查判断

■ 研读指导

1. 对境外证据的审查判断。

2. 电子数据的审查判断。

■ 相关法条

最高人民法院《关于适用〈中华人民共和国刑事诉讼法〉的解释》第七十七条　对来自境外的证据材料,人民检察院应当随案移送有关材料来源、提供人、提取人、提取时间等情况的说明。经人民法院审查,相关证据材料能够证明案件事实且符合刑事诉讼法规定的,可以作为证据使用,但提供人或者我国与有关国家签订的双边条约对材料的使用范围有明确限制的除外;材料来源不明或者其真实性无法确认的,不得作为定案的根据。

当事人及其辩护人、诉讼代理人提供来自境外的证据材料的,该证据材料应当经所在国公证机关证明,所在国中央外交主管机关或者其授权机关认证,并经中华人民共和国驻该国使、领馆认证……

第一百一十条　对电子数据是否真实,应当着重审查以下内容:(一)是否移送原始存储介质;在原始存储介质无法封存、不便移动时,有无说明原因,并注明收集、提取过程及原始存储介质的存放地点或者电子数据的来源等情况;(二)是否具有数字签名、数字证书等特殊标识;(三)收集、提取的过程是否可以重现;(四)如有增加、删除、修改等情形的,是否附有说明;(五)完整性是否可以保证。

第一百一十一条　对电子数据是否完整,应当根据保护电子数据完整性的相应方法进行审查、验证:(一)审查原始存储介质的扣押、封存状态;(二)审查电子数据的收集、提取过程,查看录像;(三)比对电子数据完整性校验值;(四)与备份的电子数据进行比较;(五)审查冻结后的访问操作日志;(六)其他方法。

第一百一十二条　对收集、提取电子数据是否合法,应当着重审查以下内容:(一)收集、提取电子数据是否由二名以上调查人员、侦查人员进行,取证方法是否符合相关技术标准;(二)收集、提取电子数据,是否附有笔录、清单,并经调查人员、侦查人员、电子数据持有人、提供人、见证人签名或者盖章;没有签名或者盖章的,是否注明原因;对电子数据的类别、文件格式等是否注明清楚;(三)是否依照有关规定由符合条件的人员担任见证人,是否对相关活动进行录像;(四)采用技术调查、侦查措施收集、提取电子数据的,是否依法经过严格的批准手续;(五)进行电子数据检查的,检查程序是否符合有关规定。

第一百一十三条　电子数据的收集、提取程序有下列瑕疵,经补正或者作出合理解释的,可以采用;不能补正或者作出合理解释的,不得作为定案的根据:(一)未以封存状态移送的;(二)笔录或者清单上没有调查人员或者侦查人员、电子数据持有人、提供人、见证人签名或者盖章的;(三)对电子数据的名称、类别、格式等注明不清的;(四)有其他瑕疵的。

第一百一十四条　电子数据具有下列情形之一的,不得作为定案的根据:(一)系篡改、伪造或者无法确定真伪的;(二)有增加、删除、修改等情形,影响电子数据真实性的;(三)其他无法保证电子数据真实性的情形。

第一百一十五条　对视听资料、电子数据,还应当审查是否移送文字抄清材料以及对绰号、暗语、俗语、方言等不易理解内容的说明。未移送的,必要时,可以要求人民检察院移送。

■ 近似案例

盗窃案件中电子数据的采信和认定[(2011)沪二中刑终字第71号]

■ 案情介绍

被告人:张凯闵,男,1981 年 11 月 21 日出生,中国台湾地区居民,无业。

林金德等其他被告人、被不起诉人基本情况略。

2015 年 6 月至 2016 年 4 月,被告人张凯闵等 52 人先后在印度尼西亚共和国和肯尼亚共和国参加对中国大陆居民进行电信网络诈骗的犯罪集团。在实施电信网络诈骗过程中,各被告人分工合作,其中部分被告人负责利用电信网络技术手段对大陆居民的手机和座机电话进行语音群呼,群呼的主要内容为“有快递未签收,经查询还有护照签证即将过期,将被限制出境管制,身份信息可能遭泄露”等。当被害人按照语音内容操作后,电话会自动接通冒充快递公司客服人员的一线话务员。一线话务员以帮助被害人报案为由,在被害人不挂断电话时,将电话转接至冒充公安局办案人员的二线话务员。二线话务员向被害人谎称“因泄露的个人信息被用于犯罪活动,需对被害人资金流向进行调查”,欺骗被害人转账、汇款至指定账户。如果被害人对二线话务员的说法仍有怀疑,二线话务员会将电话转给冒充检察官的三线话务员继续实施诈骗。

至案发,张凯闵等被告人通过上述诈骗手段骗取 75 名被害人钱款共计人民币 2300 余万元。

由于本案被害人均是中国居民,根据属地管辖优先原则,2016 年 4 月,肯尼亚将 76 名电信网络诈骗犯罪嫌疑人遣返中国大陆。经初步审查,张凯闵等 41 人与其他被遣返的人分属互不关联的诈骗团伙,公安机关依法分案处理。2016 年 5 月,北京市人民检察院第二分院经指定管辖本案,并应公安机关邀请,介入侦查引导取证。

鉴于肯尼亚在遣返犯罪嫌疑人前已将起获的涉案笔记本电脑、语音网关(指能将语音通信集成到数据网络中实现通信功能的设备)、手机等物证移交我国公安机关,为确保证据的客观性、关联性和合法性,检察机关就案件证据需要达到的证明标准以及涉外电子数据的提取等问题与公安机关沟通,提出提取、恢复涉案的 Skype 聊天记录、Excel 和 Word 文档、网络电话拨打记录清单等电子数据,并对电子数据进行无污损鉴定的意见。在审查电子数据的过程中,检察人员与侦查人员在恢复的 Excel 文档中找到多份“返乡订票记录单”以及早期大量的 Skype 聊天记录。依据此线索，查实部分犯罪嫌疑人在去肯尼亚之前曾在印度尼西亚两度针对中国大陆居民进行诈骗，诈骗数额累计达 2000 余万元人民币。随后，11 名曾在印度尼西亚参与张凯闵团伙实施电信诈骗，未赴肯尼亚继续诈骗的犯罪嫌疑人陆续被缉捕到案。至此，张凯闵案 52 名犯罪嫌疑人全部到案。

审查起诉期间，在案犯罪嫌疑人均表示认罪，但对其在犯罪集团中的作用和参与犯罪数额各自作出辩解。

经审查，北京市人民检察院第二分院认为现有证据足以证实张凯闵等人利用电信网络实施诈骗，但案件证据还存在以下问题：一是电子数据无污损鉴定意见的鉴定起始基准时间晚于犯罪嫌疑人归案的时间近 11 个小时，不能确定在此期间电子数据是否被增加、删除、修改。二是被害人与诈骗犯罪组织间的关联性证据调取不完整，无法证实部分被害人系本案犯罪组织所骗。三是我国台湾地区警方提供的台湾地区犯罪嫌疑人出入境记录不完整，北京市公安局出入境管理总队出具的出入境记录与犯罪嫌疑人的供述等其他证据不尽一致，现有证据不能证实各犯罪嫌疑人参加诈骗犯罪组织的具体时间。

针对上述问题，北京市人民检察院第二分院于 2016 年 12 月 17 日、2017 年 3 月 7 日两次将案件退回公安机关补充侦查，并提出以下补充侦查意见：一是通过中国驻肯尼亚大使馆确认抓获犯罪嫌疑人和外方起获物证的具体时间，将此时间作为电子数据无污损鉴定的起始基准时间，对电子数据重新进行无污损鉴定，以确保电子数据的客观性。二是补充调取犯罪嫌疑人使用网络电话与被害人通话的记录、被害人向犯罪嫌疑人指定银行账户转账汇款的记录、犯罪嫌疑人的收款账户交易明细等证据，以准确认定本案被害人。三是调取各犯罪嫌疑人护照，由北京市公安局出入境管理总队结合护照，出具完整的出入境记录，补充讯问负责管理护照的犯罪嫌疑人，核实部分犯罪嫌疑人是否中途离开过诈骗窝点，以准确认定各犯罪嫌疑人参加犯罪组织的具体时间。补充侦查期间，检察机关就补侦事项及时与公安机关加强当面沟通，落实补证要求。与此同时，检察人员会同侦查人员共赴国家信息中心电子数据司法鉴定中心，就电子数据提取和无污损鉴定等问题向行业专家咨询，解决了无污损鉴定的具体要求以及提取、固定电子数据的范围、程序等问题。检察机关还对公安机关以《司法鉴定书》记录电子数据勘验过程的做法提出意见，要求将《司法鉴定书》转化为勘验笔录。通过上述工作，全案证据得到进一步完善，最终形成补充侦查卷21册，为案件的审查和提起公诉奠定了坚实基础。

检察机关经审查认为，根据肯尼亚警方出具的《调查报告》、我国驻肯尼亚大使馆出具的《情况说明》以及公安机关出具的扣押决定书、扣押清单等，能够确定境外获取的证据来源合法，移交过程真实、连贯、合法。国家信息中心电子数据司法鉴定中心重新作出的无污损鉴定，鉴定的起始基准时间与肯尼亚警方抓获犯罪嫌疑人并起获涉案设备的时间一致，能够证实电子数据的真实性。涉案笔记本电脑和手机中提取的Skype账户登录信息等电子数据与犯罪嫌疑人的供述相互印证，能够确定犯罪嫌疑人的网络身份和现实身份具有一致性。75名被害人与诈骗犯罪组织间的关联性证据已补充到位，具体表现为：网络电话、Skype聊天记录等与被害人陈述的诈骗电话号码、银行账号等证据相互印证；电子数据中的聊天时间、通话时间与银行交易记录中的转账时间相互印证；被害人陈述的被骗经过与被告人供述的诈骗方式相互印证。本案的75名被害人被骗的证据均满足上述印证关系。

2017年4月1日，北京市人民检察院第二分院根据犯罪情节，对该诈骗犯罪集团中的52名犯罪嫌疑人作出不同处理决定。对张凯闵等50人以诈骗罪分两案向北京市第二中级人民法院提起公诉，对另2名情节较轻的犯罪嫌疑人作出不起诉决定。同年7月18日、19日，北京市第二中级人民法院公开开庭审理了本案。

庭审中，50名被告人对指控的罪名均未提出异议，部分被告人及其辩护人主要提出以下辩解及辩护意见：一是认定犯罪集团缺乏法律依据，应以被告人实际参与诈骗成功的数额认定其犯罪数额。二是被告人系犯罪组织雇佣的话务员，在本案中起次要和辅助作用，应认定为从犯。三是检察机关指控的犯罪金额证据不足，没有形成完整的证据链条，不能证明被害人是被告人所骗。

针对上述辩护意见，公诉人答辩如下：

一是该犯罪组织以共同实施电信网络诈骗犯罪为目的而组建，首要分子虽然没有到案，但在案证据充分证明该犯罪组织在首要分子的领导指挥下，有固定人员负责窝点的组建管理、人员的召集培训，分工担任一线、二线、三线话务员，该诈骗犯罪组织符合《刑法》关于犯罪集团的规定，应当认定为犯罪集团。

二是在案证据能够证实二线、三线话务员不仅实施了冒充警察、检察官接听拨打电话的行为,还在犯罪集团中承担了组织管理工作,在共同犯罪中起主要作用,应认定为主犯。对从事一线接听拨打诈骗电话的被告人,已作区别对待。该犯罪集团在印度尼西亚和肯尼亚先后设立3个窝点,参加过2个以上窝点犯罪的一线人员属于积极参加犯罪,在犯罪中起主要作用,应认定为主犯;仅参加其中一个窝点犯罪的一线人员,参与时间相对较短,实际获利较少,可认定为从犯。

三是本案认定诈骗犯罪集团与被害人之间关联性的证据主要有:犯罪集团使用网络电话与被害人电话联系的通话记录;犯罪集团的 Skype 聊天记录中提到了被害人姓名、公民身份号码等个人信息;被害人向被告人指定银行账户转账汇款的记录。起诉书认定的75名被害人至少包含上述一种关联方式,实施诈骗与被骗的证据能够形成印证关系,足以认定75名被害人被本案诈骗犯罪组织所骗。

2017年12月21日,北京市第二中级人民法院作出一审判决,认定被告人张凯闵等50人以非法占有为目的,参加诈骗犯罪集团,利用电信网络技术手段,分工合作,冒充国家机关工作人员或其他单位工作人员,诈骗被害人钱财,各被告人的行为均已构成诈骗罪,其中28人系主犯,22人系从犯。法院根据犯罪事实、情节并结合各被告人的认罪态度、悔罪表现,对张凯闵等50人判处15年至1年零9个月不等有期徒刑,并处剥夺政治权利及罚金。张凯闵等部分被告人以量刑过重为由提出上诉。2018年3月,北京市高级人民法院二审裁定驳回上诉,维持原判。

■ 疑难点释析

本案涉及4个难点问题,一是对境外获取证据的审查、判断。二是对电子数据的审查和判断。三是电信网络诈骗案件如何围绕两卡认定事实。四是网络诈骗案件中至从犯的认定。

1. 对境外实施犯罪的证据应着重审查合法性。对在境外获取的实施犯罪的证据,一是要审查是否符合我国《刑事诉讼法》的相关规定,对能够证明案件事实且符合刑事诉讼法规定的,可以作为证据使用。二是对基于有关条约、司法互助协定、两岸司法互助协议或通过国际组织委托调取的证据,应注意审查相关办理程序、手续是否完备,取证程序和条件是否符合有关法律文件的规定。对不具有规定规范的,一般应当要求提供所在国公证机关证明,由所在国中央外交主管机关或其授权机关认证，并经我国驻该国使、领馆认证。三是对委托取得的境外证据，移交过程中应注意审查过程是否连续、手续是否齐全、交接物品是否完整、双方的交接清单记载的物品信息是否一致、交接清单与交接物品是否一一对应。四是对当事人及其辩护人、诉讼代理人提供的来自境外的证据材料，要审查其是否按照条约等相关规定办理了公证和认证，并经我国驻该国使、领馆认证。

2. 对电子数据应重点审查客观性。一要审查电子数据存储介质的真实性。通过审查存储介质的扣押、移交等法律手续及清单，核实电子数据存储介质在收集、保管、鉴定、检查等环节中是否保持原始性和同一性。二要审查电子数据本身是否客观、真实、完整。通过审查电子数据的来源和收集过程，核实电子数据是否从原始存储介质中提取，收集的程序和方法是否符合法律和相关技术规范。对从境外起获的存储介质中提取、恢复的电子数据应当进行无污损鉴定，将起获设备的时间作为鉴定的起始基准时间，以保证电子数据的客观、真实、完整。三要审查电子数据内容的真实性。通过审查在案言词证据能否与电子数据相互印证，不同的电子数据间能否相互印证等，核实电子数据包含的案件信息能否与在案的其他证据相互印证。

3. 紧紧围绕电话卡和银行卡审查认定案件事实。办理电信网络诈骗犯罪案件，认定被害人数量及诈骗资金数额的相关证据，应当紧紧围绕电话卡和银行卡等证据的关联性来认定犯罪事实。一是通过电话卡建立被害人与诈骗犯罪组织间的关联。通过审查诈骗犯罪组织使用的网络电话拨打记录清单、被害人接到诈骗电话号码的陈述以及被害人提供的通话记录详单等通信类证据，认定被害人与诈骗犯罪组织间的关联性。二是通过银行卡建立被害人与诈骗犯罪组织间的关联。通过审查被害人提供的银行账户交易明细、银行客户通知书、诈骗犯罪集团指定银行账户信息等书证以及诈骗犯罪组织使用的互联网软件聊天记录，核实聊天记录中是否出现被害人的转账账户，以确定被害人与诈骗犯罪组织间的关联性。三是将电话卡和银行卡结合起来认定被害人及诈骗数额。审查被害人接到诈骗电话的时间、向诈骗犯罪组织指定账户转款的时间，诈骗犯罪组织手机或电脑中储存的聊天记录中出现的被害人的账户信息和转账时间是否印证。相互关联印证的，可以认定为案件被害人，被害人实际转账的金额可以认定为诈骗数额。

4. 有明显首要分子，主要成员固定，其他人员有一定流动性的电信网络诈骗犯罪组织,可以认定为诈骗犯罪集团。实施电信网络诈骗犯罪,大都涉案人员众多、组织严密、层级分明、各环节分工明确。对符合《刑法》关于犯罪集团规定,有明确首要分子,主要成员固定,其他人员虽有一定流动性的电信网络诈骗犯罪组织,依法可以认定为诈骗犯罪集团。对出资筹建诈骗窝点、掌控诈骗所得资金、制订犯罪计划等起组织、指挥管理作用的,依法可以认定为诈骗犯罪集团首要分子,按照集团所犯的全部罪行处罚。对负责协助首要分子组建窝点、招募培训人员等起积极作用的,或加入时间较长,通过接听拨打电话对受害人进行诱骗,次数较多、诈骗金额较大的,依法可以认定为主犯,按照其参与或组织、指挥的全部犯罪处罚。对诈骗次数较少、诈骗金额较小,在共同犯罪中起次要或者辅助作用的,依法可以认定为从犯,依法从轻、减轻或免除处罚。

■ 知识点梳理

在信息时代,越来越多能够证明案件事实的材料以电子数据的形式呈现。为适应社会发展,2012 年修改的《刑事诉讼法》将电子数据增列为新的证据种类,进一步丰富了证据的外延。2016 年 9 月,最高人民法院、最高人民检察院、公安部联合发布《关于办理刑事案件收集提取和审查判断电子数据若干问题的规定》,自 2016 年 10 月 1 日起施行。这是最高人民法院、最高人民检察院、公安部首次就电子数据制定专门性规定,对于规范电子数据的收集提取和审查判断,提高刑事案件办理质量必将发挥重要作用。2018 年修改的《刑事诉讼法》继续完善了电子数据的相关规定。电子数据,是指以电子形式存在的、用作证据使用的一切材料及其派生物。它既包括反映法律关系产生、变更或消灭的电子信息正文本身,又包括反映电子信息生成、存储、传递、修改、增删等过程的电子记录,还包括电子信息所处的硬件和软件环境。具体来说,在当今网络社会经常使用的电子邮件、电子数据交换、网上聊天记录、网络博客、手机短信、电子签名、域名、电子公告牌记录、电子资金划拨记录、网页等文件均属于电子数据。综观这些电子数据,具有如下特点:一是电子数据的存在需要借助于一定的电子介质;二是电子数据可以通过互联网络快速地在全球传播;三是人们对电子数据的感知,必须借助电子设备,且不能脱离特定的系统环境。

《刑诉解释》第110～115条规定了对电子数据的审查，规定："电子数据具有下列情形之一的，不得作为定案的根据：(一)系篡改、伪造或者无法确定真伪的；(二)有增加、删除、修改等情形，影响电子数据真实性的；(三)其他无法保证电子数据真实性的情形。"

近些年来持续爆发的网络诈骗、非法集资、网络谣言等违法犯罪事件使司法机关愈加重视电子证据的运用。不过，由于电子数据自身具有鲜明的特征，一旦被篡改或者伪造，很难被识破、修补和恢复。通常而言，在审查电子证据是否满足特定要件时，办案机关需要注意电子数据的系统性、可追踪性、电子证据用途的广泛性等内容，这些无不有别于传统的刑事证据审查判断理论。正因如此，在办理刑事案件过程中，办案机关尤其是法院在审查电子证据之时，针对其是否满足各个法定条件，应当采取专门的审查方式及手段。

1. 需要审查电子证据的关联性。人们意图确定电子证据的关联性，需要观察该证据本身及其附属信息。通过生成、传输电子证据介质、载体确定证据与涉案事实之间的相关性。一项电子证据的产生并非一个孤立的产物，从虚拟空间的角度看，它其实标识的是一个复杂独立的综合体：包括电子数据本身、数据生成的附属信息、载体和介质中读取或修改的痕迹，等等。[1] 因此，确定电子数据的相关性不能仅只考虑电子数据本身的内容表述，而忽略了电子证据的载体或者介质中存留的相关信息。对于各种电子卡的存储与使用信息和包括微信、短信记录等电子数据，人们审查判断其证据相关性可以借助审查书证的方式，通过电子设备和程序，就可以读取出相关的数据。不过，这些数据的相关性虽然比较容易判断，但是其真伪性却通过感官难以分辨，需要技术人员通过专业鉴定才能够甄别。

2. 还要审查电子证据的真实性。电子证据的真实性，也就是人们提及的电子证据的客观性，具体是指电子数据所记载和生成的材料是客观的、真实的，而非主观的、臆断的，也并非凭空想象的特性。电子证据作为新兴的证据类型，虽然有其特殊性，但还是具有作为证据所特有的最基本的属性：真实性或客观性。电子证据的真实性和传统证据相比有其特殊之处，传统的证据类型，其真实性可以通过其物

---

〔1〕 刘品新：《电子证据的关联性》，载《法学研究》2016年第6期。

理性特征直接检验,从而区别于主观臆断或是想象,而电子证据则不同,其客观性无法用物理性去描述,这是因为电子证据生发于虚拟空间,并且基本的组成只是一些程序代码或者数据,并不能为人类的感官所直接感知,和我们人类生活的物理空间并不属于同一时空。我们审查电子证据的真实性,就要查明电子证据是否一直被封存在原始的介质或者载体之内,有没有被移动篡改;查明电子数据能否具备可复制特征,能不能被更改;综合其他情况来审查证据的客观性,判断其真实性。

3. 还要审查电子证据的完整性。完整性,是指收集、提取的电子数据保持未被篡改、破坏的状态。可以说,电子数据完整性是真实性的要素之一,甚至是最重要的要素,如果电子数据完整性遭到破坏,则意味着电子数据可能被篡改或者破坏,其真实性也无法保证。鉴于此,2016 年最高人民法院、最高人民检察院、公安部《关于办理刑事案件收集提取和审查判断电子数据若干问题的规定》在审查电子数据时,仍然从证据的三性出发,从真实性、合法性、关联性的角度提出审查要点。同时,将电子数据完整性纳入了真实性范畴,在进行真实性审查时必须进行完整性审查。基于此,该规定第 5 条规定了完整性的保护方法。具体而言,对作为证据使用的电子数据,应当采取以下一种或者几种方法保护电子数据的完整性:(1)扣押、封存电子数据原始存储介质。存储介质,是指具备数据信息存储功能的电子设备、硬盘、光盘、优盘、记忆棒、存储卡、存储芯片等载体。原始存储介质即存储电子数据的原始载体。司法实践中,对于有条件扣押电子数据原始存储介质的,应当依法扣押并封存原始存储介质。(2)计算电子数据完整性校验值。完整性校验值,是指为防止电子数据被篡改或者破坏,使用散列算法等特定算法对电子数据进行计算,得出的用于校验数据完整性的数据值。实践中要求第一时间计算完整性校验值,并在笔录中注明。当需要验证电子数据是否完整、是否被增加、删除、修改时,便可以采用同一算法对电子数据再计算一次,将两次所得的值进行比较,如果一致则证明电子数据没有发生变化,如果不一致则证明电子数据发生了变化。(3)制作、封存电子数据备份。具体操作中,可以制作多个备份,封存其中部分备份件,将其余备份件用于进一步的侦查。(4)冻结电子数据。即通过技术手段,锁定相关电子数据,防止对其进行增加、删除、修改等操作。(5)对收集、提取电子数据的相关活动进行录像。鉴于录音相较于录像反映的信息量不足,此处要求录像,而非录音或者录像。(6)其他保护电子数据完整性的方法。需要强调的是,收集、提取电子数据的情形复杂多样,实践中应当灵活掌握相应的完整性保护方法,至少采取一种,有条件的情况下应当采取多种。

12

Case Study

陈某故意伤害案

逮捕制度

■ 研读指导

1. 逮捕的基本条件。
2. 为什么要进行羁押的必要性审查?

■ 相关法条

《中华人民共和国刑法》第二十条第一款　为了使国家、公共利益、本人或者他人的人身、财产和其他权利免受正在进行的不法侵害,而采取的制止不法侵害的行为,对不法侵害人造成损害的,属于正当防卫,不负刑事责任。

《中华人民共和国刑事诉讼法》第八十一条　对有证据证明有犯罪事实,可能判处徒刑以上刑罚的犯罪嫌疑人、被告人,采取取保候审尚不足以防止发生下列社会危险性的,应当予以逮捕:(一)可能实施新的犯罪的;(二)有危害国家安全、公共安全或者社会秩序的现实危险的;(三)可能毁灭、伪造证据,干扰证人作证或者串供的;(四)可能对被害人、举报人、控告人实施打击报复的;(五)企图自杀或者逃跑的。

批准或者决定逮捕,应当将犯罪嫌疑人、被告人涉嫌犯罪的性质、情节,认罪认罚等情况,作为是否可能发生社会危险性的考虑因素。

对有证据证明有犯罪事实,可能判处十年有期徒刑以上刑罚的,或者有证据证明有犯罪事实,可能判处徒刑以上刑罚,曾经故意犯罪或者身份不明的,应当予以逮捕。

被取保候审、监视居住的犯罪嫌疑人、被告人违反取保候审、监视居住规定,情节严重的,可以予以逮捕。

最高人民检察院、公安部《关于逮捕社会危险性条件若干问题的规定(试行)》第二条 人民检察院办理审查逮捕案件,应当全面把握逮捕条件,对有证据证明有犯罪事实、可能判处徒刑以上刑罚的犯罪嫌疑人,除刑诉法第七十九条第二、三款规定的情形外,应当严格审查是否具备社会危险性条件。公安机关侦查刑事案件,应当收集、固定犯罪嫌疑人是否具有社会危险性的证据。

第三条 公安机关提请逮捕犯罪嫌疑人的,应当同时移送证明犯罪嫌疑人具有社会危险性的证据。对于证明犯罪事实的证据能够证明犯罪嫌疑人具有社会危险性的,应当在提请批准逮捕书中专门予以说明。对于证明犯罪事实的证据不能证明犯罪嫌疑人具有社会危险性的,应当收集、固定犯罪嫌疑人具备社会危险性条件的证据,并在提请逮捕时随卷移送。

第四条 人民检察院审查认定犯罪嫌疑人是否具有社会危险性,应当以公安机关移送的社会危险性相关证据为依据,并结合案件具体情况综合认定。必要时可以通过讯问犯罪嫌疑人、询问证人等诉讼参与人、听取辩护律师意见等方式,核实相关证据。依据在案证据不能认定犯罪嫌疑人符合逮捕社会危险性条件的,人民检察院可以要求公安机关补充相关证据,公安机关没有补充移送的,应当作出不批准逮捕的决定。

《人民检察院办理羁押必要性审查案件规定(试行)》第二条 羁押必要性审查,是指人民检察院依据《中华人民共和国刑事诉讼法》第九十三条规定,对被逮捕的犯罪嫌疑人、被告人有无继续羁押的必要性进行审查,对不需要继续羁押的,建议办案机关予以释放或者变更强制措施的监督活动。

第十八条 经羁押必要性审查,发现犯罪嫌疑人、被告人具有下列情形之一,且具有悔罪表现,不予羁押不致发生社会危险性的,可以向办案机关提出释放或者变更强制措施的建议。(一)预备犯或者中止犯;(二)共同犯罪中的从犯或者胁从犯;(三)过失犯罪的;(四)防卫过当或者避险过当的;(五)主观恶性较小的初犯;(六)系未成年人或者年满七十五周岁的人;(七)与被害方依法自愿达成和解协议,且已经履行或者提供担保的;(八)患有严重疾病、生活不能自理的;(九)系怀孕或者正在哺乳自己婴儿的妇女;(十)系生活不能自理的人的唯一扶养人;(十一)可能被判处一年以下有期徒刑或者宣告缓刑的;(十二)其他不需要继续羁押犯罪嫌疑人、被告人的情形。

■ 近似案例

方某某销售伪劣产品案[《刑事审判参考》第1315号案例]

■ 案情介绍

陈某,未成年人,某中学学生。2016年1月初,因陈某在甲的女朋友的网络空间留言示好,甲纠集乙等人,对陈某实施了殴打。

1月10日中午,甲、乙、丙等6人(均为未成年人),在陈某就读的中学门口,见陈某从大门走出,有人提议陈某向老师告发他们打架,要去问个说法。甲等人尾随一段路后拦住陈某质问,陈某解释没有告状,甲等人不肯罢休,抓住并围殴陈某。乙的3位朋友(均为未成年人)正在附近,见状加入围殴陈某。其中,有人用膝盖顶击陈某的胸口、有人持石块击打陈某的手臂、有人持钢管击打陈某的背部,其他人对陈某或勒脖子或拳打脚踢。陈某掏出随身携带的折叠式水果刀(刀身长8.5厘米,不属于管制刀具),乱挥乱刺后逃脱。部分围殴人员继续追打并从后投掷石块,击中陈某的背部和腿部。陈某逃进学校,追打人员被学校保安拦住。陈某在反击过程中刺中了甲、乙和丙,经鉴定,该3人的损伤程度均构成重伤二级。陈某经人身检查,见身体多处软组织损伤。

案发后,陈某所在学校向司法机关提交材料,证实陈某遵守纪律、学习认真、成绩优秀,是一名品学兼优的学生。

公安机关以陈某涉嫌故意伤害罪立案侦查,并对其采取刑事拘留强制措施,后提请检察机关批准逮捕。检察机关根据审查认定的事实,依据《刑法》第20条第1款的规定,认为陈某的行为属于正当防卫,不负刑事责任,决定不批准逮捕。公安机关将陈某释放同时要求复议。检察机关经复议,维持原决定。

检察机关在办案过程中积极开展释法说理工作,甲等人的亲属在充分了解事实经过和法律规定后,对检察机关的处理决定表示认可。

检察机关不批准逮捕的理由主要有以下几个:公安机关认为,陈某的行为虽有防卫性质，但已明显超过必要限度，属于防卫过当，涉嫌故意伤害罪。检察机关则认为，陈某的防卫行为没有明显超过必要限度，不属于防卫过当，不构成犯罪。主要理由如下：

（1）陈某面临正在进行的不法侵害，反击行为具有防卫性质。任何人面对正在进行的不法侵害，都有予以制止、依法实施防卫的权利。本案中，甲等人借故拦截陈某并实施围殴，属于正在进行的不法侵害，陈某的反击行为显然具有防卫性质。

（2）陈某随身携带刀具，不影响正当防卫的认定。对认定正当防卫有影响的，并不是防卫人携带了可用于自卫的工具，而是防卫人是否有相互斗殴的故意。陈某在事前没有与对方约架斗殴的意图，被拦住后也是先解释退让，最后在遭到对方围打时才被迫还手，其随身携带水果刀，无论是日常携带还是事先有所防备，都不影响对正当防卫作出认定。

（3）陈某的防卫措施没有明显超过必要限度，不属于防卫过当。陈某的防卫行为致实施不法侵害的 3 人重伤，客观上造成了重大损害，但防卫措施并没有明显超过必要限度。陈某被 9 人围住殴打，其中有人使用了钢管、石块等工具，双方实力相差悬殊，陈某借助水果刀增强防卫能力，在手段强度上合情合理。并且，对方在陈某逃脱时仍持续追打，共同侵害行为没有停止，所以就制止整体不法侵害的实际需要来看，陈某持刀挥刺也没有不相适应之处。综合来看，陈某的防卫行为虽有致多人重伤的客观后果，但防卫措施没有明显超过必要限度，依法不属于防卫过当。

■ 疑难点释析

本案对陈某是否采取逮捕措施，如何正确理解并掌握逮捕的条件？

之所以对造成他人重伤的陈某没有适用逮捕的强制措施，基于以下几个理由：

1. 陈某是未成年人。《刑事诉讼法》第 277 条第 1 款规定，对犯罪的未成年人实行教育、感化、挽救的方针，坚持教育为主、惩罚为辅的原则。《刑事诉讼法》第 279 条规定，公安机关、人民检察院、人民法院办理未成年人刑事案件，根据情况可以对未成年人犯罪嫌疑人、被告人的成长经历、犯罪原因、监护教育等情况进行调查。《刑事诉讼法》第280条第1款规定,对未成年犯罪嫌疑人、被告人应当严格限制适用逮捕措施。人民检察院审查批准逮捕和人民法院决定逮捕,应当讯问未成年犯罪嫌疑人、被告人,听取辩护律师的意见。

教育、感化、挽救方针,是指公安司法机关在未成年人刑事案件诉讼程序中,应当加强说服教育工作,对未成年人动之以情、晓之以理,促使犯罪的未成年人充分认识到自己罪行的严重性,促使其悔罪服法,重新做人。对犯罪的未成年人进行教育、感化和挽救,既是诉讼的主要目的,也是全社会的共同职责。从我国实际情况来看,未成年人犯罪数量逐年攀升,长期居高不下,未成年人犯罪低龄化趋势日益明显,教育、感化和挽救未成年人已经成为当务之急。同时,由于未成年人心智尚未成熟,对外界事物易于重新认识,思想和行为上都具有较大可塑性,对其教育、感化和挽救的可能性也较大。

未成年人刑事案件中的社会调查制度,是指办案机关在办理未成年人案件时,不仅要查明案件本身的情况,还应对未成年犯罪嫌疑人、被告人的家庭背景、生活环境、教育经历、个人性格、心理特征等与犯罪和案件处理有关的信息作全面、细致的调查;必要时还应进行医学、心理学、精神病学等方面的鉴定,并根据调查的结果选择最恰当的处理方式。之所以要在未成年人刑事案件中确立社会调查制度,主要是基于以下几方面的原因:首先,是考虑到未成年人犯罪的特殊性。其次,是为了更好地落实"教育、感化、挽救"方针。公安司法机关在办理未成年人刑事案件的过程中,调查导致未成年人犯罪的各项主客观因素形成、发展、演变以及未成年人性格特征等详细情况,才能找准对未成年人进行教育的"感化点",以便对症下药,最终实现矫治未成年犯罪人、使其重新回归社会的目的。最后,是贯彻刑罚个别化原则的需要。刑罚个别化原则要求法官在裁量刑罚时,要根据犯罪人的个人情况、犯罪原因及其他情况,有针对性地适用刑罚,以达到个别公正与个别预防的目的。由于未成年人心理、生理上的特殊性及其犯罪成因的不同,对未成年人犯罪的处理应当有别于成年人犯罪。在确定未成年人犯罪刑罚时不能仅仅依据犯罪构成,还应通过社会调查制度了解未成年人的具体情况及犯罪成因,这是贯彻刑罚个别化原则,更好地实现犯罪预防、犯罪矫治的需要。

从联合国有关未成年人保护的国际公约的相关规定来看,社会调查是普遍确立的一项基本制度。例如,《联合国少年司法最低限度标准规则(北京规则)》第

16 条规定:“所有案件除涉及轻微违法行为的案件外,在主管当局作出判决前的最后处理之前,应对少年生活的背景和环境或犯罪的条件进行适当的调查,以便主管当局对案件作出明智的判决。”所以,本案对未成年人陈某进行社会调查,发现陈某是一名品学兼优的学生,社会危害性小,也没有主动伤害他人的故意。检察机关办理正当防卫案件遇到争议时,应当根据最高人民检察院《关于实行检察官以案释法制度的规定》,适时、主动进行释法说理工作。对事实认定、法律适用和办案程序等问题进行答疑解惑,开展法治宣传教育,保障当事人和其他诉讼参与人的合法权利,努力做到案结事了。

人民检察院审查逮捕时,应当严把事实关、证据关和法律适用关。根据查明的事实,犯罪嫌疑人的行为属于正当防卫,不负刑事责任的,应当依法作出不批准逮捕的决定,保障无罪的人不受刑事追究。

在现代各国刑事诉讼制度中,严格限制羁押性强制措施的适用是实现人权保障与诉讼公正的基本要求之一。在刑事诉讼中,未经严格的程序,任何人都享有不被剥夺自由的权利,未成年犯罪嫌疑人、被告人也不例外。与此同时,相对于成年犯罪嫌疑人、被告人,未成年犯罪嫌疑人、被告人在刑事诉讼中被施以羁押性强制措施应当有更为严格的条件限制,这是因为:一方面,未成年犯罪嫌疑人、被告人的身心未臻成熟,一旦被羁押,往往受到严重打击,造成心理上的巨大伤害,从而产生被社会抛弃乃至自暴自弃的思想。因为被羁押未成年人与家长、亲属的隔离,也减少了家庭对未成年人教育、感化的机会。同时,社会公众对被羁押未成年人的偏见与不理解,也容易激发未成年人反社会、与社会为敌的心态。另一方面,将未成年犯罪嫌疑人、被告人置于羁押状态,容易使其受到其他在押人员特别是成年在押人员的“交叉感染”。“由于他们被安排在一种由其他犯罪分子组成的社会环境,他们大多的活动时间用在讨论犯罪和获得新的违法手法上,他们变得更倾向于犯罪和犯罪行为。”[1]可见,未决羁押对于未成年人的身心健康会产生诸多不良影响,不利于其今后的悔过与矫正,也有违国家对未成年人予以特殊关照和保护的基本理念。也正因如此,联合国有关未成年人保护的多项公约、规则中都有严格限制羁

---

〔1〕[英]约翰·华茨:《保释——研究证据》,载《青少年犯罪问题》2002 年第 3 期。转引自宗德钧:《论未成年人的非监禁处置措施及检察机关的作用》,载《青少年犯罪问题》2003 年第 5 期。

押性强制措施适用的相关规定。例如,《联合国儿童权利公约》第 37 条(b)项规定:“不得非法或擅自剥夺任何儿童的自由。逮捕、拘留或监禁儿童应按法律进行,并应仅作为最后的手段,在尽可能短的时间内使用。”《联合国少年司法最低限度标准规则(北京规则)》第 13 条规定:“审前拘留应仅作为万不得已的手段使用,而且时间尽可能短”;“如有可能,应采取其他替代办法,诸如密切监视、加强看管或安置在一个家庭或一个教育机关或环境内”。另外,联合国《两权公约》第 9 条第 3 款也包含了对等候审判的人原则上不予羁押的要求。最高人民检察院制定的《人民检察院办理未成年人刑事案件的规定》第 13 条规定,人民检察院办理未成年犯罪嫌疑人审查逮捕案件,应当根据未成年犯罪嫌疑人涉嫌犯罪的事实、主观恶性、有无监护与社会帮教条件等,综合衡量其社会危险性,严格限制适用逮捕措施,可捕可不捕的不捕。

2. 陈某的行为是正当防卫。《刑法》第 20 条第 1 款规定,“为了使国家、公共利益、本人或者他人的人身、财产和其他权利免受正在进行的不法侵害,而采取的制止不法侵害的行为,对不法侵害人造成损害的,属于正当防卫,不负刑事责任。”司法实践通常称这种正当防卫为“一般防卫”。

一般防卫有限度要求,超过限度的属于防卫过当,需要负刑事责任。《刑法》规定的限度条件是“明显超过必要限度造成重大损害”,具体而言,行为人的防卫措施虽明显超过必要限度但防卫结果客观上并未造成重大损害,或者防卫结果虽客观上造成重大损害但防卫措施并未明显超过必要限度,均不能认定为防卫过当。本案中,陈某为了保护自己的人身安全而持刀反击,就所要保护的权利性质以及与侵害方的手段强度比较来看,不能认为防卫措施明显超过了必要限度,所以即使防卫结果在客观上造成了重大损害,也不属于防卫过当。

正当防卫既可以是为了保护自己的合法权益,也可以是为了保护他人的合法权益。《未成年人保护法》第 11 条第 1 款也规定,“任何组织或者个人发现不利于未成年人身心健康或者侵犯未成年人合法权益的情形,任何组织和个人都有权予以劝阻、制止或者向公安、民政、教育等提出检举、控告”。对于未成年人正在遭受侵害的,任何人都有权介入保护,成年人更有责任予以救助。但是,冲突双方均为未成年人的,成年人介入时,应当优先选择劝阻、制止的方式;劝阻、制止无效的,在隔离、控制或制服侵害人时,应当注意手段和行为强度的适度。

检察机关办理正当防卫案件遇到争议时，应当根据最高人民检察院《关于实行检察官以案释法制度的规定》，适时、主动进行释法说理工作。对事实认定、法律适用和办案程序等问题进行答疑解惑，开展法治宣传教育，保障当事人和其他诉讼参与人的合法权利，努力做到案结事了。

3. 逮捕的基本条件有三个，分别是刑罚条件、证据条件和社会危害性条件。而本案中，案件的发生是甲乙要求他人殴打陈某，且最后是 9 人殴打陈某 1 人，陈某用随身携带的水果刀乱刺的主要目的是保护自己而不是伤害他人，且结合对陈某的社会调查也可以了解陈某本身没有社会危害性，其造成他人重伤的后果也不是其蓄谋导致，故结合羁押的必要性审查，对陈某不适用逮捕的强制措施。

■ 知识点梳理

逮捕，是指公安机关、人民检察院和人民法院，为防止犯罪嫌疑人或者被告人逃避侦查、起诉和审判，进行妨碍刑事诉讼的行为，或者发生社会危险性，而依法剥夺其人身自由，予以羁押的一种强制措施。我国《刑事诉讼法》第 80 条、第 81 条、第 83 条、第 87 ~ 100 条，最高人民法院、最高人民检察院、公安部、国家安全部、司法部、全国人大常委会法制工作委员会六部门《关于实施刑事诉讼法若干问题的规定》第 17 条，《刑诉解释》第 128 ~ 136 条，《人民检察院刑事诉讼规则》第 101 条、第 111 条、第 125 条、第 128 ~ 154 条，以及《公安机关办理刑事案件程序规定》第 133 ~ 147 条，对逮捕进行了全面规定。

逮捕是刑事诉讼强制措施中最严厉的一种，它不仅剥夺了犯罪嫌疑人、被告人的人身自由，而且逮捕后除发现不应当追究刑事责任和符合变更强制措施的条件以外，对被逮捕人的羁押期间一般要到人民法院判决生效为止。正确、及时地使用逮捕措施，可以发挥其打击犯罪、维护社会秩序的重要作用，有效地防止犯罪嫌疑人或者被告人串供、毁灭或者伪造证据、自杀、逃跑或继续犯罪，有助于全面收集证据、查明案情、证实犯罪，保证侦查、起诉、审判活动的顺利进行。所以逮捕是同犯罪作斗争的重要手段。但是如果用得不好，错捕滥捕，就会伤害无辜，侵犯公民的人身权利和民主权利，破坏社会主义法制的尊严和权威，损害公安司法机关的威信。因此，必须坚持“少捕”和“慎捕”的刑事政策，切实做到不枉不纵，既不能该捕不捕,也不能以捕代侦,任意逮捕。对无罪而错捕的,要依照《国家赔偿法》的规定对受害人予以赔偿。

根据我国《刑事诉讼法》第 81 条的规定,逮捕需要具备三个条件:一是证据条件;二是罪责条件;三是社会危险性条件。逮捕犯罪嫌疑人、被告人的这三个条件相互联系、缺一不可。犯罪嫌疑人、被告人只有同时具备这三个条件,才能对其逮捕。只有严格掌握逮捕条件,才能够防止错捕和滥捕现象的发生。

1. 证据条件

逮捕的证据条件,是有证据证明有犯罪事实。何为有证据证明有犯罪事实,《刑事诉讼法》中没有明确规定,根据《人民检察院刑事诉讼规则》第 128 条第 2 款和《公安机关办理刑事案件程序规定》第 134 条第 1 款的规定,要求同时具备下列情形:(1)有证据证明发生了犯罪事实;(2)有证据证明犯罪事实是犯罪嫌疑人实施的;(3)证明犯罪嫌疑人实施犯罪行为的证据已经查证属实的。此外,如果犯罪嫌疑人犯有数罪,只要有一个犯罪事实有证据证明,就可以逮捕。

2. 罪责条件

逮捕的罪责条件,是可能判处有期徒刑以上刑罚。即根据已有证据证明的案件事实,比照《刑法》的有关规定,衡量对其所犯罪行,最低也要判处有期徒刑以上的刑罚。如果只可能判处管制、拘役、独立适用附加刑,不可能判处徒刑以上的刑罚的,就不能采用逮捕。司法实践中,对于那些可能判处有期徒刑缓刑的犯罪嫌疑人或被告人,一般也不采用逮捕。这一条件表明,逮捕作为一种最为严厉的强制措施只能对一些罪行比较严重的犯罪嫌疑人、被告人采用,对一些罪行较轻的就不宜采用。

3. 社会危险性条件

逮捕的社会危险性条件,是采取取保候审尚不足以防止发生社会危险性,而有逮捕必要。《刑事诉讼法》第 81 条第 1 款规定,对有证据证明有犯罪事实,可能判处徒刑或以上刑罚的犯罪嫌疑人、被告人,采取取保候审尚不足以防止发生下列社会危险性的,应当予以逮捕:(1)可能实施新的犯罪的;(2)有危害国家安全、公共安全或者社会秩序的现实危险的;(3)可能毁灭、伪造证据,干扰证人作证或者串供的;(4)可能对被害人、举报人、控告人实施打击报复的;(5)企图自杀或者逃跑的。

《人民检察院刑事诉讼规则》第140条基于对犯罪嫌疑人社会危险性的判断，还规定了可以作出不批准逮捕的决定或者不予逮捕的情形。该条规定，犯罪嫌疑人涉嫌的罪行较轻，且没有其他重大犯罪嫌疑，具有下列情形之一的，可以作出不批准逮捕的决定或者不予逮捕的决定：(1)属于预备犯、中止犯，或者防卫过当、避险过当；(2)主观恶性较小的初犯，共同犯罪中的从犯、胁从犯，犯罪后自首、有立功表现或者积极退赃、赔偿损失、确有悔罪表现的；(3)过失犯罪的犯罪嫌疑人，犯罪后有悔罪表现，有效控制损失或者积极赔偿损失的；(4)犯罪嫌疑人与被害人双方根据刑事诉讼法的有关规定达成和解协议，经审查，认为和解系自愿、合法且已经履行或者提供担保的；(5)犯罪嫌疑人系已满14周岁未满18周岁的未成年人或者在校学生，本人有悔罪表现，其家庭、学校或者所在社区、居民委员会、村民委员会具备监护、帮教条件的；(6)犯罪嫌疑人系已满75周岁以上的人。

13 Case Study 王玉雷不批准逮捕案

逮捕的必要性审查和非法证据排除

■ 研读指导

1. 为什么需要进行逮捕的必要性审查?

2. 在审查起诉中检察机关对证据合法性的审查。

■ 相关法条

《中华人民共和国刑事诉讼法》第五十六条　采用刑讯逼供等非法方法收集的犯罪嫌疑人、被告人供述和采用暴力、威胁等非法方法收集的证人证言、被害人陈述,应当予以排除。收集物证、书证不符合法定程序,可能严重影响司法公正的,应当予以补正或者作出合理解释;不能补正或者作出合理解释的,对该证据应当予以排除。

在侦查、审查起诉、审判时发现有应当排除的证据的,应当依法予以排除,不得作为起诉意见、起诉决定和判决的依据。

第八十一条　对有证据证明有犯罪事实,可能判处徒刑以上刑罚的犯罪嫌疑人、被告人,采取取保候审尚不足以防止发生下列社会危险性的,应当予以逮捕:(一)可能实施新的犯罪的;(二)有危害国家安全、公共安全或者社会秩序的现实危险的;(三)可能毁灭、伪造证据,干扰证人作证或者串供的;(四)可能对被害人、举报人、控告人实施打击报复的;(五)企图自杀或者逃跑的。……

对有证据证明有犯罪事实,可能判处十年有期徒刑以上刑罚的,或者有证据证明有犯罪事实,可能判处徒刑以上刑罚,曾经故意犯罪或者身份不明的,应当予以逮捕。

被取保候审、监视居住的犯罪嫌疑人、被告人违反取保候审、监视居住规定，情节严重的，可以予以逮捕。

第八十八条 人民检察院审查批准逮捕，可以讯问犯罪嫌疑人；有下列情形之一的，应当讯问犯罪嫌疑人：（一）对是否符合逮捕条件有疑问的；（二）犯罪嫌疑人要求向检察人员当面陈述的；（三）侦查活动可能有重大违法行为的。

人民检察院审查批准逮捕，可以询问证人等诉讼参与人，听取辩护律师的意见；辩护律师提出要求的，应当听取辩护律师的意见。

第九十条 人民检察院对于公安机关提请批准逮捕的案件进行审查后，应当根据情况分别作出批准逮捕或者不批准逮捕的决定。对于批准逮捕的决定，公安机关应当立即执行，并且将执行情况及时通知人民检察院。对于不批准逮捕的，人民检察院应当说明理由，需要补充侦查的，应当同时通知公安机关。

第九十五条 犯罪嫌疑人、被告人被逮捕后，人民检察院仍应当对羁押的必要性进行审查。对不需要继续羁押的，应当建议予以释放或者变更强制措施。有关机关应当在十日以内将处理情况通知人民检察院。

最高人民法院、最高人民检察院、公安部、国家安全部、司法部《关于办理刑事案件严格排除非法证据若干问题的规定》第一条 严禁刑讯逼供和以威胁、引诱、欺骗以及其他非法方法收集证据，不得强迫任何人证实自己有罪。对一切案件的判处都要重证据，重调查研究，不轻信口供。

第二条 采取殴打、违法使用戒具等暴力方法或者变相肉刑的恶劣手段，使犯罪嫌疑人、被告人遭受难以忍受的痛苦而违背意愿作出的供述……

■ 近似案例

张辉、张高平强奸案［（2013）浙法赔字第2号］

■ 案情介绍

王玉雷，男，1968年3月生，河北省顺平县人。2014年2月18日22时许，河北省顺平县公安局接王玉雷报案称：当日22时许，其在回家路上发现一名男子躺在地上，旁边有血迹。次日，顺平县公安局对此案立案侦查。经排查，顺平县公安局认为报案人王玉雷有重大嫌疑，遂于2014年3月8日以涉嫌故意杀人罪对王玉雷刑事拘留。

2014年3月15日，顺平县公安局提请顺平县人民检察院批准逮捕王玉雷。顺平县人民检察院办案人员在审查案件时，发现该案事实证据存在许多疑点和矛盾。在提讯过程中，王玉雷推翻了在公安机关所作的全部有罪供述，称有罪供述系被公安机关对其采取非法取证手段后作出。顺平县人民检察院认为，该案事实不清，证据不足，不符合批准逮捕条件。鉴于案情重大，顺平县人民检察院向保定市人民检察院进行了汇报。保定市人民检察院同意顺平县人民检察院的意见。2014年3月22日，顺平县人民检察院对王玉雷作出不批准逮捕的决定。

不批准逮捕理由，顺平县人民检察院在审查公安机关的报捕材料和证据后认为：

1. 该案主要证据之间存在矛盾，案件存在的疑点不能合理排除。公安机关认为王玉雷涉嫌故意杀人罪，但除王玉雷的有罪供述外，没有其他证据证实王玉雷实施了杀人行为，且有罪供述与其他证据相互矛盾。王玉雷先后9次接受侦查机关询问、讯问，其中前5次为无罪供述，后4次为有罪供述，前后供述存在矛盾；在有罪供述中，对作案工具有斧子、锤子、刨锛三种不同说法，但去向均未查明；供述的作案工具与尸体照片显示的创口形状不能同一认定。

2. 影响定案的相关事实和部分重要证据未依法查证，关键物证未收集在案。侦查机关在办案过程中，对以下事实和证据未能依法查证属实：被害人尸检报告没有判断出被害人死亡的具体时间，公安机关认定王玉雷的作案时间不足信；王玉雷作案的动机不明；现场提取的手套没有进行DNA鉴定；王玉雷供述的三种凶器均未收集在案。

3. 犯罪嫌疑人有罪供述属非法言词证据，应当依法予以排除。2014年3月18日，顺平县人民检察院办案人员首次提审王玉雷时发现，其右臂被石膏固定、活动吃力，在询问该伤情原因时，其极力回避，虽然对杀人行为予以供认，但供述内容无法排除案件存在的疑点。在顺平县人民检察院驻所检察室人员发现王玉雷胳膊打了绷带并进行询问时，王玉雷自称是骨折旧伤复发。监所检察部门认为公安机关可能存在违法提讯情况，遂通报顺平县人民检察院侦查监督部门，提示在批捕过程中予以关注。鉴于王玉雷伤情可疑,顺平县人民检察院办案人员向检察长进行了汇报,检察长在阅卷后,亲自到看守所提审犯罪嫌疑人,并对讯问过程进行全程录音录像。经过耐心细致的思想疏导,王玉雷消除顾虑,推翻了在公安机关所作的全部有罪供述,称被害人王某被杀不是其所为,其有罪供述系被公安机关采取非法取证手段后作出。

2014 年 3 月 22 日,顺平县人民检察院检察委员会研究认为,王玉雷有罪供述系采用非法手段取得,属于非法言词证据,依法应当予以排除。在排除王玉雷有罪供述后,其他在案证据不能证实王玉雷实施了犯罪行为,因此不应对其作出批准逮捕决定。

2014 年 3 月 22 日,顺平县人民检察院对王玉雷作出不批准逮捕决定。后公安机关依法解除王玉雷强制措施,予以释放。

顺平县人民检察院对此案进行跟踪监督,依法引导公安机关调查取证并抓获犯罪嫌疑人王斌。2014 年 7 月 14 日,顺平县人民检察院以涉嫌故意杀人罪对王斌批准逮捕。2015 年 1 月 17 日,保定市中级人民法院以故意杀人罪判处被告人王斌死刑,缓期 2 年执行,剥夺政治权利终身。被告人王斌未上诉,一审判决生效。

■ 疑难点释析

本案涉及非法证据如何认定、排除和怎样进行逮捕的必要性审查两个疑难点。

根据我国《刑事诉讼法》第 56 条的规定,采用刑讯逼供等非法方法收集的犯罪嫌疑人、被告人供述和采用暴力、威胁等非法方法收集的证人证言、被害人陈述,应当予以排除。收集物证、书证不符合法定程序,可能严重影响司法公正的,应当予以补正或者作出合理解释;不能补正或者作出合理解释的,对该证据应当予以排除。

在侦查、审查起诉、审判时发现有应当排除的证据的,应当依法予以排除,不得作为起诉意见、起诉决定和判决的依据。

有关非法言词证据排除规则之规定,我国 1996 年《刑事诉讼法》没有规定,后来 1998 年《刑诉解释》第 61 条规定:“严禁以非法的方法收集证据。凡经查证确实属于采用刑讯逼供或者威胁、引诱、欺骗等非法的方法取得的证人证言、被害人陈述、被告人供述,不能作为定案的根据。"《人民检察院刑事诉讼规则》也作了类似的规定。2010 年《关于办理刑事案件排除非法证据若干问题的规定》第 1 条规定:"采用刑讯逼供等非法手段取得的犯罪嫌疑人、被告人供述和采用暴力、威胁等非法手段取得的证人证言、被害人陈述,属于非法言词证据。"第 2 条规定:"经过依法确认的非法言词证据,应当予以排除,不能作为定案的根据。"新《刑事诉讼法》吸收了相关司法解释之规定,对非法言词证据排除规则作出了规定,因而具有重大的进步意义。对非法收集的言词证据予以绝对排除,是因为:(1)非法获得的言词证据,其真实性往往难以保障,也破坏了程序的正当性。运用非法手段获得的言词证据定案,不利于惩罚犯罪与保障人权并重的诉讼目的之实现。(2)德国、法国、日本等国家的立法以及英美国家的判例法,对非法收集的言词证据,均采取绝对的排除规则。(3)我国政府已经签署并被批准的《禁止酷刑和其他残忍、不人道或有辱人格的待遇或处罚公约》第 15 条规定:"每一缔约国应确保在任何诉讼程序中不得援引任何确属酷刑逼供作出的陈述为证据,但这类陈述可引作对被控施用酷刑逼供者起诉的证据。"本条第 3 款规定:"在侦查、审查起诉、审判时发现有应当排除的证据的,应当依法予以排除,不得作为起诉意见、起诉决定和判决的依据。"西方国家普遍采审判中心主义,因而非法证据的排除主要发生在审判阶段。鉴于我国刑事诉讼中诉讼阶段论的色彩还比较明显,立法部门要求有关机关在各自的诉讼阶段只要发现符合排除要求的非法证据均应当排除,可以说颇具中国特色,有利于非法证据在我国的排除。本款在实践中实施需要注意的是:有关部门一旦发现有应当排除的非法证据,不仅在形式上不得将此类证据作为书面的起诉意见书、起诉书和判决书之认定事实的根据,而且其办案人员在大脑中也尽可能地"忘记"此类应当排除的证据对其认定案件事实之影响,从而实现非法证据的实质性排除。

另外,《刑事诉讼法》第 57 条规定,人民检察院接到报案、控告、举报或者发现侦查人员以非法方法收集证据的,应当进行调查核实。对于确有以非法方法收集证据情形的,应当提出纠正意见;构成犯罪的,依法追究刑事责任。

检察机关是我国的法律监督机关,它的监督形式可以是派员参与案件的侦查,也可以是接到报案、控告、举报或者发现违法行为后进行调查核实,还可以是对公安机关移送审查起诉的材料进行审查。本案中,公安机关提起批准逮捕的申请,检察机关需要进行逮捕的必要性审查,对犯罪嫌疑人刑罚条件、证据条件和社会危害性条件进行审查,而检察审查后发现,公安机关提请批捕的证据材料是以非法方式获得的,根据法律规定,非法获得的言词一律排除,非法获得的犯罪嫌疑人的供述当然需要排除,由此可见,检察机关办理审查逮捕案件,要严格坚持证据合法性原则,既要善于发现非法证据,又要坚决排除非法证据。非法证据排除后,其他在案证据不能证明犯罪嫌疑人实施犯罪行为的,应当依法对犯罪嫌疑人作出不批准逮捕的决定。要加强对审查逮捕案件的跟踪监督,引导侦查机关全面及时收集证据,促进侦查活动依法规范进行。

■ 知识点梳理

1. 证据的合法性是证据的基本属性

所谓证据的合法性,是指证据的形式以及证据收集的主体、方法和程序应当符合法律的规定,并且证据必须经过法定的审查程序,其中重点强调证据收集手段、方法的合法性。《刑事诉讼法》第 52 条规定:“审判人员、检察人员、侦查人员必须依照法定程序,收集能够证实犯罪嫌疑人、被告人有罪或者无罪、犯罪情节轻重的各种证据。严禁刑讯逼供和以威胁、引诱、欺骗以及其他非法方法收集证据,不得强迫任何人证实自己有罪……”证据的合法性是证据的客观性与关联性的法律保障,对确保办案质量、体现诉讼正义价值意义重大。

为了保证证据的合法性,《刑事诉讼法》第 56 条规定了非法证据排除规则:“采用刑讯逼供等非法方法收集的犯罪嫌疑人、被告人供述和采用暴力、威胁等非法方法收集的证人证言、被害人陈述,应当予以排除。收集物证、书证不符合法定程序,可能严重影响司法公正的,应当予以补正或者作出合理解释;不能补正或者作出合理解释的,对该证据应当予以排除。在侦查、审查起诉、审判时发现有应当排除的证据的,应当依法予以排除,不得作为起诉意见、起诉决定和判决的依据。”《刑事诉讼法》第 56 条第 1 款规定:“法庭审理过程中,审判人员认为可能存在本法第五十四条规定的以非法方法收集证据情形的,应当对证据收集的合法性进行法庭调查。”法庭经对当事人及其辩护人、诉讼代理人提供的相关线索或者材料进行审查后，认为可能存在《刑事诉讼法》第 54 条规定的以非法方法收集证据情形的，应当对证据收集的合法性进行法庭调查。法庭调查的顺序由法庭根据案件审理情况确定。《人民检察院刑事诉讼规则》第 66 ~ 78 条也对非法证据排除规则从排除的种类、排除的范围、排除的程序等都作了相应的规定；《刑诉解释》第 123 ~ 138 条，对非法证据的排除作了明确规定，第 228 条则明确了法院可以在庭前会议中讨论是否排除非法证据。除此之外，《刑诉解释》第 74 ~ 76 条、第 79 条、第 91 条还分别就证人证言、书证、物证等不能排除非法证据情形的，依法予以排除。

2. 严格坚持非法证据排除规则

根据我国《刑事诉讼法》第 81 条的规定，逮捕的证据条件是“有证据证明有犯罪事实”，这里的“证据”必须是依法取得的合法证据，不包括采取刑讯逼供、暴力取证等非法方法取得的证据。检察机关在审查逮捕过程中，要高度重视对证据合法性的审查，如果接到犯罪嫌疑人及其辩护人或者证人、被害人等关于刑讯逼供、暴力取证等非法行为的控告、举报及提供的线索，或者在审查案件材料时发现可能存在非法取证行为，以及刑事执行检察部门反映可能存在违法提讯情况的，应当认真进行审查，通过当面讯问犯罪嫌疑人、查看犯罪嫌疑人身体状况、识别犯罪嫌疑人供述是否自然可信以及调阅提审登记表、犯罪嫌疑人入所体检记录等途径，及时发现非法证据，坚决排除非法证据。

3. 严格把握作出批准逮捕决定的条件

构建以客观证据为核心的案件事实认定体系，高度重视无法排除合理怀疑的矛盾证据，注意利用收集在案的客观证据验证、比对全案证据，守住“犯罪事实不能没有、犯罪嫌疑人不能搞错”的逮捕底线。要坚持惩罚犯罪与保障人权并重的理念，重视犯罪嫌疑人不在犯罪现场、没有作案时间等方面的无罪证据以及侦查机关可能存在的非法取证行为的线索。综合审查全案证据，不能证明犯罪嫌疑人实施了犯罪行为的，应当依法作出不批准逮捕的决定。要结合办理审查逮捕案件，注意发挥检察机关侦查监督作用，引导侦查机关及时收集、补充其他证据，促进侦查活动依法规范进行。

4. 羁押审查制度的必要性及注意事项

本案还涉及逮捕后的羁押审查制度，主要内容包括：一是逮捕后羁押审查的主体为检察机关；二是逮捕后羁押审查的内容是犯罪嫌疑人、被告人是否有羁押的必要性；三是逮捕后羁押审查程序的启动方式是由检察机关主动进行；四是逮捕后羁押审查的程序后果是对不需要继续羁押的，由检察机关建议予以释放或者变更强制措施，有关机关应在10日内向检察机关通知处理情况。要理解我国的羁押审查制度，需要强调在我国建立逮捕后羁押复查程序的必要性：

（1）逮捕后羁押复查程序的建立，填补了我国现行强制措施救济机制的缺陷。1996年《刑事诉讼法》第73条规定，人民法院、人民检察院和公安机关如果发现对犯罪嫌疑人、被告人采取强制措施不当的，应当及时撤销或者变更。该处所指的"采取强制措施不当"，就逮捕来说，即为审查逮捕程序中批准逮捕不当，导致对不符合逮捕条件的犯罪嫌疑人、被告人被错误适用逮捕，其审查的内容仅限于批准逮捕时的状况，而不包括批准逮捕后羁押必要性条件的变化情况，本次修正刑事诉讼法增加本条，有效弥补了这一缺陷，是值得肯定的。

（2）逮捕后羁押复审程序的建立，有利于解决我国实践中的"以捕代侦"问题。新《刑事诉讼法》建立逮捕后的羁押复查程序，有利于明确逮捕的诉讼保障功能，消除其侦查取证功能，从而尽可能缩短羁押的期限，解决我国实践中严重的超期羁押问题。

（3）对羁押的必要性进行持续审查是联合国以及许多国家和地区立法的通例。如联合国1988年12月9日批准的《保护所有遭受任何形式拘留或监禁的人的原则》第11条第3款明确规定："司法当局或其他当局应被授权根据情况对拘留的持续进行审查。"《意大利刑事诉讼法》第299条规定，在羁押的适用条件消失时，法官应当立即撤销。公诉人和被告人都有权向法官提出撤销或更换有关措施的申请，法官在5日内以裁定的形式作出决定。《日本刑事诉讼法》第87条规定："羁押理由或者羁押的必要消失后，法院应当依据检察官、被羁押的被告人或其辩护人、法定代理人、保佐人、配偶、直系亲属或兄弟姐妹的请求，或者依职权，以裁定撤销羁押。"在英国，辩方可以在被指控者第一次被带到治安法官面前时要求保释，如果申请失败，第二次要求保释可以在一周后提出，如果第二次申请也失败，任何进一步要求保释的申请将由法官自由裁量，但是如果辩方能提出以前从未提出过的新论据除外。《英国1988年刑事司法法》规定，被拒绝保释后，在被指控者羁押期间的每次听审中,决定(羁押)是否应被撤销,是法院的职责。[1]

在司法实践中,检察机关在行使羁押复查权时应当注意以下几点:

(1)在审查时间方面,在逮捕后两个月的侦查羁押期限即将届满时,检察机关应当主动审查对犯罪嫌疑人是否需要继续羁押。侦查机关提请延长侦查羁押期限时,检察机关除应审查原批捕决定是否正确,还应重点审查延长羁押期限的必要性。案件移送审查起诉、提起公诉以及进入二审程序时,检察机关应分别重新审查对犯罪嫌疑人、被告人是否需要继续羁押。

(2)在审查程序方面,羁押必要性复查程序也有必要引入言词性因素,给予辩护方通过当面陈述,表达犯罪嫌疑人、被告人不应当被继续羁押理由的机会。必要时,检察机关可以就是否需要继续羁押犯罪嫌疑人、被告人启动听证程序,直接与犯罪嫌疑人、被告人及其辩护人,以及侦查人员进行交流,甚至听取双方的辩论。

(3)尊重辩护方在羁押复审程序中的作用,及时将相关情况告知犯罪嫌疑人、被告人及其辩护人。如应公安机关申请,检察机关作出延长羁押期限的决定后,应当及时告知犯罪嫌疑人、被告人及其辩护人,以便他们提出申诉,或采取其他方式寻求救济。犯罪嫌疑人、被告人及其辩护律师,如果认为逮捕决定错误或不应当继续羁押,向检察机关提出申请,检察机关应及时启动羁押复查程序。

(4)切实发挥检察机关驻所检察部门的作用,对犯罪嫌疑人、被告人是否不应当羁押进行及时的审查,如果认为不应当继续羁押,应及时通知检察监督部门,以便后者及时启动羁押复查程序。

---

〔1〕[英]约翰·斯普莱特:《英国刑事诉讼程序》,徐美君、杨立涛译,中国人民大学出版社 2006 年版,第 129~130 页。

PART 03

普通程序

14
Case Study

李焕强故意毁坏财物案

刑事附带民事程序

■ 研读指导

1. 刑事附带民事诉讼的现实意义。
2. 如何处理刑事证明标准和民事证明标准关系问题?
3. 检察机关在附带民事诉讼中的地位问题。

■ 相关法条

《中华人民共和国刑事诉讼法》第一百零一条　被害人由于被告人的犯罪行为而遭受物质损失的,在刑事诉讼过程中,有权提起附带民事诉讼。被害人死亡或者丧失行为能力的,被害人的法定代理人、近亲属有权提起附带民事诉讼。如果是国家财产、集体财产遭受损失的,人民检察院在提起公诉的时候,可以提起附带民事诉讼。

■ 近似案例

梁祥伟等故意伤害案[(2016)辽01刑终5号]

■ 案情介绍

公诉机关:天津市红桥区人民检察院。

被告人、刑事附带民事诉讼被告:李焕强,男,46岁,汉族,无业,无固定住所。

1984 年因犯盗窃罪被判处有期徒刑 1 年 6 个月。2006 年 3 月 31 日因本案被逮捕。

刑事附带民事诉讼原告:李诚,男,51 岁,汉族,住天津市和平区宜昌道,经营个体运输。

刑事附带民事诉讼被告:天津市公安局红桥分局,住天津市红桥区新春街。

法定代表人:刘克建,该分局局长。

天津市红桥区人民检察院以被告人李焕强犯故意毁坏财物罪,向天津市红桥区人民法院提起公诉。在诉讼过程中,被害人李诚以李焕强、天津市公安局红桥分局(以下简称公安红桥分局)为被告,向天津市红桥区人民法院提起刑事附带民事诉讼。

天津市红桥区人民检察院指控:被告人李焕强于 2004 年 11 月 24 日 22 时许,携带未归还的、原打工单位的汽车钥匙,至红桥区丁字沽一号路福源楼停车场,趁停车场工作人员不备,将原打工单位停放在该停车场的一辆车牌号为津 A84941 的"华北"牌 HC6790 型中巴汽车开走。同年 11 月 25 日 20 时许,李焕强驾驶该车行驶至河东区红星路向阳楼 57 号楼附近时发生事故,将该车辆撞坏,李焕强将该车弃于河东区晨阳道天池里一号楼附近后逃逸。车主报案后,经公安机关侦察,涉案车辆于 2004 年 12 月 1 日被找到,当时车内安装的"厦华"牌车载电视及多碟 VCD 机被盗。经天津市红桥区价格认证中心评估,该汽车损坏价值为人民币 12,433 元,被盗的"厦华"牌车载电视及多碟 VCD 机价值为人民币 2250 元。公诉机关认为李焕强的上述行为触犯了《刑法》第 275 条的规定,构成故意毁坏财物罪,应依法追究其刑事责任。

公诉机关天津市红桥区人民检察院提交了以下证据:

1. 案件来源、抓获经过证明,用以证明本案发破案经过。

2. 被害人李诚陈述,主要内容是:本人从事个体客运运输。因招聘客车司机,于 2004 年 10 月 11 日通过"强辉"职业介绍所结识被告人李焕强,口头约定聘用李焕强为客车司机。此后,本人与林树臣签订了正式雇佣协议,并通知李焕强不再雇用他为司机。2004 年 11 月 2 日,林树臣发现其驾驶的车牌号为津 A84941 的"华北"牌 HC6790 型中巴汽车丢失,因李焕强未交还车钥匙,即与李焕强联系,确认系李焕强将该车开走,后将该车要回,当时未报警。2004 年 11 月 25 日 6 时许,本人得知该客车再次丢失后又与李焕强联系，而李焕强已经将手机关机。后由林树臣报警，通过公安机关将该车找到，发现车辆已经损坏，车内部分音像设备被盗。

3. 证人林树臣证言，主要内容与被害人李诚陈述一致。

4. 证人张庆山、张文才证言，主要内容是：二证人系公安红桥分局存车管理站丁字沽一号路福源楼停车场的看车人员。司机林树臣驾驶的牌照号为津 A84941 的白色中型客车一直在该存车场内存放。2004 年 11 月 2 日晨，林树臣取车时发现该车已不见，称可能是跟他共事的另一司机开走了，经打电话联系证实确实如此，后于当天下午将车开了回来。2004 年 11 月 25 日 3 时 30 分许，张庆山又发现该车已不见。林树臣于当日凌晨6 时左右来取车时不见该车，又打电话联系了一会儿，随后报警。

5. 证人宋锐、李万通、高殿忠证言，证实 2004 年 11 月底，一辆蓝白的中型客车停放在河东区天池里一号楼旁，车辆已部分损坏。

6. 物证照片，用以证明涉案车辆被毁损的情况。

7. 天津市红桥区价格认证中心价格鉴证结论书，用以证明涉案车辆被毁损的价值及被盗的车载音像设备的价值，共计人民币 14,683 元。

8. 被告人李焕强身份证明及其前科材料。

刑事附带民事诉讼原告李诚诉称：被告人、刑事附带民事诉讼被告李焕强在偷开涉案汽车后将车撞损，刑事附带民事诉讼被告公安红桥分局下属存车场未尽保管义务，给刑事附带民事诉讼原告造成经济损失，要求李焕强赔偿各项损失共计 423,646 元，公安红桥分局承担连带责任。

刑事附带民事诉讼原告李诚提交以下证据：

1. 天津市北辰区中华汽车修理厂出具的书证，证明该厂于 2004 年 12 月 3 日至 2005 年 1 月底曾对公安红桥分局送来的一辆牌照号为津 A84941 的华北牌大客车进行修理的事实。

2. 相关书证，用以证明李诚因本案遭受损失的情况，包括因不能履行与他人签订的客运合同而发生的违约金、保证金，以及未偿还的到期贷款等损失。

被告人、刑事附带民事诉讼被告李焕强对公诉机关指控的事实予以供认，且同意赔偿刑事附带民事诉讼原告李诚提出的损失，但表示现无赔偿能力。

刑事附带民事诉讼被告公安红桥分局辩称：刑事附带民事诉讼原告李诚的经

济损失系被告人李焕强犯罪行为所致，应由李焕强承担刑事附带民事赔偿责任，公安红桥分局与本案无关，不应承担任何责任。

天津市红桥区人民法院经审理查明：

刑事附带民事诉讼原告李诚从事个体客运业务，系牌照号为津 A84941 的“华北”牌 HC6790 型中巴汽车车主。被告人、刑事附带民事诉讼被告李焕强于 2004 年 10 月通过职业介绍所与李诚相识，双方口头约定由李焕强担任李诚的客车司机。后李诚表示不再雇用李焕强，李焕强对此心怀不满，蓄意伺机报复李诚。2004 年 11 月 24 日晚，李焕强来到位于红桥区丁字沽一号路福源楼附近的公安红桥分局下属停车场，趁工作人员不备，持未归还的汽车钥匙，将李诚存放于此的津 A84941 中巴车开走。次日 20 时许，李焕强驾驶该车行驶至河东区红星路向阳楼 57 号楼附近时与路边的电线杆相撞，导致车辆受损。李焕强将该客车丢弃于河东区晨阳道天池里一号楼附近，随后逃逸。公安机关经侦查，于 2004 年 12 月 1 日将该车找回，当时车内“厦华”牌车载电视及多碟 VCD 机各一台已经丢失。经天津市红桥区价格认证中心评估，该车辆损坏价值为人民币 12,433 元，被盗车载电视及 VCD 机价值为人民币 2250 元。2005 年 2 月 15 日，李焕强被抓获归案。最终，天津市红桥区人民法院依照《刑法》第 36 条第 1 款、第 275 条，《民法通则》第 106 条第 2 款之规定，判决如下：(1)被告人李焕强犯故意毁坏财物罪，判处有期徒刑 2 年。(2)被告人李焕强赔偿刑事附带民事诉讼原告李诚经济损失人民币 14,683 元。

一审宣判后，被告人李焕强、刑事附带民事诉讼原告李诚、刑事附带民事诉讼被告公安红桥分局在法定期间内均未提出上诉，检察机关未提出抗诉，一审判决发生法律效力。

■ 疑难点释析

1. 因他人偷开造成的车辆损失，被告人李焕强的行为构成盗窃罪还是构成故意毁坏财物罪。

本案起诉书指控被告人李焕强因被害人、刑事附带民事诉讼原告李诚不再雇用其为司机而心怀不满，继而蓄意泄愤报复，偷开李诚所有的涉案机动车，在发生事故后将该车丢弃,造成该车毁损、车上物品被盗的事实足以认定。结合李焕强在作案前与李诚之间发生的纠葛及其作案手段,同时考虑李诚明知李焕强尚未归还涉案机动车钥匙,案发前李焕强曾经有过偷开涉案机动车行为的事实,并根据李焕强本人供述等在案证据,可以认定李焕强的主要目的是报复李诚,其主观上不具有非法占有他人财产的目的,不具有盗窃犯罪故意,其行为亦不符合盗窃罪秘密窃取的行为特征,故不构成盗窃罪。根据最高人民法院《关于审理盗窃案件具体应用法律若干问题的解释》第 12 条第 4 项的规定,偷开机动车辆造成车辆损坏的,应当按照 1997 年《刑法》第 275 条的规定定罪处罚。1997 年《刑法》第 275 条规定,故意毁坏公私财物,数额较大或者有其他严重情节的,处 3 年以下有期徒刑、拘役或者罚金;数额巨大或者有其他特别严重情节的,处 3 年以上 7 年以下有期徒刑。综上,检察机关指控的事实及罪名成立,李焕强的行为已构成故意毁坏财物罪,且造成损失数额较大。李焕强对其犯罪事实能够如实供述,认罪态度较好,但其曾因盗窃罪受过刑事处罚,可在量刑时酌情予以考虑。

2. 刑事附带民事诉讼原告李诚以李焕强和公安红桥分局为刑事附带民事诉讼被告,并主张公安红桥分局对李焕强应负的刑事附带民事赔偿责任承担连带责任,应否支持。

被告人、刑事附带民事诉讼被告李焕强因偷开涉案机动车给刑事附带民事诉讼原告李诚造成经济损失,依法应承担刑事附带民事赔偿责任。根据最高人民法院《关于执行〈中华人民共和国刑事诉讼法〉若干问题的解释》第 86 条的规定,刑事附带民事诉讼中依法负有赔偿责任的人包括刑事被告人及没有被追究刑事责任的其他共同致害人、未成年刑事被告人的监护人、已被执行死刑的罪犯的遗产继承人、共同犯罪案件中在案件审结前已死亡的被告人的遗产继承人、其他对刑事被告人的犯罪行为依法应当承担民事赔偿责任的单位和个人。根据本案事实,刑事附带民事诉讼被告公安红桥分局虽然与李诚之间存在车辆保管合同关系,但不属于上述规定中依法负有刑事附带民事赔偿责任的人,其同李诚之间的合同纠纷,与因李焕强的犯罪行为引起的刑事附带民事赔偿责任系不同的法律关系,本案不予处理。李诚以公安红桥分局为刑事附带民事诉讼被告,并主张公安红桥分局对李焕强应负的刑事附带民事赔偿责任承担连带责任,没有事实根据和法律依据,依法不予支持。

3. 如何确定本案刑事附带民事赔偿范围。

根据最高人民法院《关于刑事附带民事诉讼范围问题的规定》第 1 条、第 2 条的规定,因人身权利受到犯罪侵犯而遭受物质损失或者财物被犯罪分子毁坏而遭受物质损失的,可以提起刑事附带民事诉讼。被害人因犯罪行为遭受的物质损失,是指被害人因犯罪行为已经遭受的实际损失和必然遭受的损失。据此,刑事附带民事赔偿的范围应当限定为被害人因犯罪行为遭受的直接经济损失。本案中,被告人、刑事附带民事诉讼被告李焕强的犯罪行为给刑事附带民事诉讼原告李诚造成的直接经济损失包括涉案车辆毁损的价值以及所丢失的车载音像设备的价值,共计人民币 14,683 元。李诚提出的营运损失、违约金损失、保证金损失等均不属于因犯罪行为遭受的直接经济损失,故对其相关主张不予支持。李诚可就上述间接经济损失另行提起民事诉讼。

根据我国《刑事诉讼法》相关司法解释,刑事附带民事诉讼中依法负有赔偿责任的人包括刑事被告人及没有被追究刑事责任的其他共同致害人、未成年刑事被告人的监护人、已被执行死刑的罪犯的遗产继承人、共同犯罪案件中在案件审结前已死亡的被告人的遗产继承人、其他对刑事被告人的犯罪行为依法应当承担民事赔偿责任的单位和个人。

根据最高人民法院《关于审理盗窃案件具体应用法律若干问题的解释》第 12 条第 4 项的规定,行为人不具有非法占有公私财产的目的,而是出于其他目的偷开机动车辆造成车辆损坏的,应当按照 1997 年《刑法》第 275 条的规定,以故意毁坏财物罪定罪处罚。对于偷开他人车辆并造成损失的犯罪人而言,依法应承担刑事附带民事赔偿责任。

行为人从停车场将他人的机动车偷开后造成车辆损坏,构成故意毁坏财物罪的,虽然开办停车场的单位与车主之间存在车辆保管合同关系,但该单位不属于依法负有刑事附带民事赔偿责任的主体,其与车主之间发生的合同纠纷同因犯罪行为引起的刑事附带民事赔偿责任系不同的法律关系。车主以该单位为刑事附带民事诉讼被告,并主张该单位对犯罪人应负的刑事附带民事赔偿责任承担连带责任的,依法不予支持。而负有车辆保管责任的单位与车主间是车辆保管合同关系,该单位不属于依法负有刑事附带民事赔偿责任的人的范围,二者发生的纠纷系合同纠纷,与犯罪行为引起的刑事附带民事赔偿责任是不同的法律关系。如果车主主张负有车辆保管责任的单位对犯罪人应负的刑事附带民事赔偿责任承担连带责任,并以该单位为被告提起诉讼的,因缺乏事实和法律依据,法院不予支持。

根据最高人民法院《关于刑事附带民事诉讼范围问题的规定》第1条、第2条的规定,因人身权利受到犯罪侵犯而遭受物质损失或者财物被犯罪分子毁坏而遭受物质损失的,可以提起刑事附带民事诉讼。被害人因犯罪行为遭受的物质损失,是指被害人因犯罪行为已经遭受的实际损失和必然遭受的损失。据此,刑事附带民事赔偿的范围应当限定为被害人因犯罪行为遭受的直接经济损失。车主因犯罪行为遭受的物质损失,包括已经遭受的实际损失和必然遭受的损失。据此,刑事附带民事赔偿的范围应当限定为被害人因犯罪行为遭受的直接经济损失。

■ 知识点梳理

在现实生活中,行为人的同一犯罪行为在实体上可能会引起两种不同的法律责任:一是因侵害国家或者社会利益而对国家所负的刑事责任;二是因犯罪行为给他人造成损失而负有民事赔偿责任。两种不同的实体法律责任在诉讼上分别对应两种不同的诉讼形式——刑事诉讼和民事诉讼。这两种诉讼均由同一犯罪行为引发,因而具有特殊的关联。在具体的处理上,可以将犯罪行为引起的损害赔偿问题交给刑事诉讼程序附带解决,如法、德、意、俄等国;也可以另行提起民事诉讼程序予以解决,如美、日、韩等国。这些不同的处理方式背后有着不同的考虑:将损害赔偿问题交给刑事诉讼程序附带解决,其出发点是基于两种诉讼的共同事实基础,可以节约成本、提高效率,同时可以避免两种诉讼出现截然相反的结果,违背普通民众的朴素认知;完全交给民事诉讼解决,则是看到了两种诉讼的性质、适用的程序规则、证明责任和证明标准均不相同,不能混为一谈。我国《刑事诉讼法》主要采第一种处理方式,一般将损害赔偿问题交给刑事诉讼程序附带解决,但也不排除在刑事诉讼程序之外,单独提起民事诉讼要求损害赔偿。

《刑事诉讼法》第101条规定:"被害人由于被告人的犯罪行为而遭受物质损失的,在刑事诉讼过程中,有权提起附带民事诉讼。被害人死亡或者丧失行为能力的,被害人的法定代理人、近亲属有权提起附带民事诉讼。如果是国家财产、集体财产遭受损失的,人民检察院在提起公诉的时候,可以提起附带民事诉讼。"附带民事诉讼的提起必须具备以下条件：

1. 附带民事诉讼必须以刑事诉讼的成立为前提。附带民事诉讼是由刑事诉讼派生的，是在追究行为人的刑事责任的同时，附带追究行为人的损害赔偿责任。因此，附带民事诉讼必须以刑事诉讼的成立为前提，如果刑事诉讼不成立，附带民事诉讼就失去了存在的基础。但是，刑事诉讼的成立并不以被告人的行为实际构成犯罪为前提。如果被告人的行为不构成犯罪，仅构成民事侵权，在这种情况下，能否提起附带民事诉讼，要视刑事诉讼的阶段而定。如果在侦查和起诉阶段，刑事诉讼部分作了撤销案件或者不起诉的处理决定，意味着刑事诉讼已经终结，刑事诉讼不复存在，附带民事诉讼也就失去了存在的前提，被害人只能向民事法庭提起独立的民事赔偿之诉。如果案件已经到了法院审判阶段，则被害人可以提出附带民事诉讼，法院经过审理，可以就刑事部分作出无罪的刑事判决，附带民事部分作出赔偿损失的附带民事判决。

2. 提起附带民事诉讼的主体合格。有权提起附带民事诉讼的主体包括：(1)因犯罪行为而遭受物质损失的自然人、法人和其他组织。《刑事诉讼法》中的“被害人”，作为犯罪侵害的对象，既包括自然人，也包括法人和其他组织，二者都可能因犯罪行为遭受物质损失。在伤害罪、杀人罪等以侵害特定人身权利为对象的犯罪中，被害人当然只能是自然人，但是在有些情况下被害人也可以是企业、事业单位、机关、团体等。(2)被害人是未成年人或者精神病人等无行为能力或者限制行为能力人时，其法定代理人可以代为提起附带民事诉讼，但无行为能力或者限制行为能力的被害人本人仍然列为附带民事诉讼的原告。(3)被害人死亡的，其近亲属可以提起附带民事诉讼。此时，已死亡被害人的法律主体资格已经消灭，其近亲属列为附带民事诉讼的原告。(4)如果是国家财产、集体财产遭受损失的，受损失的单位未提起附带民事诉讼的，人民检察院在提起公诉的同时可以提起附带民事诉讼。

3. 犯罪行为给被害人造成了物质损失。这一条件包含了两个相互关联的方面：首先，被害人所遭受的损失是物质性的。所谓物质损失，是相对于精神损失而言的，指可以用金钱计算的损失。其次，被害人遭受的物质损失是由被告人的犯罪行为直接造成。被告人的犯罪行为与被害人遭受的物质损失之间必须存在因果关系。

4. 附带民事诉讼必须有明确的被告和具体的诉讼请求。附带民事诉讼的被告，一般是刑事诉讼的被告人，但在特殊情况下，应当赔偿物质损失的附带民事诉讼被告，却不是承担刑事责任的被告人。根据《刑诉解释》第 143 条的规定，主要指以下几种情形：(1)未成年刑事被告人的监护人。监护人承担民事责任是由其特定的监护关系以及没有尽到监护职责而引起，但这种情况下的附带民事诉讼被告仍应列刑事被告人本人，只不过其赔偿责任要由监护人承担。(2)未被追究刑事责任的其他共同致害人。这种情形主要指数人共同犯罪案件中，有的被告人被追究刑事责任而交付法院审判，有的被公安机关作出劳动教养或者行政拘留处理，有的被人民检察院作出不起诉决定。在这些情况下，被作出其他处理的同案人都可以作为附带民事诉讼的被告。这是因为，虽然刑事责任的承担是严格的个人责任，但共同致害的民事侵权责任的承担却是实行连带责任，各加害人都应对物质损失共同承担民事赔偿责任。(3)已被执行死刑的罪犯的遗产继承人和共同犯罪案件中案件审结前已死亡的被告人的遗产继承人。在这两种情况下对被害人的经济赔偿应当看作是已经死亡的刑事被告人生前所负的债务，属于遗产的清偿范围。但是，如果该继承人声明放弃继承则不得继续以其为被告。(4)其他对刑事被告人的犯罪行为依法应当承担民事赔偿责任的单位和个人。这里的单位作广义理解，既可以是法人组织，也可以是非法人组织。

2018 年《刑事诉讼法》继续保留本条，但修改依旧未涉及附带民事诉讼的赔偿范围，尤其是对精神损害赔偿能否提起附带民事诉讼的问题，并未改变原《刑事诉讼法》的立场。根据原《刑事诉讼法》第 77 条，只有当被害人遭受的损失是物质损失时，才可以提起附带民事诉讼。最高人民法院 2000 年 12 月 4 日通过的《关于刑事附带民事诉讼范围问题的规定》第 1 条第 2 款明确规定："对于被害人因犯罪行为遭受精神损失而提起附带民事诉讼的，人民法院不予受理。"最高人民法院于 2002 年 7 月 15 日发布的《关于人民法院是否受理刑事案件被害人提起精神损害赔偿民事诉讼问题的批复》进一步规定，对于刑事案件被害人因被告人的犯罪行为而遭受精神损失，无论是提起附带民事诉讼，还是在该刑事案件审结以后，被害人另行提起精神损害赔偿民事诉讼，人民法院均不予受理。但是，对于犯罪行为造成的精神损害允许被害人提起赔偿诉讼，这已经成为法学界的共识。同时，1986 年的《民法通则》、最高人民法院 1988 年发布的《关于贯彻执行〈中华人民共和国民法通则〉若干问题的意见(试行)》,2012 年修改的《国家赔偿法》、2020 年 5 月 28 日通过的《民法典》均对精神损害赔偿进行肯定。2020 年 12 月 29 日发布的《关于确定民事侵权精神损害赔偿责任若干问题的解释》进一步扩大了精神损害赔偿的范围。依据 2012 年修改的《国家赔偿法》第 35 条的规定"有本法第三条或者第十七条规定情形之一,致人精神损害的,应当在侵权行为影响的范围内,为受害人消除影响,恢复名誉,赔礼道歉;造成严重后果的,应当支付相应的精神损害抚慰金"。精神损害赔偿在国家赔偿制度中的缺失一直饱受诟病,此次进行修改对于精神损害赔偿制度无疑是一个巨大的进步,是国家赔偿中对于精神损害赔偿的第一次肯定,最高人民法院 2003 年 12 月 26 日发布的《关于审理人身损害赔偿案件适用法律若干问题的解释》第 1 条规定:"因生命、健康、身体遭受侵害,赔偿权利人起诉请求赔偿义务人赔偿财产损失和精神损害的,人民法院应予受理。"2022 年 2 月 15 日通过的最高人民法院《关于修改〈最高人民法院关于审理人身损害赔偿案件适用法律若干问题的解释〉的决定》第 1 条规定:"因生命、身体、健康遭受侵害,赔偿权利人起诉请求赔偿义务人赔偿物质损害和精神损害的,人民法院应予受理。"为全面追究行为人的法律责任,并为民事、刑事法律之间的协调考虑,理应将附带民事诉讼的请求范围扩大到精神损害赔偿。《民法典》第 1183 条规定:"侵害自然人人身权益造成严重精神损害的,被侵权人有权请求精神损害赔偿。因故意或者重大过失侵害自然人具有人身意义的特定物造成严重精神损害的,被侵权人有权请求精神损害赔偿。"犯罪也是侵犯被害人合法权益的行为,既然因为犯罪行为引起的物质损失可以附带民事诉讼要求赔偿,因犯罪行为引起的精神损害赔偿也应获得法律支持。

15
Case Study

王某某非法狩猎案

检察机关提起公益诉讼程序

■ 研读指导

1. 什么是公益诉讼？
2. 公益诉讼设置的意义。

■ 相关法条

《中华人民共和国刑事诉讼法》第一百零一条　被害人由于被告人的犯罪行为而遭受物质损失的，在刑事诉讼过程中，有权提起附带民事诉讼。被害人死亡或者丧失行为能力的，被害人的法定代理人、近亲属有权提起附带民事诉讼。

如果是国家财产、集体财产遭受损失的，人民检察院在提起公诉的时候，可以提起附带民事诉讼。

最高人民法院、最高人民检察院《〈关于检察公益诉讼案件适用法律若干问题〉的解释》第一条　为正确适用《中华人民共和国民事诉讼法》《中华人民共和国行政诉讼法》关于人民检察院提起公益诉讼制度的规定，结合审判、检察工作实际，制定本解释。

第二条　人民法院、人民检察院办理公益诉讼案件主要任务是充分发挥司法审判、法律监督职能作用，维护宪法法律权威，维护社会公平正义，维护国家利益和社会公共利益，督促适格主体依法行使公益诉权，促进依法行政、严格执法。

第三条　人民法院、人民检察院办理公益诉讼案件，应当遵守宪法法律规定，遵循诉讼制度的原则，遵循审判权、检察权运行规律。

第四条　人民检察院以公益诉讼起诉人身份提起公益诉讼，依照民事诉讼法、行政诉讼法享有相应的诉讼权利，履行相应的诉讼义务，但法律、司法解释另有规定的除外。

■ 近似案例

秦家学滥伐林木刑事附带民事公益诉讼案[(2018)湘3125刑初5号]

■ 案情介绍

2017年12月，被告人王某某与另一被告人商量到东乌珠穆沁旗狩猎野生鸟，准备出售给东北地区的“野味店”供食客食用。两人分别负责寻找狩猎野生鸟的地方和提供交通工具及相关支出，并联系被告人郝某某一同前往。被告人郝某某负责提供狩猎野生鸟时所使用的谷物糜子、克百威、食用油。王某某等三人商定平分所得经济利益。2017年12月20日，王某某等三人一同驾车从吉林省松原市来到内蒙古自治区锡林郭勒盟东乌珠穆沁旗乌里雅斯太镇，在第九加油站北1公里附近的草滩上投撒事先用苜蓿草籽和百克威配置好的60斤毒饵。2017年12月21日晚，王某某等三人到投放毒饵现场，捡回被毒死的百灵鸟十余只。2018年1月16日，东乌珠穆沁旗森林公安民警在乌里雅斯太镇第九加油站北1公里处路东500米草滩内发现大量野生百灵鸟死体，共计870只。2018年3月12日，东乌珠穆沁旗森林公安民警再次到上述地点巡查时又发出大量野生百灵鸟死体，共计3614只。经查，王某某等三人先后毒杀了4484只百灵鸟，其中，被毒杀的3735只蒙古百灵和165只角百灵均被列入《国家保护的有益的或者有重要经济、科学研究价值的陆生野生动物名录》。刑事案件侦查阶段，东乌珠穆沁旗人民检察院提前介入，查阅证据材料，并引导公安机关重点侦查非法狩猎人毒杀鸟类的种类、数量，对草原生态环境的影响等公益损害方面的违法事实。经审查认定，王某某等三人猎杀4484只百灵鸟的行为严重破坏草原生态平衡和草原生物多样性，严重损害社会公共利益。2018年5月，东乌珠穆沁旗人民检察院将王某某等三人以涉嫌非法狩猎罪起诉至东乌珠穆沁旗人民法院，同时提起刑事附带民事公益诉讼，请求法院判令王某某等三人对非法猎杀百灵鸟产生的国家财产损失、生态经济价值损失、鉴定费用等共计 440.45 万元承担连带赔偿责任,并在新闻媒体上向社会公开赔礼道歉。2018 年 11 月 21 日,东乌珠穆沁旗人民法院作出一审判决,对检察机关提出的公益诉讼请求中生态经济价值损失、鉴定费用、赔礼道歉三项予以支持,驳回赔偿国有财产损失的诉讼请求。检察机关依法向锡林郭勒盟中级人民法院提出上诉,二审判决撤销原判决,依法改判支持了检察机关的全部诉讼请求。

■ 疑难点释析

1. 本案属于什么性质案件？本案为什么由检察机关提出？

本案显然属于破坏生态环境和资源保护这一损害社会公共利益的犯罪行为,东乌珠穆沁旗人民检察院对本案提起刑事附带民事公益诉讼,不仅遵循了规范依据,也符合刑事附带民事公益诉讼的制度定位。本案中,二审法院最终支持了检察机关的全部诉讼请求,被告人王某某等三人除了负刑事责任外,还对其犯罪行为造成的损失,依法承担民事赔偿责任,包括国家财产损失、生态经济价值损失、鉴定费用等,并在新闻媒体上向社会公开赔礼道歉。可见,刑事附带民事诉讼不仅保护法益,更保护公益,以强有力的制裁手段对此类犯罪产生震慑作用,呈现过往未曾有过的司法保护力度。

2. 本案的赔偿数额是如何确定的？

在刑事附带民事公益诉讼中,检察机关应当承担证明责任,以确保控诉的有效性。而在检察机关需要举证证明的事项中,对于案件基本事实的证明仍属于检察机关的"常规操作",但刑事附带民事公益诉讼中往往还涉及国家财产损失、生态经济价值损失,其赔偿数额的具体认定需要检察机关借助"专门知识"加以证明,具有一定难度。本案一审中,对于国家财产损失 395.97 万元的主张,附带民事公益诉讼起诉人向一审法院提交了东乌珠穆沁旗林业水利局出具的《野生动物价值说明》。一审法院认为,东乌珠穆沁旗林业水利局不具有价格鉴定资质,驳回赔偿国有财产损失的诉讼请求。东乌珠穆沁旗人民检察院提出上诉,理由在于:其一,一审判决已经对三被上诉人涉案犯罪事实给予依法认定,可以证实毒杀百灵鸟的事实客观存在;其二,三被上诉人毒杀百灵鸟的数量及品种是明确的;其三,三被上诉人毒杀的百灵鸟的价格认定标准是明确的;其四,东乌珠穆沁旗林业水利局出具的《野生动物价值说明》符合相关文件及附件的规定，能够证实涉案百灵鸟的国家经济损失价值。在东乌珠穆沁旗人民检察院所提出的四项上诉请求的事实和理由中，第二、三项均涉及被毒杀鸟类的数量、品种和价值，这需要相关鉴定机构进行判断并出具意见；而第四项则关乎《野生动物价值说明》是否具备证明相关经济价值损失的效力。一审法院驳回赔偿国有财产损失的诉讼请求，是因为认定出具《野生动物价值说明》的东乌珠穆沁旗林业水利局不具有价格鉴定资质。在二审审理过程中，上诉人东乌珠穆沁旗人民检察院提交了由张家口鼎盛林业司法鉴定中心出具的司法鉴定意见书，二审法院认为，该司法鉴定意见符合法律规定，法院予以支持，三被上诉人应共同予以赔偿，并承担连带责任。

在刑事附带民事公益诉讼中，检察机关需要证明社会公益损害、国有财产损失的具体数额。传统上，公安机关并不收集此类证据。环境公共利益损害、国有财产损失以及修复费用，一般需要通过鉴定的方式证明。但在我国基层许多县市，符合要求的鉴定机构很少，且鉴定费用较高，一些案件的鉴定费用甚至超过损害数额。相关鉴定费用主要由检察机关支付，但长年来检察机关办案费用始终紧张，导致检察机关在刑事附带民事公益诉讼中证明具体赔偿数额存在难度。为解决这一问题，可能的方向是借助“有专门知识的人”出庭提供专业意见，以更为灵活的证明方式降低鉴定成本。最高人民法院《关于审理环境侵权责任纠纷案件适用法律若干问题的解释》第 9 条规定：“当事人申请通知一至两名具有专门知识的人出庭，就鉴定意见或者污染物认定、损害结果、因果关系、修复措施等专业问题提出意见的，人民法院可以准许。当事人未申请，人民法院认为有必要的，可以进行释明。具有专门知识的人在法庭上提出的意见，经当事人质证，可以作为认定案件事实的根据。”涉及生态环境和资源保护的案件中，损害行为和损害结果之间的因果关系以及具体赔偿数额的认定，均具有一定专业性，因此需要“有专门知识的人”为法庭审理和司法裁判提供知识上的帮助。本案中，王某某等三名被告人不满一审裁判结果并提出上诉，其理由包括被毒杀百灵鸟的数量、撒药面积和地点、是否存在其他导致百灵鸟死亡的可能以及赔偿额度过高，这些争议点均是需要基于“专门知识”进行判断的。

■ 知识点梳理

2018年最高人民法院、最高人民检察院《关于检察公益诉讼案件适用法律若干问题的解释》(以下简称《检察公益诉讼解释》),明确增加了刑事附带民事公益诉讼类型。《检察公益诉讼解释》要求,人民检察院对在履行职责中发现的生态环境和资源保护、食品药品安全、国有财产保护、国有土地使用权出让、英烈权益保护等领域损害国家利益或者社会公共利益的案件,应当根据《刑事诉讼法》《民事诉讼法》《行政诉讼法》等法律规定,以诉讼方式履行宪法所赋予的法律监督职责。《检察公益诉讼解释》第20条规定:“人民检察院对破坏生态环境和资源保护、食品药品安全领域侵害众多消费者合法权益等损害社会公共利益的犯罪行为提起刑事公诉时,可以向人民法院一并提起附带民事公益诉讼,由人民法院同一审判组织审理。人民检察院提起的刑事附带民事公益诉讼案件由审理刑事案件的人民法院管辖。”

1. 刑事附带民事公益诉讼有利于发挥检察机关法律监督职能,维护宪法法律权威,维护社会公平正义,维护国家利益和社会公共利益。检察机关是行使公权力的国家机关,办理公益诉讼案件是履行法律监督职能的职权行为,因此,检察机关的诉讼地位具有其特殊性。《检察公益诉讼解释》明确检察机关以“公益诉讼起诉人”的身份提起公益诉讼,更加合理、明确地界定了检察机关提起诉讼的身份。[1]本案中,东乌珠穆沁旗人民检察院一方面履行法律监督职能,无论是提前介入侦查、提起刑事附带民事公益诉讼,还是针对一审判决依法提出上诉,均有效地将法律监督职能贯穿程序始终;另一方面,牢牢坚持“保护公益”这一核心要旨,草原上的百灵鸟被大量毒杀导致草原生物多样性及生态平衡受到破坏,检察机关依法启动刑事附带民事公益诉讼程序,追究非法狩猎者的环境侵权责任,保护了草原生态资源,维护了受损的社会公共利益。

2. 刑事附带民事公益诉讼彰显检察机关坚持打击刑事犯罪与赔偿损失、修复

---

〔1〕 张雪樵:《〈关于检察公益诉讼案件适用法律若干问题的解释〉的理解与适用》,载《人民检察》2018年第7期。

生态并重的办案理念，加强了维护生态平衡和生物多样性的司法保护力度。独立的刑事或民事诉讼无法形成合力，以至于法益和公益保护难以协同，甚至本应兑现的制度功能亦遭遇尴尬。例如，过往我国污染环境罪的量刑大多适用基础量刑，仅5%左右的案件适用加重量刑，而在97%的基础量刑中还适用缓刑。结果即是，传统刑罚既不能遏制污染环境犯罪，也无法恢复被破坏的环境。而在此类案件中适用刑事附带民事公益诉讼，其客观效果不仅表现在可以直接修复环境，让被告人承担生态修复和功能损失的费用，也大大提升了环境刑事制裁的威慑力。[1]

3. 刑事附带民事公益诉讼有助于提高办案效率、节约司法资源。本案中，检察机关在办案过程中发现，犯罪嫌疑人王某某等三人猎杀4484只百灵鸟，严重破坏草原生态平衡和草原生物多样性，严重损害了国家利益和社会公共利益，因此依法提起刑事附带民事公益诉讼。通过刑事附带民事公益诉讼，检察机关在依法追究行为人刑事责任的同时，能够一并追究其损害社会公共利益的民事责任，提高了诉讼效率，节约了诉讼资源。与独立的民事公益诉讼相比，刑事附带民事公益诉讼往往能够形成追责合力。东乌珠穆沁旗人民检察院即坚持"一案双查"，提前介入侦查，并引导公安机关就公益受损事实进行补充侦查，为公益诉讼案件办理奠定了扎实基础。同时，刑事附带民事公益诉讼不仅在个案层面加大了对破坏野生动物资源与生态环境犯罪的打击力度，对保护野生动物、保护生态环境具有积极意义；而且针对在野生动物与生态环境保护中的监管漏洞，检察机关也能够依法提出检察建议，督促相关机关履职整改。

---

〔1〕　刘艺：《刑事附带民事公益诉讼的协同问题研究》，载《中国刑事法杂志》2019年第5期。

16 Case Study

齐某强奸猥亵儿童案

刑事一审程序

■ 研读指导

1. 法院在审判中如何对证据进行综合审查和判断？
2. 法院运用间接证据定案的规则。

■ 相关法条

《中华人民共和国刑事诉讼法》第五十五条　对一切案件的判处都要重证据，重调查研究，不轻信口供。只有被告人供述，没有其他证据的，不能认定被告人有罪和处以刑罚；没有被告人供述，证据确实、充分的，可以认定被告人有罪和处以刑罚。

证据确实、充分，应当符合以下条件：（一）定罪量刑的事实都有证据证明；（二）据以定案的证据均经法定程序查证属实；（三）综合全案证据，对所认定事实已排除合理怀疑。

最高人民法院《关于适用〈中华人民共和国刑事诉讼法〉的解释》第一百三十九条　对证据的真实性，应当综合全案证据进行审查。

对证据的证明力，应当根据具体情况，从证据与案件事实的关联程度、证据之间的联系等方面进行审查判断。

第一百四十条　没有直接证据，但间接证据同时符合下列条件的，可以认定被告人有罪：（一）证据已经查证属实；（二）证据之间相互印证，不存在无法排除的矛盾和无法解释的疑问；（三）全案证据形成完整的证据链；（四）根据证据认定案件事实足以排除合理怀疑，结论具有唯一性；（五）运用证据进行的推理符合逻辑和经验。

《中华人民共和国刑法》第二百三十六条　以暴力、胁迫或者其他手段强奸妇女的，处三年以上十年以下有期徒刑。

奸淫不满十四周岁的幼女的，以强奸论，从重处罚。

强奸妇女、奸淫幼女，有下列情形之一的，处十年以上有期徒刑、无期徒刑或者死刑：(一)强奸妇女、奸淫幼女情节恶劣的；(二)强奸妇女、奸淫幼女多人的；(三)在公共场所当众强奸妇女、奸淫幼女的；(四)二人以上轮奸的；(五)奸淫不满十周岁的幼女或者造成幼女伤害的；(六)致使被害人重伤、死亡或者造成其他严重后果的。

第二百三十七条　以暴力、胁迫或者其他方法强制猥亵他人或者侮辱妇女的，处五年以下有期徒刑或者拘役。

聚众或者在公共场所当众犯前款罪的，或者有其他恶劣情节的，处五年以上有期徒刑。

猥亵儿童的，处五年以下有期徒刑；有下列情形之一的，处五年以上有期徒刑：(一)猥亵儿童多人或者多次的；(二)聚众猥亵儿童的，或者在公共场所当众猥亵儿童，情节恶劣的；(三)造成儿童伤害或者其他严重后果的；(四)猥亵手段恶劣或者有其他恶劣情节的。

最高人民法院、最高人民检察院、公安部、司法部《关于依法惩治性侵害未成年人犯罪的意见》2. 对于性侵害未成年人犯罪，应当依法从严惩治。

23. 在校园、游泳馆、儿童游乐场等公共场所对未成年人实施强奸、猥亵犯罪，只要有其他多人在场，不论在场人员是否实际看到，均可以依照刑法第二百三十六条第三款、第二百三十七条的规定，认定为在公共场所"当众"强奸妇女，强制猥亵、侮辱妇女、猥亵儿童。

25. 针对未成年人实施强奸、猥亵犯罪的，应当从重处罚，具有下列情形之一的，更要依法从严惩处：

(1)对未成年人负有特殊职责的人员、与未成年人有共同家庭生活关系的人员、国家工作人员或者冒充国家工作人员，实施强奸、猥亵犯罪的；

(2)进入未成年人住所、学生集体宿舍实施强奸、猥亵犯罪的；

(3)采取暴力、胁迫、麻醉等强制手段实施奸淫幼女、猥亵儿童犯罪的；

（4）对不满十二周岁的儿童、农村留守儿童、严重残疾或者精神智力发育迟滞的未成个人，实施强奸、猥亵犯罪的；

（5）猥亵多名未成年人，或者多次实施强奸、猥亵犯罪的；

（6）造成未成年被害人轻伤、怀孕、感染性病等后果的；

（7）有强奸、猥亵犯罪前科劣迹的。

■ 近似案例

张正义强奸案［（2014）黔高刑二终字第58号］

■ 案情介绍

被告人齐某，男，1969年1月出生，原系某县某小学班主任。

2011年夏天至2012年10月，被告人齐某在担任班主任期间，利用午休、晚自习及宿舍查寝等机会，在学校办公室、教室、洗澡堂、男生宿舍等处多次对被害女童A（10岁）、B（10岁）实施奸淫、猥亵，并以带A女童外出看病为由，将其带回家中强奸。齐某还在女生集体宿舍等地多次猥亵被害女童C（11岁）、D（11岁）、E（10岁），猥亵被害女童F（11岁）、G（11岁）各一次。

2013年4月14日，某市人民检察院以齐某犯强奸罪、猥亵儿童罪对其提起公诉。5月9日，某市中级人民法院依法不公开开庭审理本案。9月23日，该市中级人民法院作出判决，认定齐某犯强奸罪，判处死刑缓期2年执行，剥夺政治权利终身；犯猥亵儿童罪，判处有期徒刑4年5个月；决定执行死刑，缓期2年执行，剥夺政治权利终身。被告人未上诉，判决生效后，报某省高级人民法院复核。

2013年12月24日，某省高级人民法院以原判认定部分事实不清为由，裁定撤销原判，发回重审。

2014年11月13日，某市中级人民法院经重新审理，作出判决，认定齐某犯强奸罪，判处无期徒刑，剥夺政治权利终身；犯猥亵儿童罪，判处有期徒刑4年6个月；决定执行无期徒刑，剥夺政治权利终身。齐某不服提出上诉。

2016年1月20日，某省高级人民法院经审理，作出终审判决，认定齐某犯强奸罪,判处有期徒刑6年,剥夺政治权利1年;犯猥亵儿童罪,判处有期徒刑4年6个月;决定执行有期徒刑10年,剥夺政治权利1年。

某省人民检察院认为该案终审判决确有错误,提请最高人民检察院抗诉。最高人民检察院经审查,认为该案适用法律错误,量刑不当,应予纠正。2017年3月3日,最高人民检察院依照审判监督程序向最高人民法院提出抗诉。

2017年12月4日,最高人民法院依法不公开开庭审理本案,最高人民检察院指派检察员出席法庭,辩护人出庭为原审被告人进行辩护。

法庭调查阶段,针对原审被告人不认罪的情况,检察员着重就齐某辩解与在案证据是否存在矛盾,以及有无其他证据或线索支持其辩解进行发问和举证,重点核实以下问题:案发前齐某与被害人及其家长关系如何,是否到女生宿舍查寝,是否多次单独将女生叫出教室,是否带女生回家过夜。齐某当庭供述与被害人及其家长没有矛盾,承认曾到女生宿舍查寝,为女生揉肚子,单独将女生叫出教室问话,带女生外出看病以及回家过夜。通过当庭讯问,进一步印证了被害人陈述细节的真实性、客观性。

法庭辩论阶段,检察员发表出庭意见:

1.原审被告人齐某犯强奸罪、猥亵儿童罪的犯罪事实清楚,证据确实充分。(1)各被害人及其家长和齐某在案发前没有矛盾。报案及时,无其他介入因素,可以排除诬告的可能。(2)各被害人陈述内容自然合理,可信度高,且有同学的证言予以印证。被害人对于细节的描述符合正常记忆认知、表达能力,如齐某实施性侵害的大致时间、地点、方式、次数等内容基本一致。因被害人年幼、报案及作证距案发时间较长等客观情况,具体表达存在不尽一致之处,完全正常。(3)各被害人陈述的基本事实得到本案其他证据印证,如齐某卧室勘验笔录、被害人辨认现场的笔录、现场照片、被害人生理状况诊断证明等。

2.原审被告人齐某犯强奸罪情节恶劣,且在公共场所当众猥亵儿童,某省高级人民法院判决对此不予认定,属于适用法律错误,导致量刑畸轻。(1)齐某奸淫幼女"情节恶劣"。齐某利用教师身份,多次强奸2名幼女,犯罪时间跨度长。本案发生在校园内,对被害人及其家人伤害非常大,对其他学生造成了恐慌。齐某的行为具备最高人民法院、最高人民检察院、公安部、司法部《关于依法惩治性侵害未成年人犯罪的意见》第25条规定的多项"更要依法从严惩处"的情节,综合评判应认定为“情节恶劣”，判处10年有期徒刑以上刑罚。(2)本案中齐某的行为属于在“公共场所当众”猥亵儿童。公共场所系供社会上多数人从事工作、学习、文化、娱乐、体育、社交、参观、旅游和满足部分生活需求的一切公用建筑物、场所及其设施的总称，具备由多数人进出、使用的特征。基于对未成年人保护的需要，最高人民法院、最高人民检察院、公安部、司法部《关于依法惩治性侵害未成年人犯罪的意见》第23条明确将“校园”这种除师生外，其他人不能随便进出的场所认定为公共场所。司法实践中也已将教室这种相对封闭的场所认定为公共场所。本案中女生宿舍是20多人的集体宿舍，和教室一样属于校园的重要组成部分，具有相对涉众性、公开性，应当是公共场所。最高人民法院、最高人民检察院、公安部、司法部《关于依法惩治性侵害未成年人犯罪的意见》第23条规定，在公共场所对未成年人实施猥亵犯罪，“只要有其他多人在场，不论在场人员是否实际看到”，均可认定为当众猥亵。本案中齐某在熄灯后进入女生集体宿舍，当时就寝人数较多，床铺之间没有遮挡，其猥亵行为易被同寝他人所感知，符合上述规定“当众”的要求。

原审被告人及其辩护人坚持事实不清、证据不足的辩护意见，理由是：一是认定犯罪的直接证据只有被害人陈述，齐某始终不认罪，其他证人证言均是传来证据，没有物证，证据链条不完整。二是被害人陈述前后有矛盾，不一致。且其中一个被害人在第一次陈述中只讲到被猥亵，第二次又讲到被强奸，前后有重大矛盾。

针对辩护意见，检察员答辩：一是被害人陈述的一些细节，如强奸的地点、姿势等，结合被害人年龄及认知能力，不亲身经历，难以编造。二是齐某性侵次数多、时间跨度长，被害人年龄小，前后陈述有些细节上的差异和模糊是正常的，恰恰符合被害人的记忆特征。且被害人对基本事实和情节的描述是稳定的。有的被害人虽然在第一次询问时没有陈述被强奸，但在此后对没有陈述的原因作了解释，即当时学校老师在场，不敢讲。这一理由符合孩子的心理。三是被害人同学证言虽然是传来证据，但其是在犯罪发生之后即得知有关情况，因此证明力较强。四是齐某及其辩护人对其辩解没有提供任何证据或者线索的支持。

2018年6月11日，最高人民法院召开审判委员会会议审议本案，最高人民检察院检察长列席会议并发表意见：一是最高人民检察院抗诉书认定的齐某犯罪事实、情节符合客观实际。性侵害未成年人案件具有客观证据、直接证据少，被告人往往不认罪等特点。本案中，被害人家长与原审被告人之前不存在矛盾，案发过程自然。被害人陈述及同学证言符合案发实际和儿童心理，证明力强。综合全案证据看，足以排除合理怀疑，能够认定原审被告人强奸、猥亵儿童的犯罪事实。二是原审被告人在女生宿舍猥亵儿童的犯罪行为属于在“公共场所当众”猥亵。考虑本案具体情节，原审被告人猥亵儿童的犯罪行为应当判处10年有期徒刑以上刑罚。三是某省高级人民法院二审判决确有错误，依法应当改判。

2018年7月27日，最高人民法院作出终审判决，认定原审被告人齐某犯强奸罪，判处无期徒刑，剥夺政治权利终身；犯猥亵儿童罪，判处有期徒刑10年；决定执行无期徒刑，剥夺政治权利终身。

■ 疑难点释析

本案疑难点有两个，一是如何做好特定案件中证据的审查判断？二是本案给我们什么启示？

1. 准确把握性侵未成人犯罪案件证据审查判断标准

性侵未成年人犯罪案件由于其本身具有特殊性：犯罪地点比较隐蔽，不易被人发现或者察觉；取证有时效性，若报案不及时，现场往往容易被破坏，失去勘验、检验、鉴定的机会；证据较为单一，证人少、物证少；供证矛盾等，导致司法实践中对此类案件的事实难以辨明。尤其是在被告人作无罪供述的情况下，要查清案件事实，更是难上加难。口供虽是证明被告人犯罪最直接最核心的证据，但也并非无口供不能定案。针对此类特殊案件，如何运用逻辑和经验规则对全案的证据进行综合审查判断、准确认定事实真相是司法实践中的难点。对性侵未成年人犯罪案件证据的审查，要根据未成年人的身心特点，按照有别于成年人的标准予以判断。审查言词证据，要结合全案情况予以分析。根据经验和常识，未成年人的陈述合乎情理、逻辑，对细节的描述符合其认知和表达能力，且有其他证据予以印证，被告人的辩解没有证据支持，结合双方关系不存在诬告可能的，应当采纳未成年人的陈述。

2. 准确适用奸淫幼女“情节恶劣”的规定

《刑法》第236条第3款第1项规定，奸淫幼女“情节恶劣”的，处10年以上有期徒刑、无期徒刑或者死刑。最高人民法院、最高人民检察院、公安部、司法部《关于依法惩治性侵害未成年人犯罪的意见》第25条规定了针对未成年人实施强奸、猥亵犯罪“更要依法从严惩处”的七种情形。实践中,奸淫幼女具有从严惩处情形,社会危害性与《刑法》第236条第3款第2~4项相当的,可以认为属于该款第1项规定的“情节恶劣”。例如,该款第2项规定的“奸淫幼女多人”,一般是指奸淫幼女3人以上。本案中,被告人具备教师的特殊身份,奸淫2名幼女,且分别奸淫多次,其危害性并不低于奸淫幼女3人的行为,据此可以认定符合“情节恶劣”的规定。

3. 准确适用“公共场所当众”实施强奸、猥亵未成年人犯罪的规定

《刑法》对“公共场所当众”实施强奸、猥亵未成年人犯罪,作出了从重处罚的规定。最高人民法院、最高人民检察院、公安部、司法部《关于依法惩治性侵害未成年人犯罪的意见》第23条规定了在“校园、游泳馆、儿童游乐场等公共场所”对未成年人实施强奸、猥亵犯罪,可以认定为在“公共场所当众”实施犯罪。适用这一规定,是否属于“当众”实施犯罪至为关键。对在规定列举之外的场所实施强奸、猥亵未成年人犯罪的,只要场所具有相对公开性,且有其他多人在场,有被他人感知可能的,就可以认定为在“公共场所当众”犯罪。最高人民法院对本案的判决表明:学校中的教室、集体宿舍、公共厕所、集体洗澡间等,是不特定未成年人活动的场所,在这些场所实施强奸、猥亵未成年人犯罪的,应当认定为在“公共场所当众”实施犯罪。

本案的审判给我们审理性侵案件留下以下启示:

一是性侵未成年人犯罪案件由于其本身具有隐蔽性、证人少、物证少、供证矛盾等特征,导致司法实践中对此类案件的事实真相难以辨明。尤其是在被告人作无罪供述的情况下,要查清案件事实,更是难上加难口供虽是证明被告人犯罪最直接最核心的证据,但也并非无口供不能定案。在此类被告人拒绝认罪的案件中,可以利用被害人出庭对质的机会,运用逻辑和经验规则对全案证据进行综合审查判断,在被害人陈述的事实基础上,通过间接证据的印证和补强,准确认定事实。如果性侵未成年人犯罪案件中,被害人陈述稳定自然,对于细节的描述符合正常记忆认知、表达能力,被告人辩解没有证据支持,结合生活经验对全案证据进行审查,能够形成完整证明体系的,可以认定案件事实。

二是奸淫幼女具有最高人民法院、最高人民检察院、公安部、司法部《关于依法惩治性侵害未成年人犯罪的意见》规定的从严处罚情节,社会危害性与《刑法》

第236条第3款第2~4项规定的情形相当的,可以认定为该款第1项规定的"情节恶劣"。

三是行为人在教室、集体宿舍等场所实施猥亵行为,只要当时有多人在场,即使在场人员未实际看到,也应当认定犯罪行为是在"公共场所当众"实施。

知识点梳理

直接证据与间接证据根据证据与案件主要事实的证明关系的不同,对证据进行的划分。刑事案件的主要事实是指犯罪事实是否存在,以及该行为是否系犯罪嫌疑人、被告人所实施。所谓直接证据,是指能够单独地直接证明案件主要事实的证据。间接证据,是指不能单独地直接证明案件主要事实,而需要与其他证据相结合才能证明案件主要事实的证据。单个间接证据,不能证明案件主要事实,它只能证明与案件主要事实有关的某一事实或情节。但是,多个间接证据可以相互关联,形成一个具有内在联系的证据链,通过推理判断来证明案件主要事实。《刑诉解释》第140条规定:"没有直接证据,但间接证据同时符合下列条件的,可以认定被告人有罪:(一)证据已经查证属实;(二)证据之间相互印证,不存在无法排除的矛盾和无法解释的疑问;(三)全案证据形成完整的证据链;(四)根据证据认定案件事实足以排除合理怀疑,结论具有唯一性;(五)运用证据进行的推理符合逻辑和经验。"

随着司法文明的进步和物证技术的发展,司法人员在认定案件事实时对口供等直接证据的依赖程度逐渐降低。在刑事诉讼中,司法人员越来越多地运用间接证据,而完全依据间接证据认定事实的案件数量也不断增加,因此,研究间接证据的证明方法具有重要的现实意义。在收集、保全证据以及审查判断证据之基础上,司法人员必须综合运用证据,加以分析判断来认定案件事实,即对案件的基本事实作出最后认定的结论。根据相关法律规定和司法解释,运用证据认定案件时应注意以下几个问题:

1. 只有单个证据不能认定有罪,即"孤证不能定罪"。我国《刑事诉讼法》第55条作出了仅凭口供不能定案的规定,即"只有被告人供述,没有其他证据的,不能认定被告人有罪和处以刑罚"。笔者认为,在刑事诉讼中,只要没有其他证据加以印证,任何单个证据都不能单独作为认定案件事实的根据。这是因为刑事诉讼涉及公民的财产权、人身权甚至是生命权,必须慎之又慎。

2. 在运用间接证据定案时要更加谨慎。任何一个间接证据都不能单独、直接证明案件的主要事实。只有将间接证据与直接证据联系起来,或者将一定数量的、确实充分的间接证据联系起来,构成一个完整的证据体系,对主要事实的证明达到"唯一性"、排除合理怀疑,才能作出有罪认定。

3. 在某些"一对一"的案件中,收集到的基本上是言词证据。尤其在受贿案件中,行贿人与受贿人的陈述常出现不一致的情况,受贿人又常常是时供时翻,甚至不供认。因此对此类案件要特别注意审查证据的稳定性问题,更不能轻易认定有罪。

4. 把案内所有证据与案件事实联系起来,予以认定案件事实的证据应当在整体上形成一个严密的证明体系,在主要犯罪事实上形成包括"唯一性"结论在内的排除合理怀疑,总体上达到犯罪事实清楚,证据确实、充分的要求。这是最重要的一条定罪规则。

5. 贯彻疑案从无原则。对全案证据进行综合审查判断后,可能出现定罪证据不足,无罪又难下定论的情况,这就是办案中不时出现的"疑案"。对于这种疑案,确实存在判有罪可能冤枉无辜、判无罪可能放纵罪犯的两难选择。但是,根据无罪推定原则以及我国《刑事诉讼法》第 175 条第 4 款关于证据不足应当不起诉的规定和《刑事诉讼法》第 200 条第 3 项关于证据不足应当作无罪判决的规定,对达不到"证据确实充分"的案件,我们应当本着宁纵勿枉的精神,坚决作出无罪的处理。

17 Case Study 金晓群自诉案

自诉程序

研读指导

1. 自诉案件的受案范围。
2. 自诉案件的举证责任承担。

相关法条

《中华人民共和国刑事诉讼法》第二百一十条　自诉案件包括下列案件:(一)告诉才处理的案件;(二)被害人有证据证明的轻微刑事案件;(三)被害人有证据证明对被告人侵犯自己人身、财产权利的行为应当依法追究刑事责任,而公安机关或者人民检察院不予追究被告人刑事责任的案件。

近似案例

陈和林自诉案[(2018)粤03刑终3273号]

案情介绍

自诉人金晓群,女,1971年1月10日出生于浙江省金华市,汉族,家住浙江省金华市婺城区。

被告人许小青,女,1970年3月27日出生于浙江省义乌市,汉族,个体经营户,家住浙江省义乌市。

辩护人诸葛莹,金华市婺城区法律援助中心指派的浙江一剑律师事务所律师。

自诉人金晓群以被告人许小青犯拒不执行判决、裁定罪,于2019年9月16日向本院提起控诉。本院受理后,依法组成合议庭,公开开庭审理了本案。自诉人金晓群、被告人许小青及辩护人诸葛莹到庭参加诉讼。本案现已审理终结。

自诉人金晓群诉称,其与被告人许小青买卖合同纠纷一案,金华市婺城区人民法院于2018年8月23日作出(2018)浙0702民初519号民事判决书,判决被告人许小青于判决生效后10日内支付自诉人金晓群货款人民币74,581元及相应利息。判决生效后,被告人许小青未履行付款义务,自诉人于2018年11月19日向金华市婺城区人民法院申请执行。金华市婺城区人民法院受理后,于2018年11月26日向被告人许小青邮寄送达了执行通知书、财产申报令、限制消费令等法律文书,但被告人许小青未按期申报财产,也未履行法律文书确定的义务。执行过程中,金华市婺城区人民法院经查询得知被告人许小青名下有浙G×××××江铃牌、浙G×××××别克牌、浙G×××××陆虎牌三辆汽车,遂于2018年12月6日办理了车辆查封手续,并向被告人许小青送达责令交出车辆通知书,但被告人许小青未按时将上述车辆交付金华市婺城区人民法院。

自诉人金晓群为证实自己的主张,向本院提交了相应证据,认为被告人许小青对人民法院的判决、裁定有能力执行而拒不执行,情节严重,其行为已构成拒不执行判决、裁定罪,请求本院依法追究被告人许小青的刑事责任。

被告人许小青对自诉人金晓群控诉的主要事实无异议。其未向法庭提交证据。

辩护人诸葛莹辩护提出:被告人许小青系初次犯罪;涉案车辆不在许小青处,故无法交付车辆;主观上愿意解决欠款纠纷,但是没有经济能力,且与自诉人有其他经济纠纷;有认罪态度。请求法庭对其从轻处罚。其未向法庭提交证据。

经审理查明的案件事实和自诉人控诉的事实一致。

在本案审理过程中,被告人许小青已向自诉人金晓群履行还款义务,本案所涉执行案件已执行完毕。上述事实有自诉人金晓群提交并经法庭举证、质证的下列证据予以证实:被告人许小青的供述及辩解,自诉人金晓群的陈述,民事判决书,申请执行书,执行案件受理通知书,执行通知书,财产报告令,被执行人财产申报表,限制消费令,送达回证,邮寄全程跟踪查询,公证书,执行裁定书,协助执行通知书,车辆查封文书，责令交出车辆通知书，拘留决定书，执行决定书，执行和解协议及付款凭证，身份证复印件等。上述证据符合证据的客观性、关联性、合法性要件，并且证据之间能够相互印证，本院依法予以确认。

本院认为，被告人许小青对人民法院的判决、裁定有能力执行而拒不执行，情节严重，其行为已构成拒不执行判决、裁定罪。自诉人金晓群的控诉成立。被告人许小青自愿认罪，已履行给付义务，对其从轻处罚。辩护人提出的相应辩护意见，本院予以采纳。综上，依照《刑法》第 67 条第 3 款，第 72 条第 1 款，第 73 条第 2 款、第 3 款，第 313 条第 1 款之规定，判决如下：

被告人许小青犯拒不执行判决、裁定罪，判处有期徒刑 9 个月，缓刑 1 年 3 个月。

（缓刑考验期限，从本判决确定之日起计算）。

如不服本判决，可在接到判决书第二日起 10 日内通过本院或者直接向浙江省金华市中级人民法院提出上诉。书面上诉的，应当提交上诉状正本 1 份，副本 2 份。

■ 疑难点释析

1. 本案属于何种性质案件？为什么本案可以直接向法院提起诉讼？

本案属于拒不执行判决、裁定罪。拒不执行判决、裁定罪属于《刑法》分则第六章规定的妨害社会管理秩序罪中的第二节“妨害司法罪”，本身属于公诉案件的范围，但是，最高人民法院 2020 年 12 月 29 日颁布的《关于审理拒不执行判决、裁定刑事案件适用法律若干问题的解释》第 3 条规定，申请执行人有证据证明同时具有下列情形，人民法院认为符合《刑事诉讼法》第 210 条第 3 项规定的，以自诉案件立案审理：(1)负有执行义务的人拒不执行判决、裁定，侵犯了申请执行人的人身、财产权利，应当依法追究刑事责任的；(2)申请执行人曾经提出控告，而公安机关或者人民检察院对负有执行义务的人不予追究刑事责任的。本案可以纳入自诉案件的范围。

2. 为什么司法实践中，将拒不执行判决、裁定作为自诉案件的适用存在困难。

根据法律规定，本案可以纳入自诉案件的范围，而拒不执行判决、裁定罪，可以通过两条路径追究拒不履行法院判决、裁定的被执行人的刑事责任:第一条路径是公诉程序,第二条路径是自诉程序。拒不执行判决、裁定罪,就自诉程序目的而言,在于弥补单一的公诉方式在实践中存在的救济不足,并且与刑诉法规定的公诉转自诉方式作了有机衔接,通过自诉程序还具有维护司法权威、保障申请执行人的合法权益、节约司法资源、提高诉讼效率等优势。认定被告人构成拒执罪与判决、裁定是否申请强制执行有必然关系,受理拒执罪自诉案件要求判决、裁定已申请强制执行。首先,判决、裁定进入执行程序是公权力介入的条件。我国《民事诉讼法》第236条第1款规定,发生法律效力的民事判决、裁定,当事人必须履行。这是拒执罪成立的逻辑前提。当事人不履行的,无论是有能力履行不履行还是无能力履行,当事人可以向人民法院申请执行。其次,《刑法》谦抑性决定了应当先行申请强制执行。拒执罪虽然规定于《刑法》妨害司法犯罪章节,但拒执罪自诉案件主要是申请执行人寻求《刑法》救济,以期恢复其受损权利,即拒执罪自诉程序和民事强制执行程序都是债权人认为自身权利受到侵犯寻求国家力量干预的救济手段,但刑事自诉是以最为严厉的刑事制裁为救济手段,民事执行程序则是动用民事执行措施加以维护,两者处于不同的位阶。根据《刑法》谦抑性原则,在动用刑罚手段保护债权前,应当先寻求其他程序、措施予以救济,债权人应当先申请民事执行以保护自己的债权。拒执罪属于妨害司法罪,不属于告诉才处理的案件,也不属于轻微刑事案件,拒执罪自诉案件只能是《刑事诉讼法》规定的第三类自诉案件,即被害人有证据证明被告人拒不执行判决、裁定行为侵犯了自己人身、财产权利构成拒执罪,而公安机关或者人民检察院不予追究。最高人民法院《关于审理拒不执行判决、裁定刑事案件适用法律若干问题的解释》明确规定可以直接通过自诉案件解决民事执行难问题。然而,在执行实践中,由于各种原因导致拒不执行判决、裁定罪自诉程序运行还需健全完善。

拒不执行判决、裁定罪自诉程序为什么会遭受"冷遇"?

主要原因在于申请执行人对拒不执行判决、裁定罪自诉程序不够了解且启动意愿不足。按照自诉程序的要求,申请执行人可以直接向公安、检察机关控告,公安、检察机关不予追究的,申请执行人可以根据法律规定向人民法院提起自诉。同时,通过依法保护申请执行人的自诉权,发挥申请执行人在追究拒执犯罪中的主动作用,有利于促进精准、高效地打击拒执行为。然而,在执行实践中,只有少数申请执行人知道拒不执行判决、裁定罪自诉程序，也很少有申请执行人愿意通过自诉程序追究被执行人的刑事责任。这主要有两个方面的原因：一是由于人民法院对拒不执行判决、裁定罪自诉程序宣传不到位，申请执行人知晓面不广；二是由于申请执行人对拒不执行判决、裁定罪自诉程序有畏难情绪。例如，司法实践中不少申请执行人害怕自己付出再多，也难以获取足够的证据支持拒不执行判决、裁定罪的成立。另外，执行案件转入自诉程序后，法院也存在刑事审判、立案与执行等部门配合不够顺畅的问题。从立案来看，人民法院的立案部门对拒不执行判决、裁定罪自诉程序的审查比较严格。根据我国《刑事诉讼法》第 211 条第 1 款第 2 项的规定，缺乏罪证的自诉案件，如果自诉人提不出补充证据，应当说服自诉人撤回自诉，或者裁定驳回。因此，人民法院对自诉案件采取立案审查制，也就是说必须经过人民法院审查完毕之后，符合受理条件才能立案。但是，由于自诉人缺乏对被告人有无执行能力的证据，导致不好立案。在审理过程中，由于刑事审判人员对犯罪事实的证据认定、“执行能力”的认定标准不统一，导致对拒不执行判决、裁定罪定罪量刑困难。

■ 知识点梳理

刑事诉讼中的自诉是相对于公诉而言的，它是指法律规定的享有自诉权的个人直接向有管辖权的人民法院提起的刑事诉讼。在我国，自诉案件是指法律规定的可以由被害人或者其法定代理人、近亲属直接向人民法院起诉，要求追究被告人刑事责任，人民法院能够直接受理的刑事案件。根据《刑事诉讼法》第 210 条规定，自诉案件包括下列三类案件：

第一类，告诉才处理的案件。此类案件具体包括：(1)侮辱、诽谤案(《刑法》第 246 条)，但是严重危害社会秩序和国家利益的除外；(2)暴力干涉婚姻自由案(《刑法》第 257 条第 1 款)；(3)虐待案(《刑法》第 260 条第 1 款)；(4)侵占案(《刑法》第 270 条)。

第二类，被害人有证据证明的轻微刑事案件。此类案件具体包括：(1)故意伤害案(《刑法》第 234 条第 1 款)；(2)非法侵入住宅案(《刑法》第 245 条)；(3)侵犯通信自由案(《刑法》第 252 条)；(4)重婚案(《刑法》第 258 条)；(5)遗弃案(《刑法》第261条);(6)生产、销售伪劣商品案(《刑法》分则第三章第一节,但是严重危害社会秩序和国家利益的除外);(7)侵犯知识产权案(《刑法》分则第三章第七节,但是严重危害社会秩序和国家利益的除外);(8)属于《刑法》分则第四章、第五章规定的,对被告人可能判处3年有期徒刑以下刑罚的案件。

第三类,被害人有证据证明对被告人侵犯自己人身、财产权利的行为应当依法追究刑事责任,而公安机关或者人民检察院不予追究被告人刑事责任的案件。

此处的公安机关、人民检察院不予追究被告人刑事责任是指公安机关、人民检察院已经作出不予追究的书面决定,如不起诉决定、不予立案决定等。这类自诉案件是《刑事诉讼法》为解决司法实践中老百姓告状无门,强化对公安机关、人民检察院不追究犯罪嫌疑人刑事责任的制约而新增加的公诉转自诉案件。

而根据最高人民法院《关于审理拒不执行判决、裁定刑事案件适用法律若干问题的解释》第3条的规定,申请执行人有证据证明同时具备以下条件:(1)负有执行义务的人拒不执行判决、裁定,侵犯了申请执行人的人身、财产权利,应当依法追究刑事责任的;(2)申请执行人曾经提出控告,而公安机关或者人民检察院对负有执行义务的人不予追究刑事责任的。申请执行人可向法院直接提起自诉。

自诉人提起自诉必须符合下列条件,否则将不被人民法院受理:(1)案件属于我国《刑事诉讼法》第210条确定的自诉案件范围。(2)案件属于受诉人民法院管辖。(3)自诉人享有自诉权,即自诉人主体资格合法。根据《刑事诉讼法》及有关司法解释规定,自诉案件原则上由被害人提起,如果被害人死亡、丧失行为能力或者因受强制、威吓等原因无法告诉,或者是限制行为能力人以及由于年老、患病、盲、聋、哑等原因不能亲自告诉,由其法定代理人、近亲属代为告诉。当然,这种情况下,代为告诉人应当提供与被害人关系的证明和被害人不能亲自告诉的原因证明。(4)有明确的被告人、具体的诉讼请求和能证明被告人犯罪事实的证据。(5)公诉转自诉案件,还应当提交公安机关或者人民检察院作出不予追究刑事责任的书面决定。

自诉人提起自诉时,应当向人民法院提交刑事自诉状;如果提起附带民事诉讼的,还应当提交刑事附带民事自诉状。为便于自诉人告诉,《刑事诉讼法》规定自诉人书写自诉状确有困难的,可以口头告诉,由人民法院工作人员作出告诉笔录,向自诉人宣读;自诉人确认无误后,应当签名或者盖章。

针对本案,要解决拒不执行判决、裁定罪的适用困难,可以从以下几个方面完善:

(1)提高申请执行人对拒不执行判决、裁定罪自诉程序的知晓度与愿意度。为了提高申请执行人对拒不执行判决、裁定罪自诉程序的知晓度,人民法院应定期公布打击拒不执行判决、裁定罪的典型案例,召开新闻发布会,通过人民法院官方网站、人民法院微信公众号等各种形式对拒不执行判决、裁定罪自诉程序的法律规定及其近期成果进行广泛、深入的宣传。当前,需要让申请执行人懂得进入自诉程序的拒执罪要满足法律规定的两个必要条件:第一,申请执行人要有证据证明:负有执行义务的人拒不执行判决、裁定,侵犯了申请执行人的人身、财产权利,应当依法追究刑事责任;第二,申请执行人曾经提出控告,而公安机关或者人民检察院对负有执行义务的人不予追究刑事责任,法院认为符合自诉案件立案条件的予以立案审理。同时,为达到"惩处一个、教育一片"的社会效果,人民法院需要加大对拒不执行判决、裁定罪自诉程序的法制宣传力度,尤其是各级人民法院要发布一些通过拒不执行判决、裁定罪自诉程序得到成功执结的典型案例,有效扩大通过自诉程序惩处拒执犯罪的法律效果与社会效果。

(2)增强申请执行人举证意识和调查取证的能力。如何增强申请执行人举证意识和调查取证的能力,是完善拒不执行判决、裁定罪自诉程序的关键所在。一是要提高申请执行人的举证意识。让申请执行人明白拒不执行判决、裁定罪自诉程序哪些方面需要举证、如何举证,让申请执行人明确自己举证需要努力的方向和地方,做到有的放矢,集中精力与时间搜集到拒不执行判决、裁定罪所需的各种证据材料,为人民法院认定拒不执行判决、裁定罪起到关键的作用。二是要建立律师帮助搜集证据的制度。针对当前大多数申请执行人并不是法律专业人士,搜集证据的能力不够且水平相对不高,而律师是法律专业人士,对证据把握的能力的水平相对较高,同时律师又是具有调查权的法律职业者,懂得如何搜集拒不执行判决、裁定罪的证据。因此,建立律师帮助搜集证据的制度有助于弥补拒不执行判决、裁定罪中自诉人的"短板"。三是要赋予司法警察调查取证的权利。由于拒不执行判决、裁定罪中自诉人搜集证据能力非常有限,建议赋予司法警察一定的调查取证权力,允许他们行使一定的"查人找物"的权力,这样有助于证据材料的搜集。四是要建立执行人员出庭作证制度。由于执行人员在执行过程中的参与,对案件事实了解比较清楚,倘若允许执行人员出庭作证,有利于人民法院对拒不执行判决、裁定罪的认定。

(3)加强人民法院内部对拒不执行判决、裁定罪自诉程序的衔接。当前,为了确保拒不执行判决、裁定罪自诉程序有较大的适用空间,加强人民法院内部业务部门的沟通协调是非常必要的。在立案审查过程中,要适当宽松,及时登记立案。在申请执行人提起刑事自诉之后,人民法院刑事审判部门经审查认为,有证据证明被执行人有犯罪事实,可能被判处有期徒刑及以上刑罚,取保候审不足以防止发生社会危害性,有逮捕必要的,经批准,在被执行人被拘留期间,依法决定对其逮捕,该执行案件涉刑事犯罪部分顺利进入刑事自诉案件的审理程序。在审判过程中,为确保打击拒不执行判决、裁定罪的精准度,切实提升案件办理质效,人民法院可以由具有刑事审判经验丰富、业务能力强的员额法官组建拒不执行判决、裁定罪专门合议庭,并保持人员配备相对稳定。在自诉案件审理过程中,达成的和解协议、履行情况等相关材料要由刑事审判业务庭及时移送到执行部门。可以确立打击拒不执行判决、裁定罪案件会商制度,成立打击拒不执行判决、裁定罪工作领导小组,立案部门、刑事审判部门、执行部门、法警部门等部门要通力合作,保障渠道的顺畅度和打击的精准度。

法律的生命与权威在于实施。拒不执行判决、裁定罪自诉程序在一定程度上可以解决执行难的问题,并且对拒执罪案件的追诉程序由单一的公诉改为公诉与自诉并行,有利于形成依法打击的合力,强化对失信行为的震慑作用。因此,高度重视拒不执行判决、裁定罪自诉程序的适用是很有必要的。只有不断完善拒不执行判决、裁定罪适用自诉程序,才能够发挥其打击拒不执行判决、裁定的被执行人的应有之义,从而切实解决执行难。

18 Case Study

郎某某、何某某涉嫌诽谤案

特定情形下自诉转公诉程序

■ 研读指导

1. 自诉案件能否转为公诉案件？
2. 自诉转公诉的法理依据是什么？

■ 相关法条

《中华人民共和国刑法》第二百四十六条第一款、第二款　以暴力或者其他方法公然侮辱他人或者捏造事实诽谤他人，情节严重的，处三年以下有期徒刑、拘役、管制或者剥夺政治权利。

前款罪，告诉的才处理，但是严重危害社会秩序和国家利益的除外。

最高人民法院、最高人民检察院《关于办理利用信息网络实施诽谤等刑事案件适用法律若干问题的解释》第二条　利用信息网络诽谤他人，具有下列情形之一的，应当认定为刑法第二百四十六条第一款规定的“情节严重”：(一)同一诽谤信息实际被点击、浏览次数达到五千次以上，或者被转发次数达到五百次以上的；(二)造成被害人或者其近亲属精神失常、自残、自杀等严重后果的；(三)二年内曾因诽谤受过行政处罚，又诽谤他人的；(四)其他情节严重的情形。

第三条　利用信息网络诽谤他人，具有下列情形之一的，应当认定为刑法第二百四十六条第二款规定的“严重危害社会秩序和国家利益”：(一)引发群体性事件的；(二)引发公共秩序混乱的；(三)引发民族、宗教冲突的；(四)诽谤多人，造成恶劣社会影响的；(五)损害国家形象，严重危害国家利益的；(六)造成恶劣国际影响的；(七)其他严重危害社会秩序和国家利益的情形。

■ 案情介绍

2020年7月7日18时许，被告人郎某某在余杭区良渚街道某快递驿站内，使用手机偷拍正在等待取快递的被害人谷某某，并将视频发布在某车队微信群。后被告人郎某某伙同被告人何某某出于寻求刺激、博取关注的目的，使用各自微信号假冒快递员和被害人谷某某，捏造谷某某因取快递结识快递员、二人多次发生不正当性关系的微信聊天记录。二被告人为增强聊天记录的可信度，还捏造"赴约途中""约会现场"等视频、图片。同年7月7日至16日，被告人郎某某将上述捏造的微信聊天记录截图及视频、图片陆续发布在某车队微信群，引发群内大量低俗评论。

上述偷拍的视频、捏造的微信聊天记录截图被他人合并转发，并相继扩散到多个微信群、微信公众号等网络平台，引发大量点击、阅读以及低俗评论，引起网络热议。被害人谷某某因被诽谤导致无法正常履职被公司劝退，后被医院诊断为抑郁状态。截至12月27日8时，与本案相关的网上原创信息3638条，其中微博2257条、新闻820条、客户端219条、微信107条，微博话题"被造谣出轨女子至今找不到工作"阅读量4.7亿人次、讨论5.8万人次。

同年8月7日凌晨，被害人谷某某得知此事后向公安机关报案。同年8月13日，被告人郎某某、何某某均因诽谤他人被杭州市公安局余杭区分局行政拘留9日。同年10月26日，被害人谷某某向杭州市余杭区人民法院提起刑事自诉，杭州市余杭区人民法院于12月14日决定立案，并依法要求杭州市公安局余杭区分局提供协助。

2020年12月25日，根据杭州市余杭区人民检察院建议，杭州市公安局余杭分局对被告人郎某某、何某某涉嫌诽谤案立案侦查。同年12月26日，被害人谷某某到杭州市余杭区人民法院撤诉。2021年1月19日，杭州市公安局余杭区分局将该案移送杭州市余杭区人民检察院审查起诉。在审查起诉期间，杭州市余杭区人民检察院依法对被告人郎某某、何某某适用认罪认罚从宽处理，并签署具结书。同年2月26日，杭州市余杭区人民检察院依法将被告人郎某某、何某某涉嫌诽谤一案向余杭区人民法院提起公诉。

■ 疑难点释析

我国《刑法》第 246 条规定第 1 款、第 2 款："以暴力或者其他方法公然侮辱他人或者捏造事实诽谤他人，情节严重的，处三年以下有期徒刑、拘役、管制或者剥夺政治权利。前款罪，告诉的才处理，但是严重危害社会秩序和国家利益的除外。"本案对行为人的定性，前后经历了行政违法、自诉案件、公诉犯罪三个变化。

1. 郎某某、何某某的行为是否构成犯罪？违法与犯罪的界限在于情节是否严重。2013 年 9 月 6 日，最高人民法院、最高人民检察院发布的《关于办理利用信息网络实施诽谤等刑事案件适用法律若干问题的解释》第 2 条规定，利用信息网络诽谤他人，具有下列情形之一的，应当认定为《刑法》第 246 条第 1 款规定的"情节严重"：(1)同一诽谤信息实际被点击、浏览次数达到五千次以上，或者被转发次数达到五百次以上的；(2)造成被害人或者其近亲属精神失常、自残、自杀等严重后果的；(3)2 年内曾因诽谤受过行政处罚，又诽谤他人的；(4)其他情节严重的情形。该案网民阅读数分别为 4.1 亿次和 8100 万次，讨论数分别为 5.8 万条和 4046 条，达到了"情节严重"的认定标准，构成犯罪。

2. 本案是属于自诉案件还是公诉案件？这个问题的关键是本案是否"严重危害社会秩序和国家利益"。最高人民法院、最高人民检察院《关于办理利用信息网络实施诽谤等刑事案件适用法律若干问题的解释》第 3 条规定：利用信息网络诽谤他人，具有下列情形之一的，应当认定为《刑法》第 246 条第 2 款规定的"严重危害社会秩序和国家利益"：(1)引发群体性事件的；(2)引发公共秩序混乱的；(3)引发民族、宗教冲突的；(4)诽谤多人，造成恶劣社会影响的；(5)损害国家形象，严重危害国家利益的；(6)造成恶劣国际影响的；(7)其他严重危害社会秩序和国家利益的情形。郎某某、何某某的行为是否"引发公共秩序混乱"或者属于"其他严重危害社会秩序和国家利益的情形"？郎某某、何某某针对不特定的个人实施诽谤行为，并且在网络上广泛传播，扰乱了政策的网络秩序（这也是一种社会秩序或公共秩序），严重威胁社会安宁和公众的安全感；利用信息网络实施诽谤行为，其传播速度快、范围广、影响力大，所造成的社会危害远甚于传统社会中熟人之间的诽谤行为，郎某某、何某某的行为不仅严重侵害了被害人的个人法益，而且造成了恶劣的社会影响，侵害了社会法益。基于此，检察机关建议公安机关立案侦查，将该案作为公诉案件处理，可谓合法合情合理。[1]

本案中，检察机关在审查起诉中发现，本案2名被告人捏造不实信息诽谤的行为，完全符合"公然"与"散布于众"的特征。不仅侵害被害人人格名誉，而且借助互联网与自媒体在网络社会这一特定社会领域和区域得以迅速传播，严重扰乱网络社会公共秩序。诽谤罪尽管是一个轻罪，但轻罪并不是无罪。[2] 尤其值得注意的是本案被告人与被害人素不相识，被害人是行为人随机挑选的，这就意味着社会中的每一个自然人都有可能成为潜在的侵害目标，每个自然人都有可能在网络社会中被"口诛笔伐"，这种行为不仅对被害人造成了极大伤害，同时也严重侵蚀网络生态，被告人"挑选"被害人的不特定性和随机性会导致人人自危，使得人们在人格权和隐私权方面的安全感下降，这种针对不特定个体的威胁就是对由无数个体组成的社会秩序的威胁，导致网络空间安全陷入"集体不安"的无序状态。[3] 郎某某和何某某将视频和编造的聊天记录发布到网上的做法，随着广泛传播，具有空间的无限性和传播的快捷性，已非过去诽谤罪之损害范围极为有限的状况可以比拟。不仅如此，网络传播的特点，不仅对被害人本人造成的杀伤力巨大，而且对于网络社会人们的冲击也很大，让人们失去安全感。鉴于此，人民检察院将这一案件认定为"其他严重危害社会秩序"的情形，可以说有着充分的理据。[4]

同时，被告人的行为甚至可能引发社交自由萎缩，对社会治理而言，已经严重影响人民群众对国家法治、个人安全和社会治理的信心，从而严重危害社会秩序。诽谤罪原则上属于"告诉才处理"的自诉案件，但在特定情况下也可以转为公诉案件。我国《刑法》第246条第1款规定，以暴力或者其他方法公然侮辱他人或者捏造事实诽谤他人，情节严重的，处3年以下有期徒刑、拘役、管制或者剥夺政治权利。《刑法》第246条第2款规定，前款罪，告诉的才处理，但是严重危害社会秩序和国家利益的除外。我国《刑法》之所以将诽谤罪设置为告诉才处理，主要是因为该罪侵犯的是个人的人格法益，属于个人专属法益，是侵犯公民个人法益的轻罪，

---

〔1〕 熊秋红：《论公诉与自诉的关系》，载《中国刑事法杂志》2021年第1期。

〔2〕 《最高人民检察院工作报告》，载《人民日报》2021年3月16日，第3版。

〔3〕 车浩：《杭州诽谤案为何能转为公诉》，载《检察日报》2020年12月30日。

〔4〕 张建伟：《涉嫌诽谤案自诉转公诉的法眼观察》，载《检察日报》2020年12月30日，第3版。

一般来讲危害不大,是否处理应当尊重被害人的意见,而且传统的诽谤罪往往发生在相识的人群当中,被害人与行为人之间往往表现为邻里、朋友甚至是亲属关系,所以被害人往往不愿意追究行为人的刑事责任,只要行为人停止或者阻却对其侵害即可。但是当诽谤行为侵害的对象超出个人领域之后,并且超出的范围已经远远达到社会秩序和国家利益等公共领域之时,此时国家公诉权有必要启动,保护集体法益。根据《刑事诉讼法》第 8 条的规定,人民检察院依法对刑事诉讼实行法律监督。人民检察院依法对刑事诉讼实行法律监督,包括立案监督。对刑事立案进行监督是检察机关法律监督职能的组成部分。[1]

就本案而言,检察机关发现本案可能"严重危害社会秩序"的"除外"情形,有权监督公安机关立案侦查。被害人自诉与公安机关刑事立案侦查并存并不相冲突,在检察机关正式提起公诉前,刑事立案侦查是检察机关审查起诉的前置程序,不能不经过侦查而直接提起公诉。自诉转公诉的程序正当,在没有法律明文规定的情况下,被害人在公诉程序启动前撤回自诉,是可行的做法。检察机关是国家法律监督机关,故在发现该案可能"严重危害社会秩序"时,有权监督公安机关立案侦查,但在检察机关提起公诉时,自诉程序应当停止。从我国《刑法》和《刑事诉讼法》的规定来理解"告诉才处理"的法律原则,国家在本质上是有权处罚这类案件的,但既然起诉权属于被害人,刑罚裁量权就不能主动实施。但无论从《刑法》第 98 条关于"告诉才处理"的规定,还是与这些犯罪相关的具体法律规范来看,国家的主动起诉都被视为补充起诉,适用于诽谤罪、暴力干涉婚姻自由罪、虐待罪等亲告罪,或者当被侵害的利益已经超越被害人的隐私、名誉或者密切的人际关系时,国家的起诉权就会依职权提起。《刑法》第 246 条第 2 款正是这样一种情况,即当诽谤行为"严重危害社会秩序和国家利益"时,公安机关应当主动代表国家立案侦查,检察机关应当提起公诉。参考域外法也有类似规定,《德国刑事诉讼法》第 377 条第 2 款规定,对于被害人提起诉讼的案件,只要检察机关认为符合公共利益时就有权力且有义务接管该案件,使其程序转变为公诉案件。[2] 检察机关在提起公诉

〔1〕 孙谦:《刑事立案与法律监督》,载《中国刑事法杂志》2019 年第 3 期。

〔2〕 樊崇义:《诽谤罪之自诉转公诉程序衔接——评杭州郎某、何某涉嫌诽谤犯罪案》,载《检察日报》2020 年 12 月 28 日,第 3 版。

前,实质审查判断是否侵害社会公共利益。在本案中,犯罪对象即被告人选择被害人具有随机性和不特定性,诽谤行为针对的是与之没有任何利害关系的陌生人,每个公民都有可能成为下一个潜在的受害者,每个个体都具有现实侵害可能性和威胁可能性,从而导致对无数个体组成的社会秩序的危害。人民检察院行使国家公诉权保护社会集体法益,积极维护网络生态环境和网络人身权益,严惩扰乱网络公共秩序行为。检察机关提起国家公诉,向全社会传达网络空间不是"法外之地"的信息,坚决维护网络安全、社会公序良俗。网络社会每个人都可能成为受害者和施暴者,通过办理该案,向诽谤者昭示网络诽谤的红线。该案是《民法典》颁布以后司法机关对普通民众在网上受到侮辱诽谤以公诉程序查处的首起案件,是司法机关维护自然人正当权益、落实民法典人格权保护的积极作为,是司法机关通过办案让法律原则得到体现。[1]

■ 知识点梳理

我国《刑法》第 246 条第 1 款、第 2 款规定:"以暴力或者其他方法公然侮辱他人或者捏造事实诽谤他人,情节严重的,处三年以下有期徒刑、拘役、管制或者剥夺政治权利。前款罪,告诉的才处理,但是严重危害社会秩序和国家利益的除外。"

诽谤罪属于既可以自诉也可以公诉的犯罪。人民检察院进行起诉的法定情形有两项:一是《刑法》第 98 条规定,如果被害人因受到强制、威吓无法告诉的,人民检察院和被害人的近亲属也可以告诉;二是《刑法》第 246 条规定:侮辱、诽谤行为严重危害社会秩序和国家利益的,可以作为公诉案件论处。

对于第一种情形,法律规定"代为告诉",究竟属于自诉还是公诉,值得追问。一些国家规定检察机关对于自诉案件符合特定情形时可以担当自诉,认为案件仍然属于自诉性质,只是由检察机关为自诉权人担当起诉讼的责任。这种担当诉讼包括自诉权人因特定原因无法行使自诉权或者继续自诉的情形。在我国,代为告诉意味着检察机关属于代位提起诉讼的主体,如果无须立案侦查则直接提起诉讼,

---

〔1〕 丁灵敏、孔凡宇、周兴文:《网络诽谤犯罪"自诉转公诉"的法理评析》,载《中国检察官》2021 年第 10 期。

代表的是自诉权人而非公共利益，这样案件仍然属于自诉性质，不产生自诉转公诉问题。

第二种情形不同，检察机关认为该案属于“严重危害社会秩序和国家利益的”性质，代表国家提起公诉，属于自诉转公诉的情形。网络公共空间也构成了一种公共秩序，殆无疑义。公共秩序，也被称为“社会秩序”，是社会公共领域按照一定顺序、布局，组织和合理安排各个构成部分，实现正常运转或者良好状态的局面。凡多人的活动构成的公共领域，都存在秩序问题，需要建立规章制度并以一定规范形式防止混乱。网络公共空间也是如此。网络空间本身具有秩序属性。网络空间伴随互联网的诞生和高速发展，历经演变，已形成了网络空间秩序。从广义上看，网络空间秩序不仅包括互联网使用者之间的秩序，也包括在物理属性下互联网本身的秩序。从我国刑事立法对网络空间秩序规制看，由《刑法》第287条之一、第287条之二所规定的非法利用信息网络罪、帮助信息网络犯罪活动罪，在《刑法》条文中属于《刑法》第六章第一节“扰乱公共秩序罪”之内，可见这两项罪名的保护客体为物理属性的互联网公共秩序。关于网络诽谤、网络寻衅滋事的司法解释则是对互联网使用者之间公共秩序的保护。因此，最高人民法院、最高人民检察院在涉及网络犯罪的若干司法解释中（如最高人民法院、最高人民检察院《关于办理赌博刑事案件具体应用法律若干问题的解释》以及最高人民法院、最高人民检察院《关于办理利用互联网、移动通讯终端、声讯台制作、复制、出版、贩卖、传播淫秽电子信息刑事案件具体应用法律若干问题的解释》等）已经将网络空间视为公共场所，则网络公共领域的秩序当然属于公共秩序。

对于同一案件，如果允许公诉与自诉并存，固然保障了国家的诉讼意志在起诉中得以实现，同时实现被害人的诉权，但也存在明显弊端：如果公诉或者自诉有先后，一种诉讼已经作出生效判决，另一种诉讼法院如果再受理，后一种诉讼可能失去实质意义。

对于被告人来说，恐怕不能因同一犯罪被重复处罚，因此重复起诉是否具有实质意义，不无疑问，只是白白浪费司法资源；如果公诉与自诉各自作出判决且不相同，不但难以执行，而且损害司法公信力，动摇司法权威。因此，两个诉讼应当合并审理为宜。

对于自诉案件，如果已经启动了公诉程序，适当的做法应当是：自诉案件不应再行受理。德国的做法是当事人依法提起自诉,检察机关有三种选择:一是放弃参与自诉;二是在进行自诉程序之期日在场,但只持观望态度;三是检察机关提起公诉。检察机关"可自始提起公诉,如此一来即不得提起自诉",也可以在自诉程序中担当诉讼。

在我国台湾地区,如果同一案件检察官开始侦查而自诉权人再提起自诉,按照"刑事诉讼法"第323条第1款规定,除告诉乃论之罪,经犯罪行为的直接被害人提起自诉不受限制外,同一案件经检察官开始侦查,不得再行自诉。

这是公诉优先自诉的规定,不再实行公诉与自诉对等原则。对于已经提起自诉,是否可以再提起公诉,有的国家或者地区采取自诉优先公诉的做法。林钰雄教授指出:"合法自诉后,检察官若再就同一案件为不起诉处分者,该不起诉处分无效;若为起诉处分者,法院应就该后提起之公诉谕知不受理判决。"

我国台湾地区"刑事诉讼法"第323条第2款规定,在开始侦查以后,检察官知有自诉在先或者属于告诉乃论之罪而直接被害人提起自诉,应即停止侦查,将案件移送法院,但是遇有急迫情况,可以采取必要的处分措施。其第324条规定,同一案件经提起自诉者,不得再行告诉。这是自诉优先公诉的规定。这一做法,原因在于提起自诉后该案即已系属法院,对于同一案件,如果重复起诉,有违"一事不再理"原则,这与提起公诉后被害人再提起自诉,原理是一样的。

由此可见,自诉与公诉谁优先,是一个制度选择问题,无须只执一端进行绝对化思考。

在我国,已经提起公诉,被害人以当事人身份参与诉讼,无须另行提起自诉;如果属于自诉案件,检察院对于已经生效的自诉案件判决认为确有错误,可以提起审判监督程序的抗诉,也不需要另行提起公诉。

在刑事诉讼法和相关司法解释没有相关规定的情况下,出现自诉以后再行启动刑事公诉程序的做法,不能不考虑两种诉讼并存应当如何解决的问题,包括选择自诉优先还是公诉优先以及公诉自诉并行问题。对于公诉与自诉并存问题,《刑事诉讼法》和司法解释可以在三种处理方式中作出选择:一是采行自诉优先的做法,即除非自诉人撤回自诉或者被驳回自诉,否则不能启动公诉程序。二是采行公诉优先的做法,一旦开始刑事立案侦查,对于同一案件不应再受理自诉;如果已经受理自诉,可以采取公诉吸收自诉的办法,即启动公诉程序后,自诉程序吸收进公诉程序，法院终止自诉案件的审理，被害人以当事人身份参与诉讼。三是自诉与公诉并行，启动公诉程序后，自诉案件中止审理，待提起公诉后将公诉与自诉合并审理。以哪一种方案解决自诉与公诉并存问题，需要加以权衡。现代刑事司法中的自诉乃历史上私人诉追主义的延伸，有些国家已经以公诉垄断主义取代了私人诉追主义，也有些国家实行公诉为主、自诉为辅的混合主义。我国采取后一种模式，同时随着司法实践暴露出的问题，对自诉制度有所调整，将过去单纯的自诉案件加入了公诉因素，形成某些自诉案件可以进行公诉的制度。

多年来，自诉往往被视为畏途。司法实践中，对于被害人来说，私人诉追有一定难度，陷入讼累不说，立案难、取证难、证明难、达成诉讼目标难等问题不同程度存在。司法机关对于自诉的重视程度和积极性也不高，因此自诉多呈萎缩状态。

检察机关对于涉及公共利益的自诉案件，主动建议启动侦查程序，行使公诉权，符合检察职能主动积极作为的特性，表现了对于被害人权利和公共利益的敏锐性和高度负责的精神，不但为辛苦自诉的被害人提供了一大助力，对于公众来说，也提供了维护合法权利的新机会。对于涉及公共利益的案件，检察机关可以主动作为，当事人也有权向检察机关请求公诉，理应成为完善自诉制度的新的增长点。

19 Case Study 李可仁贪污、盗窃、敲诈勒索抗诉案

二审抗诉程序

■ 研读指导

1. 二审提起的方式。
2. 二审审理的基本原则。

■ 相关法条

《中华人民共和国刑事诉讼法》第二百二十七条　被告人、自诉人和他们的法定代理人,不服地方各级人民法院第一审的判决、裁定,有权用书状或者口头向上一级人民法院上诉。被告人的辩护人和近亲属,经被告人同意,可以提出上诉。

附带民事诉讼的当事人和他们的法定代理人,可以对地方各级人民法院第一审的判决、裁定中的附带民事诉讼部分,提出上诉。

对被告人的上诉权,不得以任何借口加以剥夺。

第二百二十八条　地方各级人民检察院认为本级人民法院第一审的判决、裁定确有错误的时候,应当向上一级人民法院提出抗诉。

《人民检察院刑事诉讼规则》第五百八十三条　人民检察院依法对人民法院的判决、裁定是否正确实行法律监督,对人民法院确有错误的判决、裁定,应当依法提出抗诉。

第五百八十四条　人民检察院认为同级人民法院第一审判决、裁定具有下列情形之一的,应当提出抗诉:(一)认定的事实确有错误或者据以定罪量刑的证据不确实、不充分的;(二)有确实、充分证据证明有罪判无罪,或者无罪判有罪的;(三)重罪轻判,轻罪重判,适用刑罚明显不当的;(四)认定罪名不正确,一罪判

数罪、数罪判一罪,影响量刑或者造成严重社会影响的;(五)免除刑事处罚或者适用缓刑、禁止令、限制减刑等错误的;(六)人民法院在审理过程中严重违反法律规定的诉讼程序的。

■ 近似案例

叶润生故意杀人刑事抗诉案(《最高人民检察院公报》2000 年第 6 期)

■ 案情介绍

被告人:李可仁,男,33 岁,原浙江省缙云县公安局交通警察大队事故中队副队长。

1995 年 7 月 14 日,浙江省缙云县人民检察院对被告人李可仁贪污、受贿、徇私舞弊、盗窃、诈骗、敲诈勒索案立案侦查,1996 年 12 月 12 日浙江省丽水检察分院向丽水地区中级人民法院提起公诉。起诉书认定案件事实如下:(1)1989 年 2 月 21 日至 1995 年 4 月 28 日被告人李可仁经手处理的 64 次交通事故,利用职务便利,采用冒名领取、虚列支出事故押金等手段,侵吞事故押金款 20.8 万元;(2)1992 年 12 月 22 日至 1994 年 6 月被告人李可仁在处理交通事故中,利用职务之便,徇私枉法,伪造事故调解书,骗取保险公司理赔金 1.9 万余元;(3)1993 年 4 月、9 月、10 月被告人李可仁先后三次将公安局扣押的摩托车上价值 0.9 万元的配件,以及肇事车上价值 0.75 万元打火机等设备拆装到自己车上,占为己有;(4)被告人李可仁利用处理交通事故之便,为其父开办的汽车修理厂强拉生意。1993 年 9 月至 1994 年,被告人李可仁处理交通事故时,因司机拒绝将车拉到李父修理厂高价修车,李即以收管理费为名,向管某敲诈 0.33 万元。由于李对事故迟迟不作处理,致司机徐某、孙某得不到保险公司赔偿而卖车,李可仁从中敲诈 0.2 万元。

1997 年 7 月 27 日,丽水地区中级人民法院一审认为,检察机关指控被告人李可仁贪污、盗窃、敲诈勒索三罪名成立;受贿、徇私舞弊、诈骗行为不构成犯罪;被告人李可仁犯罪持续时间长、侵害对象多、手段恶劣、情节特别严重,具有法定从重处罚情节;同时被告人李可仁有重大立功表现,归案后积极退赃,具有法定和酌定从轻处罚情节。根据《刑法》的有关规定，判处被告人李可仁犯贪污、盗窃、敲诈勒索罪，判处有期徒刑17年，数罪并罚，决定执行有期徒刑16年，附加剥夺政治权利3年，并处没收财产2万元。

一审判决后，被告人李可仁不服判决，提出上诉。

丽水检察分院审查认为一审判决认定事实有误，量刑畸轻，审理超期限。遂于1997年8月28日向浙江省高级人民法院提起抗诉。抗诉理由：

（1）认定事实有误。一审法院判决认定“被告人李可仁有重大立功表现，归案后积极退赃款”与事实不符。判决认定：李可仁1997年4月10日向公安机关检举同监犯江大道八笔盗窃余罪的“重大立功”，实际上公安机关早在1996年7月已经掌握这些线索，且江大道本人已于1997年4月7日为争取立功向律师作了坦白交代。判决书认定李“归案后积极退赃”，实际上被告人李可仁在侦查、起诉阶段一直不认罪、态度极差，司法人员动员其写信叫亲属退赃，李可仁拒不配合，直至审判的后阶段，才勉强同意退赃。

（2）量刑畸轻。被告人李可仁利用处理60多次交通事故，侵吞事故款计20多万元，受害者涉及14个省40多县市120多名司机和旅客，有的伤者得不到及时治疗而造成终身残疾，有的被迫卖车还账，家破人亡；李可仁身为交警，利用职权，发死难财，引起公愤；李可仁作案时间长，贪污数额大，手段恶劣，理应从严惩处。一审判决量刑畸轻。

（3）严重超期办案。该案于1997年1月28日开庭，同年7月27日作出判决，8月19日才将判决书送达检察机关。

浙江省高级人民法院审理认为检察机关抗诉理由成立，予以采纳。裁定撤销原判，发回丽水地区中级人民法院重新审理。1997年12月31日丽水地区中级人民法院经重新审理判决：

被告人李可仁犯贪污罪，判处无期徒刑，剥夺政治权利终身，并处没收财产2万元；犯盗窃罪，判处有期徒刑1年；犯敲诈勒索罪，判处有期徒刑1年；数罪并罚，决定执行无期徒刑，剥夺政治权利终身，并处没收财产2万元。

■ 疑难点释析

检察机关认为一审法院认定事实有误、量刑畸轻向上级法院提出抗诉，上级法院应如何处理？

抗诉，是指人民检察院对人民法院作出的判决、裁定，认为确有错误时，依法向人民法院提出重新审理要求的诉讼活动，是法律授予人民检察院代表国家行使的一项法律监督权。抗诉分为按上诉程序提出的抗诉和按审判监督程序提出的抗诉。我国《刑事诉讼法》第228条规定，地方各级人民检察院认为本级人民法院第一审的判决、裁定确有错误的时候，应当向上一级人民法院提出抗诉。上一级人民法院对检察机关提起的抗诉，如系认定事实不清楚，根据我国《刑事诉讼法》第236条的规定，可以在查清事实后改判，也可以裁定撤销原判，发回原审人民法院重新审判。

在本案中，一审认定被告人李可仁贪污、盗窃、敲诈勒索三罪名成立；受贿、徇私舞弊、诈骗行为不构成犯罪；被告人李可仁犯罪持续时间长、侵害对象多、手段恶劣、情节特别严重，具有法定从重处罚情节；同时被告人李可仁有重大立功表现，归案后积极退赃，具有法定和酌定从轻处罚情节，综合全案情况作出了一审判决。但是，检察机关发现一审判决关于事实的认定不准确，被告人举报的他人犯罪事实在其归案前已经查清且审判，被告人经司法机关多次催促拒不退赃，被告人“重大立功及积极退赃”情节明显不成立，事实认定错误，被告人没有从轻处罚情节；而且，一审法院对被告人犯罪行为的严重程度缺乏清醒认识，量刑明显过轻。被告人李可仁利用处理60多次交通事故，侵吞事故款计20多万元，受害者涉及14个省40多县市120多名司机和旅客，有的伤者得不到及时治疗而造成终身残疾，有的被迫卖车还账，家破人亡；李可仁身为交警，利用职权，发死难财，引起公愤；李可仁作案时间长，贪污数额大，手段恶劣，理应从严惩处。检察院作为法律监督机关，发现一审判决存在错误，有权通过抗诉启动二审程序，纠正一审法院的错误裁判，准确地惩罚犯罪分子，保护被告人的合法权益。根据我国《人民检察院刑事诉讼规则》第584条规定，人民检察院认为同级人民法院第一审判决、裁定具有“认定的事实确有错误或者据以定罪量刑的证据不确实、不充分的；重罪轻判、轻罪重判，适用刑罚明显不当的;人民法院在审理过程中严重违反法律规定的诉讼程序的”。应当提出抗诉。

知识点梳理

第二审程序又称上诉审程序,是第二审人民法院根据上诉人的上诉或者人民检察院的抗诉,就第一审人民法院尚未发生法律效力的判决或裁定认定的事实和适用的法律进行审理时所应当遵循的步骤和方式、方法。它是刑事诉讼中一个独立的诉讼阶段。正确理解上述概念,要注意以下三点:(1)不能简单地认为第二审程序就是对同一案件进行第二次审理的程序。因为对同一案件的第二次审理可能是第二审程序,也可能是第一审程序,甚至可能是审判监督程序。比如,上一级法院认为下级法院审理、裁判了应该由它作为第一审审理的案件,有权依法撤销原裁判、变更管辖,将该案收归自己作第一审审判。变更管辖后的审理,从审理次数说是第二次,但从审判程序上说仍是第一审程序。(2)第二审程序并不是审理刑事案件的必经程序。一个案件是否经过第二审程序,关键在于上诉人或检察机关是否依法提起了上诉或抗诉。提起上诉或抗诉的,该案就应由上一级人民法院依第二审程序再次审理,否则就不产生第二审程序。(3)除基层人民法院以外的各级人民法院,都可以成为上级人民法院,因此,中级人民法院、高级人民法院和最高人民法院对于它的下一级法院来说,都是第二审人民法院,对于不服下一级法院第一审判决或裁定而提出上诉或抗诉的,都要适用第二审程序审理、裁判。

第二审程序的任务:第二审人民法院对第一审人民法院作出的判决或裁定所认定的事实是否清楚,证据是否确实、充分,适用法律是否正确,诉讼程序是否合法,进行全面审查和审理,并依法作出判决或裁定,以维持正确的一审判决和裁定,纠正错误的一审判决和裁定。

人民检察院是国家法律监督机关,对于人民法院的审判活动是否合法,应当实行监督。对于被告人有利或不利的错误判决、裁定,人民检察院都应当提起抗诉。

我国《刑事诉讼法》第 8 条规定:“人民检察院依法对刑事诉讼实行法律监督。”《人民检察院刑事诉讼规则》第十三章“刑事诉讼法律监督”以专章的形式从一般规定,刑事立案监督,侦查活动监督,审判活动监督,羁押必要性审查,刑事判决、裁定监督,死刑复核监督,羁押期限和办案期限监督等八个方面进一步细化了人民检察院的监督职责。检察机关对人民法院审判活动的监督主要包括两个方面:一是对人民法院作出的判决、裁定进行监督,包括对一审法院作出的还未发生法律效力的判决、裁定提起抗诉(二审程序中的抗诉)和对已经发生法律效力但检察机关认为事实认定或法律适用确有错误的判决、裁定提起抗诉(审判监督程序中的抗诉)。二是对人民法院的审判活动本身进行监督。人民检察院认为人民法院审理案件过程中,有违反法律规定的诉讼程序的情况,在庭审后提出书面纠正意见,人民法院认为正确的,应当采纳。

20
Case Study

余金平交通肇事案

二审上诉不加刑原则

■ 研读指导

1. 什么是上诉不加刑原则？
2. 上诉不加刑原则适用的限制条件。

■ 相关法条

《中华人民共和国刑事诉讼法》第二百三十七条　第二审人民法院审理被告人或者他的法定代理人、辩护人、近亲属上诉的案件，不得加重被告人的刑罚。第二审人民法院发回原审人民法院重新审判的案件，除有新的犯罪事实，人民检察院补充起诉的以外，原审人民法院也不得加重被告人的刑罚。

人民检察院提出抗诉或者自诉人提出上诉的，不受前款规定的限制。

最高人民法院《关于适用〈中华人民共和国刑事诉讼法〉的解释》第四百零一条　审理被告人或者其法定代理人、辩护人、近亲属提出上诉的案件，不得对被告人的刑罚作出实质不利的改判，并应当执行下列规定：（一）同案审理的案件，只有部分被告人上诉的，既不得加重上诉人的刑罚，也不得加重其他同案被告人的刑罚。（二）原判认定的罪名不当的，可以改变罪名，但不得加重刑罚或者对刑罚执行产生不利影响。（三）原判认定的罪数不当的，可以改变罪数，并调整刑罚，但不得加重决定执行的刑罚或者对刑罚执行产生不利影响。（四）原判对被告人宣告缓刑的，不得撤销缓刑或者延长缓刑考验期。（五）原判没有宣告职业禁止、禁止令的，不得增加宣告；原判宣告职业禁止、禁止令的，不得增加内容、延长期限。（六）原判对被告人判处死刑缓期执行没有限制减刑、决定终身监禁的，不得限制减刑、决定终身监禁。（七）原判判处的刑罚不当、应当适用附加刑而没有适用的，不得直接加重刑罚、适用附加刑。原判判处的刑罚畸轻，必须依法改判的，应当在第二审判决、裁定生效后，依照审判监督程序重新审判。

人民检察院抗诉或者自诉人上诉的案件，不受前款规定的限制。

第四百零二条　人民检察院只对部分被告人的判决提出抗诉，或者自诉人只对部分被告人的判决提出上诉的，第二审人民法院不得对其他同案被告人加重刑罚。

第四百零三条　被告人或者其法定代理人、辩护人、近亲属提出上诉，人民检察院未提出抗诉的案件，第二审人民法院发回重新审判后，除有新的犯罪事实且人民检察院补充起诉的以外，原审人民法院不得加重被告人的刑罚。

对前款规定的案件，原审人民法院对上诉发回重新审判的案件依法作出判决后，人民检察院抗诉的，第二审人民法院不得改判为重于原审人民法院第一次判处的刑罚。

■ 近似案例

上诉人郭某等参加黑社会性质组织罪［（2016）黔23刑终67号］

■ 案情介绍

2019年6月5日21时许，被告人余金平酒后驾驶白色丰田牌小型普通客车由南向北行驶至北京市门头沟区河堤路1公里处时，车辆前部右侧撞到被害人宋某致其死亡，撞人后余金平驾车逃逸。经北京市公安局门头沟分局交通支队认定，被告人余金平发生事故时系酒后驾车，且驾车逃逸，负事故全部责任。2019年6月6日5时许，被告人余金平到公安机关自动投案，如实供述了自己的罪行。2019年6月17日，被告人余金平的家属赔偿被害人宋某的近亲属各项经济损失共计人民币160万元，获得了被害人近亲属的谅解。

本案由北京市门头沟区人民检察院向门头沟区人民法院提起公诉。因当事人自愿认罪认罚，具有自首情节，赔偿了受害人家属160万元并取得谅解，门头沟区检察院出具了判处3年有期徒刑、缓期4年执行的量刑建议。

北京市门头沟区人民法院认为被告人交通肇事后逃逸，主观恶性大，并未采纳检察院的量刑建议，判处了2年有期徒刑，未适用缓刑。

基于此，门头沟区人民检察院提起抗诉、被告人提起上诉。北京市第一中级人民法院二审认为，一审法院认定自首错误，不应减轻处罚。故改判有期徒刑3年6个月。

■ 疑难点释析

二审法院是否违背上诉不加刑原则？

我国《刑事诉讼法》第237条规定了该原则："第二审人民法院审理被告人或者他的法定代理人、辩护人、近亲属上诉的案件，不得加重被告人的刑罚。第二审人民法院发回原审人民法院重新审判的案件，除有新的犯罪事实，人民检察院补充起诉的以外，原审人民法院也不得加重被告人的刑罚。人民检察院提出抗诉或者自诉人提出上诉的，不受前款规定的限制。"

本案中，被告人与检方同时针对一审的实刑判决提起了上诉与抗诉。是故，仅从《刑事诉讼法》第237条第2款的字面语义来看，本案不适用"上诉不加刑"原则，二审改判加重刑罚是适当的。本案审判关键有以下几个：(1)一审检察院在余金平签署认罪认罚具结书的前提下，在提起公诉时提出了有期徒刑3年、缓刑4年执行的量刑建议；(2)一审法院拒绝采纳检察院的量刑建议，判决被告人余金平犯交通肇事罪，判处有期徒刑2年；(3)一审检察院提出抗诉，二审检察院支持抗诉，认为法院应当采纳"判三缓四"的量刑建议；(4)二审法院不但未采纳量刑建议，而且直接推翻了一审法院对自首的认定，改判有期徒刑3年6个月。

此外，检方的抗诉又应当分为有利于被告人和不利于被告人两种情况，即求轻与求重两种抗诉。如果是前一种，二审判决同样应当适用《刑事诉讼法》第237条第1款的"上诉不加刑"原则。然而问题在于，本案中检方的抗诉果真是完全有利于被告人的抗诉吗？有人认为，本案中检方之抗诉与被告人之上诉站在了同一条战线上，利益是完全一致的。其实不然。就形式意义而言，被告人之上诉旨在强调缓刑的适用，仅为己方利益而辩；而检方的抗诉旨在维护量刑建议的权威性，主要是为国家公诉权的尊严而战。再从实质效果的层面予以阐释。一审判决是有期徒刑 2 年的实刑，检方抗诉意见是应当“判三缓四”的缓刑。有人认为，缓刑当然轻于实刑，故此抗诉就是有利于被告人的抗诉，这是众人皆知的道理。但是，真实案情不应采取如此笼统的分析方法。单就有期徒刑的执行方式来看，一审判决是实刑，抗诉意见是缓刑，显然有利于被告人。但是，在本案中，一审判决是 2 年徒刑，而抗诉意见是 3 年徒刑（缓刑 4 年），在刑期方面是作了加重而不利于被告人的。《刑诉解释》第 401 条细致规定了上诉“不加刑”的表现情形，其中该条第 3 项指出，原判对被告人实行数罪并罚的，不得加重决定执行的刑罚，也不得加重数罪中某罪的刑罚。依此，若二审判决对数罪并罚案件只加重了某一罪的刑罚，但最终决定执行刑罚却是减轻了，这也属于二审加刑的表现。但按笼统的常理，这实际却是没有加刑的。在此现行法语境下，实刑变为缓刑，但刑期予以延长，这显然是一种加重刑罚的表现。本案二审检察院的量刑建议即属此种情况。还有人认为，二审法院完全超越了被告人上诉和检方抗诉的范畴，而且加重刑罚改判为 3 年有期徒刑的实刑，势必形成法院既为裁判机关，又为控诉者的“自诉自审”现象，违背了控审分离原则。

现代刑事诉讼中的控审分离原则，要求控诉权与裁判权分别交由检察院和法院分别独立实施，并进一步要求“不告不理”（法院审判必须在检察院提出合法起诉的前提下才能启动）和“告什么理什么”（法院审理和裁判的对象和范围必须限定于检方起诉书所明确记载的对象和范围）。我国刑事诉讼一审程序基本做到了控审分离原则，但是二审程序的现行法规定并不受该项理念的约束。《刑事诉讼法》第 233 条第 1 款规定了二审的全面审查原则：“第二审人民法院应当就第一审判决认定的事实和适用法律进行全面审查，不受上诉或者抗诉范围的限制。”因此，二审程序在超出上诉和抗诉的范围之外作出裁判，未有不妥之处。

■ 知识点梳理

1. 上诉不加刑的概念

我国的上诉不加刑原则，是指第二审人民法院审判被告人一方上诉的案件，不得以任何理由加重被告人刑罚的一项审判原则。我国《刑事诉讼法》第 237 条第 1 款规定：“第二审人民法院审理被告人或者他的法定代理人、辩护人、近亲属上诉的案件，不得加重被告人的刑罚。第二审人民法院发回原审人民法院重新审判的案件，除有新的犯罪事实，人民检察院补充起诉的以外，原审人民法院也不得加重被告人的刑罚。”这是我国关于上诉不加刑原则在法律上的具体体现。法律规定的这一上诉不加刑原则的具体含义是：

(1)上诉是被告人的合法权利，不论上诉理由是否得当，都不能以被告人不服判决或态度不好而在二审判决中加重原判刑罚。

(2)仅有被告人一方上诉的案件，二审法院审理后确认应按《刑事诉讼法》第236条第1款第2项进行改判时，即使原判量刑畸轻，也不得加重被告人的刑罚。同时，二审法院不能借口事实不清、证据不足而将仅仅是量刑过轻的案件发回重审，指令一审法院加重被告人的刑罚。

(3)仅有被告人一方上诉的案件，二审法院审理后，确需按《刑事诉讼法》第236条第1款第3项规定直接改判或发回原审法院重审的，改判不得加重被告人的刑罚；发回重审后，除非有新的犯罪事实，人民检察院补充起诉的以外，原审人民法院也不得加重被告人的刑罚。

当然，不是在任何情况下第二审法院都不得加重被告人的刑罚。人民检察院提出抗诉或者自诉人提出上诉的，如果一审判决确属过轻，第二审法院可以改判加重被告人的刑罚。

2. 上诉不加刑原则的意义

在刑事诉讼中坚持上诉不加刑原则具有重要意义：

(1)有利于保障被告人依法行使上诉权。我国《宪法》第130条规定：“……被告人有权获得辩护。”上诉不加刑原则，正是被告人在审判阶段行使辩护权的重要保障。被告人一方上诉的目的是申明被告人无罪或罪轻，要求上级法院纠正他们认为的原审法院判决的错误，宣告无罪或从轻定罪量刑。如果他们提出上诉后，二审法院不仅没有宣告无罪或减刑反而加重了刑罚，则必然增加被告人一方上诉的思想顾虑，甚至在一审法院判决确有错误的情况下也不敢上诉。这样，在客观上就会限制被告人行使上诉权，也使确有错误的一审判决不能得到及时的纠正。实行上诉不加刑原则，就可以消除被告人的顾虑，使他按照自己的意志依法行使法律赋予他的上诉权利。

(2)有利于维护上诉制度，保证人民法院正确行使审判权。上诉不加刑原则，可以消除被告人的思想顾虑,使其大胆申述上诉理由,保证上诉制度的切实执行。这样,就有利于二审法院全面审查一审判决是否存在错误,维持正确的判决,纠正错误的判决,保证国家审判权的正确行使。

(3)有利于促使人民检察院履行审判监督职责。人民检察院是国家的法律监督机关,由于法律确立了被告人一方上诉不加刑的原则,这就要求人民检察院要认真履行审判监督、依法抗诉的职责。

3. 上诉不加刑的适用问题

《刑诉解释》第401~403条在《刑事诉讼法》的基础上,对上诉不加刑的适用问题作出了更为明确的规定。

(1)被告人或者其法定代理人、辩护人、近亲属提出上诉的案件,不得对被告人的刑罚作出实质不利的改判,并应当执行下列规定:第一,同案审理的案件,只有部分被告人上诉的,既不得加重上诉人的刑罚,也不得加重其他同案被告人的刑罚。第二,原判认定的罪名不当的,可以改变罪名,但不得加重刑罚或者对刑罚执行产生不利影响。第三,原判认定的罪数不当的,可以改变罪数,并调整刑罚,但不得加重决定执行的刑罚或者对刑罚执行产生不利影响。第四,原判对被告人宣告缓刑的,不得撤销缓刑或者延长缓刑考验期。第五,原判没有宣告职业禁止、禁止令的,不得增加宣告;原判宣告职业禁止、禁止令的,不得增加内容、延长期限。第六,原判对被告人判处死刑缓期执行没有限制减刑、决定终身监禁的,不得限制减刑、决定终身监禁。第七,原判判处的刑罚不当、应当适用附加刑而没有适用的,不得直接加重刑罚、适用附加刑。原判判处的刑罚畸轻,必须依法改判的,应当在第二审判决、裁定生效后,依照审判监督程序重新审判。

(2)人民检察院只对部分被告人的判决提出抗诉,或者自诉人只对部分被告人的判决提出上诉的,第二审人民法院不得对其他同案被告人加重刑罚。

(3)被告人或者其法定代理人、辩护人、近亲属提出上诉,人民检察院未提出抗诉的案件,第二审人民法院发回重新审判后,除有新的犯罪事实且人民检察院补充起诉的以外,原审人民法院不得加重被告人的刑罚。

对前款规定的案件,原审人民法院对上诉发回重新审判的案件依法作出判决后,人民检察院抗诉的,第二审人民法院不得改判为重于原审人民法院第一次判处的刑罚。

21

Case Study

于英生故意杀人案

审判监督程序

■ 研读指导

1. 了解申诉及申诉权人。
2. 理解我国设置审判监督程序的初衷。

■ 相关法条

《中华人民共和国刑事诉讼法》第二百五十二条　申诉的提出

当事人及其法定代理人、近亲属,对已经发生法律效力的判决、裁定,可以向人民法院或者人民检察院提出申诉,但是不能停止判决、裁定的执行。

第二百五十三条　因申诉而重新审判的情形

当事人及其法定代理人、近亲属的申诉符合下列情形之一的,人民法院应当重新审判:(一)有新的证据证明原判决、裁定认定的事实确有错误,可能影响定罪量刑的;(二)据以定罪量刑的证据不确实、不充分、依法应当予以排除,或者证明案件事实的主要证据之间存在矛盾的;(三)原判决、裁定适用法律确有错误的;(四)违反法律规定的诉讼程序,可能影响公正审判的;(五)审判人员在审理该案件的时候,有贪污受贿,徇私舞弊,枉法裁判行为的。

第二百五十四条　提起审判监督程序的主体及理由

各级人民法院院长对本院已经发生法律效力的判决和裁定,如果发现在认定事实上或者在适用法律上确有错误,必须提交审判委员会处理。

最高人民法院对各级人民法院已经发生法律效力的判决和裁定,上级人民法院对下级人民法院已经发生法律效力的判决和裁定,如果发现确有错误,有权提审或者指令下级人民法院再审。

最高人民检察院对各级人民法院已经发生法律效力的判决和裁定，上级人民检察院对下级人民法院已经发生法律效力的判决和裁定，如果发现确有错误，有权按照审判监督程序向同级人民法院提出抗诉。

人民检察院抗诉的案件，接受抗诉的人民法院应当组成合议庭重新审理，对于原判决事实不清楚或者证据不足的，可以指令下级人民法院再审。

■ 近似案例

张氏叔侄案[(2013)浙刑再字第2号]

■ 案情介绍

于英生，男，1962年3月生，山东省文登市(现威海市文登区)人。

1996年12月2日，于英生的妻子韩某在家中被人杀害。安徽省蚌埠市中区公安分局侦查认为于英生有重大犯罪嫌疑，于1996年12月12日将其刑事拘留。1996年12月21日，蚌埠市中市区(现蚌山区)人民检察院以于英生涉嫌故意杀人罪，将其批准逮捕。在侦查阶段的审讯中，于英生供认了杀害妻子的主要犯罪事实。蚌埠市中区公安分局侦查终结后，移送蚌埠市中市区人民检察院审查起诉。蚌埠市中市区人民检察院审查后，依法移送蚌埠市人民检察院审查起诉。1997年12月24日，蚌埠市人民检察院以涉嫌故意杀人罪对于英生提起公诉。蚌埠市中级人民法院一审判决认定以下事实：1996年12月1日，于英生一家三口在逛商场时，韩某将2800元现金交给于英生让其存入银行，但却不愿告诉这笔钱的来源，引起于英生的不满。12月2日7时20分，于英生送其子去上学，回家后再次追问韩某2800元现金是哪来的。因韩某坚持不愿说明来源，二人发生争吵厮打。厮打过程中，于英生见韩某声音越来越大，即恼羞成怒将其推倒在床上，然后从厨房拿了一根塑料绳，将韩某的双手拧到背后捆上。接着又用棉被盖住韩某头面部并隔着棉被用双手紧捂其口鼻，将其捂昏迷后匆忙离开现场到单位上班。约9时50分，于英生从单位返回家中，发现韩某已经死亡，便先解开捆绑韩某的塑料绳，用菜刀对韩某的颈部割了数刀，然后将其内衣向上推至胸部、将其外面穿的毛线衣拉平，并将尸体翻成俯卧状。接着又将屋内家具的柜门、抽屉拉开，将物品翻乱，造成家中被抢劫、韩某被奸杀的假象。临走时，于英生又将液化气打开并点燃一根蜡烛放在床头柜上的烟灰缸里，企图使液化气排放到一定程度，烛火引燃液化气，达到烧毁现场的目的。后因被及时发现而未引燃。经法医鉴定：死者韩某口、鼻腔受暴力作用，致机械性窒息死亡。

1998 年 4 月 7 日，蚌埠市中级人民法院以故意杀人罪判处于英生死刑，缓期 2 年执行。于英生不服，向安徽省高级人民法院提出上诉。

1998 年 9 月 14 日，安徽省高级人民法院以原审判决认定于英生故意杀人的部分事实不清，证据不足为由，裁定撤销原判，发回重审。被害人韩某的父母提起附带民事诉讼。

1999 年 9 月 16 日，蚌埠市中级人民法院以故意杀人罪判处于英生死刑，缓期 2 年执行。于英生不服，再次向安徽省高级人民法院提出上诉。

2000 年 5 月 15 日，安徽省高级人民法院以原审判决事实不清，证据不足为由，裁定撤销原判，发回重审。

2000 年 10 月 25 日，蚌埠市中级人民法院以故意杀人罪判处于英生无期徒刑。于英生不服，向安徽省高级人民法院提出上诉。2002 年 7 月 1 日，安徽省高级人民法院裁定驳回上诉，维持原判。

2002 年 12 月 8 日，于英生向安徽省高级人民法院提出申诉。2004 年 8 月 9 日，安徽省高级人民法院驳回于英生的申诉。后于英生向安徽省人民检察院提出申诉。

安徽省人民检察院经复查，提请最高人民检察院按照审判监督程序提出抗诉。最高人民检察院经审查，于 2013 年 5 月 24 日向最高人民法院提出再审检察建议。

2013 年 6 月 6 日，最高人民法院将最高人民检察院再审检察建议转安徽省高级人民法院。2013 年 6 月 27 日，安徽省高级人民法院对该案决定再审。2013 年 8 月 5 日，安徽省高级人民法院不公开开庭审理了该案。安徽省高级人民法院审理认为，原判决、裁定根据于英生的有罪供述、现场勘查笔录、尸体检验报告、刑事科学技术鉴定、证人证言等证据，认定原审被告人于英生杀害了韩某。但于英生供述中部分情节与现场勘查笔录、尸体检验报告、刑事科学技术鉴定等证据存在矛盾，且韩某阴道擦拭纱布及三角内裤上的精子经DNA鉴定不是于英生的，安徽省人民检察院提供的侦查人员从现场提取的没有比对结果的他人指纹等证据没有得到合理排除，因此原审判决、裁定认定于英生犯故意杀人罪的事实不清、证据不足，指控的犯罪不能成立。2013年8月8日，安徽省高级人民法院作出再审判决：撤销原审判决裁定，原审被告人于英生无罪。

■ 疑难点释析

如何贯彻法院审查判断证据、认定案件事实必须达到"唯一性"？

本案中，被告人不服生效判决的主要理由是认为原判决事实不清、证据不足，向检察机关申诉。最终，最高人民检察院经过审查认为，原审判决、裁定认定于英生故意杀人的事实不清，证据不足，案件存在的矛盾和疑点无法得到合理排除，案件事实结论不具有唯一性。

之所以认定原审判决认定事实的证据不确实、不充分是因为：一是根据安徽省人民检察院复查调取的公安机关侦查内卷中的手写"现场手印检验报告"及其他相关证据，能够证实现场存在的两枚指纹不是于英生及其家人所留，但侦查机关并未将该情况写入检验报告。原审判决依据该"现场手印检验报告"得出"没有发现外人进入现场的痕迹"的结论与客观事实不符。二是关于于英生送孩子上学以及到单位上班的时间，缺少明确证据支持，且证人证言之间存在矛盾。原审判决认定于英生12月2日9时50分回家伪造现场，10时20分回到单位，而于英生辩解其在10时左右回到单位，后接到传呼并用办公室电话回此传呼，并在侦查阶段将传呼机提交侦查机关。安徽省人民检察院复查及最高人民检察院审查时，相关人员证实侦查机关曾对有关人员及传呼机信息问题进行了调查，并调取了通话记录，但案卷中并没有相关调查材料及通话记录，于英生在12月2日10时左右回到单位的辩解不能合理排除。因此依据现有证据，原审判决认定于英生具有20分钟作案时间和30分钟伪造现场时间的证据不足。

之所以认定原审判决定罪的主要证据之间存在矛盾，是因为，原审判决认定于英生有罪的证据主要是现场勘查笔录、尸检报告以及于英生曾作过的有罪供述。而于英生在侦查阶段虽曾作过有罪供述，但其有罪供述不稳定，时供时翻，供述前后矛盾。且其有罪供述与现场勘查笔录、尸检报告等证据亦存在诸多不一致的地方,如于英生曾作有罪供述中有关菜刀放置的位置、拽断电话线、用于点燃蜡烛的火柴梗丢弃在现场以及与被害人发生性行为等情节与现场勘查笔录、尸检报告等证据均存在矛盾。

最终,检察机关得出结论,原审判决认定于英生故意杀人的结论不具有唯一性。根据从公安机关侦查内卷中调取的手写"手印检验报告"以及 DNA 鉴定意见,现场提取到外来指纹,被害人阴道提取的精子也不是于英生的精子,因此存在其他人作案的可能。同时,根据侦查机关蜡烛燃烧试验反映的情况,该案存在杀害被害人并伪造现场均在 12 月 2 日 8 时之前完成的可能。原审判决认定于英生故意杀害韩某的证据未形成完整的证据链,认定的事实不能排除合理怀疑。

对案件事实结论应当坚持"唯一性"证明标准。《刑事诉讼法》第 200 条第 1 项规定:"案件事实清楚,证据确实、充分,依据法律认定被告人有罪的,应当作出有罪判决。"《刑事诉讼法》第 55 条第 2 款对于认定"证据确实、充分"的条件进行了规定:"(一)定罪量刑的事实都有证据证明;(二)据以定案的证据均经法定程序查证属实;(三)综合全案证据,对所认定的案件事实已排除合理怀疑。"排除合理怀疑,要求对于认定的案件事实,从证据角度已经没有符合常理的、有根据的怀疑,特别在是否存在犯罪事实和被告人是否实施了犯罪等关键问题上,确信证据指向的案件结论具有唯一性。只有坚持对案件事实结论的唯一性标准,才能够保证裁判认定的案件事实与客观事实相符,最大限度避免冤假错案的发生。

坚持全面收集证据,严格把握纠错标准。在复查刑事申诉案件过程中,除全面审查原有证据外,还应当注意补充收集、调取能够证实被告人有罪或者无罪、犯罪情节轻重的新证据,通过正向肯定与反向否定,检验原审裁判是否做到案件事实清楚,证据确实、充分。要坚持疑罪从无原则,严格把握纠错标准,对于被告人有罪供述出现反复且前后矛盾,关键情节与其他在案证据存在无法排除的重大矛盾,不能排除有其他人作案可能的,应当认为认定主要案件事实的结论不具有唯一性。人民法院据此判决被告人有罪的,人民检察院应当按照审判监督程序向人民法院提出抗诉,或者向同级人民法院提出再审检察建议。

坚守防止冤假错案底线,是保障社会公平正义的重要方面。检察机关既要依法监督纠正确有错误的生效刑事裁判,又要注意在审查逮捕、审查起诉等环节有效发挥监督制约作用，努力从源头上防止冤假错案发生。在监督纠正冤错案件方面，要严格把握纠错标准，对于被告人供述反复，有罪供述前后矛盾，且有罪供述的关键情节与其他在案证据存在无法排除的重大矛盾，不能排除有其他人作案可能的，应当依法进行监督。

■ 知识点梳理

1. 审判监督程序的概念和特点

审判监督程序是指人民法院、人民检察院对已经发生法律效力的判决和裁定，发现在认定事实或适用法律上确有错误，依法提起并对案件进行重新审判的程序。审判监督程序具有如下特点：

（1）从诉讼实质讲，审判监督程序是一种补救性程序，或称救济程序。刑事诉讼的一般法则是，已经发生法律效力的判决、裁定，一经宣告即具有既判力，也即普遍的约束力，未经法定程序，不得擅自更改或撤销。但是，司法实践中，已经确立的裁判并非绝对正确，由于主、客观原因，有的判决或裁定可能是错误的，致使裁判的确定性与案件的真实性之间发生矛盾，为了解决这一矛盾，立法确立了审判监督程序。因此，审判监督程序正是为纠正错判而设立的补救程序。

（2）从诉讼进程讲，审判监督程序不是刑事诉讼的必经程序。审判监督程序只适用于特殊对象，由法定的主体提起，它既不像一审、二审程序那样，只要有诉（如起诉或者上诉、抗诉），就必须进行审判，也不像死刑复核程序那样，凡是判处死刑（含死缓）的案件都必须逐级上报核准，而本程序的提起与否，不取决于当事人等的申诉，有的甚至虽经多次、反复申诉、请求，也未必一定对案件进行重新审判，更不是无条件地逐级上报再审。因此，从这一意义上讲，审判监督程序不可能成为刑事诉讼的必经程序。

2. 审判监督程序的意义

审判监督程序既是特殊程序，又是刑事审判程序的重要组成部分，在刑事诉讼中具有十分重要的意义。具体表现在：

（1）审判监督程序是使刑罚权得以正确行使的可靠保障。刑罚权是国家权力的重要组成部分。人民法院是国家审判机关，代表国家行使刑罚权，其判决和裁定以国家强制力保护其严肃性和权威性，一旦发生法律效力，就具有了稳定性，任何机关和个人都不能变更或撤销。但是，生效裁判的稳定性应当建立在认定事实和适用法律正确性和客观真实性的基础之上。然而刑事案件错综复杂，虽然经过侦查、起诉和审判，甚至还经过了二审、死刑复核等程序，仍然可能有错误，尽管这种确有错误的裁判是极少数的，但是也没有理由去维护其稳定性和虚假的权威性，而应当按照司法公正的要求，依据审判监督程序予以纠正。因此，审判监督程序是使国家刑罚权得以正确行使的最后程序保障。

(2)审判监督程序有利于实现上级司法机关对下级人民法院审判工作的监督。按照法律规定，最高人民检察院和上级人民检察院、最高人民法院和上级人民法院在接受申诉及办案过程中，发现下级人民法院的生效裁判确有错误，通过提出抗诉或提审、指令再审等方式，对下级人民法院的审判工作实行监督，纠正错误。而下级人民法院通过接受抗诉和重新审判案件，发现自己在认定事实和适用法律上存在的问题及其原因，以便及时纠正错误并且有针对性地总结教训，改进审判工作，提高办案质量。

(3)审判监督程序有利于保障当事人的合法权利。按照法律规定，当事人及其法定代理人、近亲属及案外人(认为受到生效裁判侵害的)，不服已生效的判决、裁定有权向司法机关提出申诉，而刑事诉讼当事人既包括被害人、自诉人，也包括犯罪嫌疑人和被告人。这表明法律既支持有利于被告人的再审，也支持不利于被告人的再审。由于刑事判决和裁定是对被告人生命、自由、政治和财产等权利的处分，事关重大，如果处分不当，就会造成对被告人权利的剥夺或侵犯。同时刑事裁判也是对被害人、自诉人的控告、起诉、上诉及其请求等权利的处分，如果处分错误，也会给他们造成损害，因此，我国审判监督程序是保护当事人双方利益的重要程序。但是，基于法的安定性与公正性间的冲突和保护被判刑人与保护被害方利益的对立，审判监督程序应当在它们之间寻求平衡，在不损害被判刑人利益的基础上，更加注重维护生效裁判的既判力。

22
Case Study

林某故意杀人案

死刑复核程序

研读指导

1. 死刑复核程序的性质。
2. 死刑复核程序的意义。

相关法条

《中华人民共和国刑事诉讼法》第二百四十六条　死刑由最高人民法院核准。

第二百四十九条　最高人民法院复核死刑案件，高级人民法院复核死刑缓期执行的案件，应当由审判员三人组成合议庭进行。

第二百五十条　最高人民法院复核死刑案件，应当作出核准或者不核准死刑的裁定。对于不核准死刑的，最高人民法院可以发回重新审判或者予以改判。

第二百五十一条　最高人民法院复核死刑案件，应当讯问被告人，辩护律师提出要求的，应当听取辩护律师的意见。

在复核死刑案件过程中，最高人民检察院可以向最高人民法院提出意见。最高人民法院应当将死刑复核结果通报最高人民检察院。

近似案例

张扣扣故意杀人、故意毁坏财物案[(2018)陕07刑初37号]

■ 案情介绍

林某出生于广东省汕头市，原系复旦大学医学院在校硕士研究生。

2010 年 8 月起，林某入住大学某宿舍楼某寝室。一年后，黄某调入该寝室。之后，林因琐事对黄不满，逐渐怀恨在心，决意采用投毒的方法加害黄某。

2013 年 3 月 31 日下午，林某以取物为名，通过同学吕某进入复旦大学附属中山医院（以下简称中山医院）某影像医学实验室。林趁室内无人，取出其于 2011 年参与动物实验时剩余的装有剧毒化学品二甲基亚硝胺的试剂瓶和注射器，并装入一只黄色医疗废弃物袋中随身带离。当天 17 时 50 分许，林将上述物品带至寝室，趁室内无人之机，将二甲基亚硝胺投入寝室的饮水机内，而后将试剂瓶等物品连同黄色医疗废弃物袋带出宿舍楼予以丢弃。

2013 年 4 月 1 日上午，黄某从饮水机中接取并喝下已被林某投入二甲基亚硝胺的饮用水。之后，黄某发生呕吐，并于当天中午前往医院就诊。次日下午，黄某再次就诊，被发现肝功能受损严重，遂留院观察。4 月 3 日下午，黄某因病情严重，被转至外科重症监护室治疗。在黄某就医期间，林某故意隐瞒黄某的病因。

2013 年 4 月 11 日，林某在两次接受公安人员询问时都没有供述其投毒事实，直到次日凌晨经公安机关依法予以刑事传唤到案后，才如实供述了自己的投毒事实。

2013 年 4 月 16 日，黄某经抢救无效死亡。经鉴定，黄某符合二甲基亚硝胺中毒致急性肝坏死引起急性肝功能衰竭，继发多器官功能衰竭死亡。

一审法院认为，被告人林某为泄愤采用投放毒物的方法故意杀人，致被害人黄某死亡，其行为构成故意杀人罪。林某故意杀人的手段残忍，后果严重，社会危害极大，罪行极其严重，其到案后虽能如实供述罪行，但不足以从轻处罚。2014 年 2 月 18 日，一审法院判处被告人林某死刑，剥夺政治权利终身。

一审宣判后，林某不服，提出上诉。其上诉理由为：其系为作弄黄某而投毒，在投毒后曾将饮水机内部分水舀出倒掉，并用自来水对饮水机内剩余水进行稀释，他主观上没有杀人故意。

2014 年 12 月 8 日，上海高院二审公开开庭。在这次庭审中，林某的辩护人申请“有专门知识的人”胡志强出庭，提出黄某系爆发性乙型病毒性肝炎致急性肝坏死，最终因多器官功能衰竭死亡。同时，两位辩护人认为林某主观上没有杀人故意，不构成故意杀人罪。一名辩护人认为林某的行为构成故意伤害罪，另一位辩护人则认为构成过失致人死亡罪。

2015 年 1 月 8 日，上海高院裁决驳回上诉，维持原判，根据《刑事诉讼法》的规定，对林某的死刑判决依法报请最高人民法院核准。

2015 年 12 月 11 日，上海市第二中级人民法院遵照最高人民法院院长签发的执行死刑命令，将该案罪犯林某执行死刑。

■ 疑难点释析

林某的死刑判决是否恰当？本案中死刑复核的内容主要包括什么？

死刑复核程序的功能之一就是对死刑判决的正确与否进行审核。本案中，林某和黄某为硕士同学，林某因琐事对黄某不满，逐渐对黄某怀恨在心，决意采用投毒的方法加害黄某。2013 年 3 月 31 日下午，被告人林某以取物为名，通过同学吕某进入中山医院 11 号楼二层影像医学实验室 204 室（以下简称 204 实验室），趁室内无人，取出其于 2011 年参与动物实验时剩余的装有剧毒化学品二甲基亚硝胺的试剂瓶和注射器，并装入一只黄色医疗废弃物袋中随身带离。当日下午 5 时 50 分许，林某将前述物品带至 421 室，趁无人之机，将上述二甲基亚硝胺投入该室的饮水机内，尔后，将试剂瓶等物连同黄色医疗废弃物袋带出宿舍楼予以丢弃。同年 4 月 1 日上午，黄某从 421 室饮水机中接取并喝下已被林某投入二甲基亚硝胺的饮用水。之后，黄某发生呕吐，于当日中午至中山医院就诊。次日下午，黄某再次至中山医院就诊，被发现肝功能受损严重，遂留院观察。4 月 3 日下午，黄某因病情严重被转至外科重症监护室治疗。在黄某就医期间，林某还故意隐瞒黄某的病因。4 月 11 日，林某在两次接受公安人员询问时均未供述投毒事实，直至次日凌晨经公安机关依法予以刑事传唤到案后，才如实供述了上述投毒事实。被害人黄某经抢救无效于 4 月 16 日死亡。经鉴定，被害人黄某符合二甲基亚硝胺中毒致急性肝坏死引起急性肝功能衰竭，继发多器官功能衰竭死亡。被告人林某系医学专业的研究生，又曾参与用二甲基亚硝胺进行有关的动物实验和研究，明知二甲基亚硝胺系剧毒物品，仍故意将明显超过致死量的该毒物投入饮水机中，致使黄某饮用后中毒。在黄某就医期间，林某又故意隐瞒黄某的病因，最终导致黄某因二甲基亚硝胺中毒而死亡。上述事实，足以证明林某主观上具有希望被害人黄某死亡结果发生的故意。被告人及其辩护人关于林某主观上为作弄被害人投毒明显与事实不符，在黄某就医期间，林某不仅未及时告知医生实情，还继续隐瞒，从 2013 年 4 月 1 日黄某喝下被投毒的水到 4 月 11 日警方对林某的二次讯问，林某均未告知投入的是二甲基亚硝胺，林某作为医学研究生，也明确知道该物的毒性，10 多天的隐瞒不报，最终导致黄某因二甲基亚硝胺中毒致急性肝坏死引起急性肝功能衰竭，继发多器官功能衰竭死亡。林某因琐事而采用投毒方法故意杀人，手段残忍，后果严重，社会危害极大，罪行极其严重，判处死刑并无不当。

该案被告人上诉到二审法院后被维持原判，后上报最高院进行死刑复核。最高人民法院对此案非常重视，由刑三庭副庭长担任审判长，二位资深法官担任合议庭成员，依法公正复核此案，先到上海提审被告人，后于 2015 年 5 月 26 日下午 2 时 30 分，死刑复核法官约见了辩护律师，听取辩护律师长达 2 小时的陈述，也听取了最高人民检察院的意见，查阅审核一审、二审质证的案件证据，最终核准死刑。

■ 知识点梳理

1. 死刑复核程序的概念和任务

死刑复核程序是指人民法院对判处死刑的案件进行复审核准所进行的特别审判程序。死刑是剥夺犯罪分子生命的刑罚，是《刑法》所规定的诸刑种中最严厉的一种。我国法律一方面把死刑作为打击犯罪、保护人民的有力武器，另一方面又强调严格控制死刑的适用。因此，除在实体法中规定了死刑不适用于未成年人、怀孕妇女和已满 75 周岁（手段残忍致人死亡的除外）的人等内容外，还在程序法中对判处死刑的案件规定了一项特别审查核准程序——死刑复核程序。

死刑是剥夺人生命的刑罚，因其极端严厉性，又被称为极刑。死刑案件的审判干系之大、责任之重不言而喻。其中，在死刑案件的全过程中，死刑复核程序无疑具有绝无仅有的特殊的地位。它是死刑适用的最后一道屏障，因此，死刑复核程序的审理必须保证足够的科学与严谨。

根据法律规定和司法实践,死刑复核程序的任务是,享有核准权的人民法院对下级人民法院报请复核的死刑判决、裁定,在认定事实和适用法律上是否正确进行全面审查,并依法作出是否核准死刑的决定。因此,对死刑案件进行复核时,必须完成两项任务:一是查明原判认定的犯罪事实是否清楚,据以定罪的证据是否确实、充分,罪名的认定是否准确,量刑(死刑、死缓)是否适当;二是依据事实和法律,作出是否核准的决定并制作相应的司法文书,以核准正确的判决、裁定,纠正不适当或错误的判决、裁定。

2. 死刑复核程序的意义

死刑复核程序既是一项特殊的审判程序,又是一项十分重要的复核程序,同时还是使死刑裁判能够生效的关键程序,因此,正确执行这一程序对于保证办案质量,坚持少杀慎杀,防止错杀,切实保障公民的人身权利、财产权利和其他合法权益、保障社会的长治久安均有重要意义。具体表现在:

(1)死刑复核程序可以保证正确适用死刑,发挥其在维护社会秩序中的积极作用。死刑复核程序是唯一使死刑判决发生法律效力的程序,又是必经程序,只有通过这一程序,依法核准死刑判决、裁定,才能准确有效地制裁那些罪行特别严重、给国家和人民利益造成巨大损失的犯罪分子,也只有通过这一程序,才能使那些人身危险性极大、非杀不足以平民愤的犯罪分子受到应得的惩罚。惩治这些十恶不赦的罪犯,既是对犯罪分子的分化瓦解,也是对那些正在实施犯罪、预备犯罪和图谋不轨的人进行强有力的震慑和警告,从而发挥其制止、预防及减少犯罪和保障社会主义建设事业顺利进行的积极作用。

(2)死刑复核程序既是正确贯彻宽严相济政策、防止死刑滥用的可靠保证,又是以人为本、保障人权的重要措施。严肃谨慎、少杀慎杀是我们党和国家的一贯方针,以人为本、保障人权是我们的立法、司法宗旨,在《刑事诉讼法》中特别设立死刑复核程序,正是贯彻这一方针和宗旨的具体体现。通过死刑复核程序,对那些适用死刑不当的判决、裁定,作出不予核准的决定,并依照法定程序,分别作出不同的处理:对纯属无罪或因证据不足应判无罪的人,纠正冤案、错案予以释放,恢复其自由;对虽然有罪,但不应执行死刑的罪犯,可根据不同情况依法改判为有期徒刑、无期徒刑、死刑缓期 2 年执行,以观后效等。这样做,不仅防止了无辜错杀和死刑滥用,而且收获了良好的社会效益。因此,死刑复核程序不仅是坚持少杀、慎杀和防止滥杀的可靠保证,更是对生命权的尊重。

(3)死刑复核程序是统一死刑规格、统一执法尺度的关键程序。死刑复核制度是针对死刑案件增设的一项程序,以尽可能地防止冤杀、错杀。同时,死刑判决的核准权由最高人民法院行使,死缓判决的核准权由高级人民法院行使,这就从诉讼程序和权力归属上保证统一死刑适用的执法尺度,避免发生地区之间刑罚轻重不一的现象,以体现法律的公平。

PART 04

特别程序

23

Case Study

李某某盗窃案

未成年人特别程序

■ 研读指导

1. 未成年人诉讼程序有什么特点？
2. 单独设置未成年人诉讼程序的意义。
3. 未成年人诉讼程序中引入社会调查制度。

■ 相关法条

《中华人民共和国刑事诉讼法》第二百七十七条　对犯罪的未成年人实行教育、感化、挽救的方针，坚持教育为主、惩罚为辅的原则。

人民法院、人民检察院和公安机关办理未成年人刑事案件，应当保障未成年人行使其诉讼权利，保障未成年人得到法律帮助，并由熟悉未成年人身心特点的审判人员、检察人员、侦查人员承办。

第二百七十八条　未成年犯罪嫌疑人、被告人没有委托辩护人的，人民法院、人民检察院、公安机关应当通知法律援助机构指派律师为其提供辩护。

第二百七十九条　公安机关、人民检察院、人民法院办理未成年人刑事案件，根据情况可以对未成年犯罪嫌疑人、被告人的成长经历、犯罪原因、监护教育等情况进行调查。

最高人民法院《关于适用〈中华人民共和国刑事诉讼法〉的解释》第五百四十六条　人民法院审理未成年人刑事案件，应当贯彻教育、感化、挽救的方针，坚持教育为主、惩罚为辅的原则，加强对未成年人的特殊保护。

第五百四十七条　人民法院应当加强同政府有关部门、人民团体、社会组织等的配合，推动未成年人刑事案件人民陪审、情况调查、安置帮教等工作的开展，充分保障未成年人的合法权益，积极参与社会治安综合治理。

第五百四十八条 人民法院应当加强同政府有关部门、人民团体、社会组织等的配合，对遭受性侵害或者暴力伤害的未成年被害人及其家庭实施必要的心理干预、经济救助、法律援助、转学安置等保护措施。

近似案例

董某某、宋某某抢劫案[(2011)新刑未初字第29号、最高人民法院指导案件14号]

案情介绍

公诉机关：上海市长宁区人民检察院。

被告人：李某某，女，17岁，汉族，初中文化，无业，住安徽省芜湖市，在上海无固定住所。2015年10月20日因涉嫌犯盗窃罪被刑事拘留，同年11月13日被逮捕。

法定代理人：李某俊，李某某的父亲，住安徽省芜湖市。

合适成年人：余某，上海市阳光社区青少年事务中心长宁区工作站社工。

指定辩护人：浦某，上海市新华律师事务所律师。

上海市长宁区人民检察院以被告人李某某犯盗窃罪，向上海市长宁区人民法院提起公诉。

2016年2月6日，上海市长宁区人民法院在向被告人李某某送达起诉书副本时组织心理咨询师对其进行心理疏导。因被告人李某某在开庭审理时未满18周岁，上海市长宁区人民法院于同年2月29日依法不公开开庭审理了本案。根据《刑事诉讼法》第270条规定，人民法院审理未成年人刑事案件，应当通知未成年被告人的法定代理人到场。但是，被告人李某某的父亲李某俊因服刑无法通知到庭，李某某的母亲因离家出走杳无音讯无法通知到庭。经上海市长宁区人民法院通知，李某某的伯父李某平作为其成年亲属到庭参与诉讼，上海市阳光社区青少年事务中心长宁区工作站社工余某担任李某某的合适成年人到庭参与诉讼，安徽省芜湖市鸠江区司法局工作人员赵某以社会调查员身份到庭参与诉讼。经上海市长宁区人民法院指定，上海市长宁区法律援助中心指派上海市新华律师事务所浦某律师担任被告人李某某的指定辩护人到庭参与诉讼。

上海市长宁区人民法院经审理查明：

2015 年 10 月 20 日 4 时许，被告人李某某前往上海市娄山关路 836 号巴比馒头店内购买食品，乘被害人袁某不备之机，窃得被害人袁某放置于店内工作台下面的一只黑色单肩包，内有现金人民币 8400 元。被害人袁某发现后追至娄山关路 814 号处将被告人李某某抓获并在附近地面发现被窃的黑色单肩包。

上述事实，有被害人袁某的报案和陈述笔录，上海市公安局长宁分局调取证据清单和发还清单、案发现场附近街面监控录像及制作过程说明、案发经过情况表，被告人李某某的供述、作案现场辨认照片和笔录，安徽省芜湖市公安局户政服务中心出具的户籍证明等证据证实，并经庭审举证质证查证属实。被告人李某某及其成年亲属李某平、合适成年人余某、指定辩护人浦某在开庭审理过程中均无异议，应予认定。

2014 年 11 月 4 日，被告人李某某在安徽省芜湖市无为县一家数码店窃得一台苹果 IPAD，价值人民币 1485 元，受到安徽省芜湖市无为县公安局行政拘留 10 日处罚（不执行）。公诉人在起诉书附件四“量刑建议书”中，建议法院对此酌情处理。但是，无为县公安局出具的“行政处罚决定书”中，只有作案事实和处罚结果，没有案发经过和到案情况。经向无为县公安局调取被害人报案笔录、被处罚人讯问笔录、证人询问笔录和无为县公安局行政处罚决定书证实，2014 年 11 月 4 日，李某某在无为县一家数码店窃得一台苹果 IPAD 后，于同年 11 月 19 日在同学陪同下前往上述同一家数码店欲变卖时被发现当场抓获。对此，公诉人、被告人及其成年亲属、合适成年人、指定辩护人在庭审中均无异议，应予确认。

根据《刑事诉讼法》第 279 条的规定，由于被告人李某某犯罪时未满 18 周岁，侦查机关上海市公安局长宁分局委托安徽省芜湖市鸠江区司法局对李某某开展社会调查。该局经调查后于 2015 年 11 月 3 日出具了社会调查报告。上海市长宁区人民法院在审理中，于 2016 年 2 月 6 日向该局发送了社区矫正征询意见函，并于同年 2 月 26 日收到书面回复。由于鸠江区司法局在开展社会调查时，被告人李某某及其父亲分别在押,相关情况不明,上海市长宁区人民法院派员前往安徽省芜湖市等地开展了补充社会调查。经综合社会调查情况反映,上海市长宁区人民法院在审理中了解到,李某某初中毕业后曾在无为县某中学读书,后辍学。其父亲精神发育迟滞(轻度),无正当职业,2015 年 12 月因犯盗窃罪被安徽省芜湖市鸠江区人民法院判处有期徒刑 8 个月,现在服刑中。其母亲多年前离家出走至今未归。其与妹妹自幼与祖父母生活在一起,家庭没有稳定收入,生活靠祖父母务农收入维持,经济特别困难。李某某平时在村里和学校遵纪守法,与他人和睦相处,表现良好。2015 年 6 月,李某某通过网友介绍,独自一人来到上海寻找工作。其间,李某某无固定住所,曾日夜在网吧等处漂泊。由于家庭缺失,父母对其疏于管教,致其脱离监护。李某某文化程度较低,法制意识薄弱,一时糊涂犯下罪错。事发后,李某某对自己的错误行为有所认识,在监所期间认罪悔过,表现较好。为此,李某某的伯父李某平愿意接纳并做好对李某某的帮教工作。鸠江区司法局建议对李某某适用缓刑,并同意做好社区矫治工作。上述情况,有上海市长宁区人民法院分别制作的李某某、李某平、李某俊谈话笔录,向安徽省芜湖市鸠江区人民法院调取并经与原件核对无异的安徽昌平司法鉴定所司法鉴定意见书(复印件)、鸠江区人民法院刑事判决书(复印件),安徽省芜湖市鸠江区司法局提供的社会调查报告和社区矫正征询意见回复函,上海市长宁区看守所出具的"李某某羁押表现情况说明"等证据证实。对此,公诉人、被告人及其成年亲属、合适成年人、指定辩护人在庭审中均无异议,应予确认。

鉴于庭审中被告人李某某及其成年亲属、合适成年人、指定辩护人对公诉人指控的罪名和事实均无异议,在辩论结束后、被告人最后陈述前,法庭组织公诉人、李某某的成年亲属、合适成年人、指定辩护人分别对被告人李某某进行了法庭教育。当庭宣判后,法庭对被告人李某某进行了法庭教育。

上海市长宁区人民法院一审认为:

被告人李某某以非法占有为目的,秘密窃取他人财物,数额较大,其行为已构成盗窃罪,应依法承担刑事责任,并处罚金。公诉机关指控的犯罪事实清楚,证据确实充分,指控成立。李某某及其成年亲属、合适成年人、指定辩护人对此均无异议。李某某犯罪时已满 16 周岁不满 18 周岁,系未成年人,应当从轻处罚。李某某到案后能如实供述自己的罪行,系坦白,可以从轻处罚。李某某窃取的赃款已被当场追回和发还，没有造成被害人损失，可酌情从轻处罚。公诉人提出的对被告人的上述量刑意见成立，应予采纳。鉴于庭审中新增社会调查情况，被告人已具备所在社区帮教条件，公诉人当庭表示可以适用缓刑的意见可予采纳。李某某的指定辩护人提出李某某犯罪时系未成年人，应当从轻处罚；李某某到案后能坦白认罪，可以从轻处罚；李某某一时冲动，虽构成犯罪但没有造成被害人损失以及李某某家境贫困、家庭结构残缺等，要求在量刑时酌情考虑并处以缓刑的意见与事实相符，法院可予采纳。

被告人李某某因过早离开家庭和学校，缺少家庭和学校教育，导致其法制意识淡薄。李某某初中毕业后，不思进取，盲目交友，独自一人来到上海后没有稳定工作和收入，没有固定住所，在网吧等地闲逛，在不劳而获思想驱动下，最终走上了盗窃的犯罪道路。李某某的母亲离家出走，父亲对其缺乏管教，致使李某某没有约束自己的行为，从而滋生了犯罪，李某某的父母对此负有不可推卸的责任。李某某作案时尚未成年，到案后至庭审中，能自愿认罪认罚；经法庭教育，有悔罪表现。结合社会调查情况中有关其个人成长经历、社会调查意见和羁押期间表现情况等，可在对全案综合考虑基础之上判处其拘役并宣告缓刑，同时判处禁止令执行事项。

希望被告人李某某家长言传身教，切实加强家庭教育，履行保护责任。希望李某某吸取教训，进一步增强法制意识，认真学习文化知识和工作技能，争取回归社会后能找到一份力所能及的工作，多为家庭分担责任。希望李某某在安徽省芜湖市鸠江区司法局工作人员带回原籍社区报到后，遵守法律法规，服从社区监督管理，接受社区和家庭教育，完成公益劳动，珍惜法庭给予的教育挽救和悔过自新的机会，做一名遵纪守法、自食其力、有益社会的好公民。

综上，上海市长宁区人民法院依照《刑法》第 17 条第 1 款、第 3 款，第 53 条，第 67 条第 3 款，第 72 条，第 73 条第 1 款、第 3 款，第 264 条之规定，于 2016 年 2 月 29 日作出判决：(1) 被告人李某某犯盗窃罪，判处拘役 5 个月，缓刑 5 个月，并处罚金人民币 500 元。(缓刑考验期限，从判决确定之日起计算。罚金自本判决确定之日起 1 个月内一次缴纳完毕。) (2) 被告人李某某在缓刑考验期限内禁止进入夜总会、酒吧、迪厅、网吧等娱乐场所。禁止每日 22 时至次日 6 时离开其户籍地或居住地，如因治病或者探望长辈、亲属等原因确需在禁止时段离开住所的，应由法定代理人等成年亲属陪同，并应在事发后 24 小时内向社区报告。

一审宣判后，被告人李某某没有提出上诉，上海市长宁区人民检察院也没有提出抗诉，一审判决已发生法律效力。

疑难点释析

对未成年人犯罪的审理程序与成年人犯罪审理有什么区别？为什么引入社会调查制度？

未成年人犯罪案件的审理方式与成年人犯罪案件的审理方式有诸多不同，应根据实际情况适用《刑事诉讼法》“未成年人刑事案件诉讼程序”专章中的相关规定，结合心理疏导、法律援助等方式，对犯罪的未成年人进行教育、感化和挽救，做到教育为主、惩罚为辅。同时通过加强社会调查，了解未成年人个人成长经历、案外犯罪原因、羁押表现情况以及监护落实情况和社区矫治意见等，作为是否适用缓刑的量刑参考依据。

本案中，正是通过社会调查，了解到其成长经历和犯罪原因，被告人李某某因过早离开家庭和学校，缺少家庭和学校教育，导致其法制意识淡薄，具体表现在：(1)李某某初中毕业后，不思进取，盲目交友，独自一人来到上海后没有稳定工作和收入，没有固定住所，在网吧等地闲逛，在不劳而获思想驱动下，最终走上了盗窃的犯罪道路。(2)李某某的母亲离家出走，父亲对其缺乏管教，致使李某某没有约束自己的行为，从而滋生了犯罪，李某某的父母对此负有不可推卸的责任。李某某作案时尚未成年，到案后至庭审中，能自愿认罪认罚；经法庭教育，有悔罪表现。结合社会调查情况中有关其个人成长经历、社会调查意见和羁押期间表现情况等，可在对全案综合考虑基础之上判处其拘役并宣告缓刑，同时判处禁止令执行事项。

未成年人刑事案件中的社会调查制度，是指办案机关在办理未成年人案件时，不仅要查明案件本身的情况，而且应对未成年犯罪嫌疑人、被告人的家庭背景、生活环境、教育经历、个人性格、心理特征等与犯罪和案件处理有关的信息作全面、细致的调查；必要时还应进行医学、心理学、精神病学等方面的鉴定，并根据调查的结果选择最恰当的处理方式。

之所以要在未成年人刑事案件中确立社会调查制度，主要是基于以下几方面的原因：(1)考虑到未成年人犯罪的特殊性。相对于成年人，未成年人在生理、心理等方面具有很大的不同,由于身心发育尚未成熟,缺乏足够的辨别是非与自我控制能力,往往容易受外界不良环境的影响和侵蚀。在犯罪责任方面,未成年人犯罪尽管有未成年人自己的原因,但家庭、学校和社会应该承担更多的责任。未成年人的生活经历、家庭环境、受教育情况、社会交往等情况,不仅是直接或间接地促使其走上犯罪道路的原因或条件,而且在很大程度上影响对未成年犯罪嫌疑人、被告人主观恶性、社会危害性的判断。因此,只有全面调查未成年人犯罪嫌疑人、被告人的具体情况,细致探究未成年人犯罪的主客观原因,才能为公安司法机关作出适当处理提供准确依据。(2)为了更好地落实“教育、感化、挽救”方针。公安司法机关在办理未成年人刑事案件的过程中,调查导致未成年人犯罪的各项主客观因素形成、发展、演变以及未成年人性格特征等详细情况,才能找准对未成年人进行教育的“感化点”,以便对症下药,最终实现矫治未成年犯罪人、使其重新回归社会的目的。(3)贯彻刑罚个别化原则的需要。刑罚个别化原则要求法官在裁量刑罚时,要根据犯罪人的个人情况、犯罪原因及其他情况,有针对性地适用刑罚,以达到个别公正与个别预防的目的。由于未成年人心理、生理上的特殊性及其犯罪成因的不同,对未成年人犯罪的处理应当有别于成年人犯罪。在确定未成年人犯罪刑罚时不能仅仅依据犯罪构成,还应通过社会调查制度了解未成年人的具体情况及犯罪成因,这是贯彻刑罚个别化原则,更好地实现犯罪预防、犯罪矫治的需要。

■ 知识点梳理

1. 未成年人犯罪的特点

在我国,法律意义上的未成年人是指已满 14 周岁不满 18 周岁者。处在这个年龄阶段上的人实施了危害社会、应受刑罚处罚的行为,即属未成年人犯罪。

未成年人犯罪同成年人犯罪虽然都是危害社会、应受刑罚处罚的行为,但是由于犯罪人尚未成年,在心理、生理等方面与成年人相比有很大的不同,这些因素必然会对未成年人犯罪的方法、动机、行为方式等产生直接的影响。

2. 设置未成年人特别程序的必要性

随着我国未成年人犯罪的增多,教育保护未成年人已经成为突出的社会问题,处理未成年人刑事案件,不但要在定罪量刑上与成年人犯罪案件有所不同,更重要的是应当适应未成年人的特点,适用不同于普通刑事诉讼程序的特殊程序。世界上绝大多数国家都对未成年人犯罪现象进行了系统深入的研究。1899 年,美国伊利诺伊州制定了世界上第一部《少年法庭法》,同时在芝加哥市建立了世界上第一个少年法庭,开创了人类法制史上的新篇章。

嗣后百年间,各国竞相效仿设立少年法庭,颁布少年法律、法规,形成了从立法思想、组织结构、司法制度到表现形式都与其他法律不同的少年司法体系。1984 年年底,上海市长宁区人民法院出现了我国第一个专门审理未成年人刑事案件的少年法庭,在探索教育、改造、挽救未成年犯罪人方面取得了显著的成绩,得到了最高人民法院的鼓励和推广。2012 年我国修改《刑事诉讼法》时,在第五编特别程序中以专章的形式规定了未成年人刑事案件诉讼程序。2018 年《刑事诉讼法》修改保留了这一变化。其中对办案人员的资格、强制辩护、社会调查、严格限制逮捕措施、法定代理人或者有关人员到场、分案处理、附条件不起诉、不公开审理、犯罪记录封存等进行了明确规定。对走上犯罪道路的未成年人,处罚只是手段,教育保护才是目的,而对不同性质的案件适用专门的诉讼程序,则是教育保护未成年人的有效方法。未成年人刑事案件诉讼程序建立的正是一整套不同于成年人刑事案件的立案、侦查、起诉、审判和执行的诉讼程序。

3. 社会调查制度

社会调查制度,是指公安司法机关在办理未成年人案件时,除对案件事实和证据进行调查、审查外,还应就导致未成年人成长经历、监护教育情况、犯罪之主客观因素及其形成、发展、演变过程,以及对未成年人特殊性格的形成产生过重要影响的人和事件的详细情况进行全面、彻底的调查,必要时还可以进行医学、心理学及精神病学等方面的鉴定。确立该制度之目的是找出诱发未成年人犯罪的主客观根源,并予以拆除,确保未成年人得到彻底的矫治,不再犯罪。我国《刑事诉讼法》第 279 条对该制度上进行了专门规定,即"公安机关、人民检察院、人民法院办理未成年人刑事案件,根据情况可以对未成年犯罪嫌疑人、被告人的成长经历、犯罪原因、监护教育等情况进行调查"。

社会调查的内容包括以下几个方面:(1)能够证明未成年被告人是否有罪及犯罪轻重的一切事实情况,如犯罪构成要件、犯罪情节、犯罪未成年人个人情况及犯罪后的表现等证据,其中查清未成年人的犯罪动机、目的至关重要;(2)对未成年人的生活环境及与之相联系的各种社会关系予以调查，如家庭情况、父母管教方式、在校学习情况、社交往来，等等；（3）着重查清在未成年人成长过程中对其步入犯罪泥潭产生过重要影响的人和事件的详细情况，主要指案件事实以外的其他相关因素及社会关系；（4）着重查清未成年人的兴趣爱好、智力能力、身心发育成熟程度、情感类型等个性特征；（5）注意未成年人生理心理上有无畸形变态等情况，并注意区别是属于医学上的病态还是思想认识上的偏激、反常。

贯彻社会调查制度，有利于因人施教，因案讲法，特别是对那种犯罪结果相同、犯罪缘由相异的案件，在处理过程中选择不同的感化点和突破口，并在具体适用刑罚上体现出区别对待的原则，以达到彻底矫治未成年犯罪人的目的。

24 Case Study 刘勇过失致人死亡案

当事人和解的公诉案件诉讼程序

■ 研读指导

1. 刑事和解程序设立的背景与意义。
2. 刑事和解程序审理的特点。

■ 相关法条

《中华人民共和国刑事诉讼法》第二百八十八条　下列公诉案件，犯罪嫌疑人、被告人真诚悔罪，通过向被害人赔偿损失、赔礼道歉等方式获得被害人谅解，被害人自愿和解的，双方当事人可以和解：（一）因民间纠纷引起，涉嫌刑法分则第四章、第五章规定的犯罪案件，可能判处三年有期徒刑以下刑罚的；（二）除渎职犯罪以外的可能判处七年有期徒刑以下刑罚的过失犯罪案件。

犯罪嫌疑人、被告人在五年以内曾经故意犯罪的，不适用本章规定的程序。

第二百八十九条　双方当事人和解的，公安机关、人民检察院、人民法院应当听取当事人和其他有关人员的意见，对和解的自愿性、合法性进行审查，并主持制作和解协议书。

第二百九十条　对于达成和解协议的案件，公安机关可以向人民检察院提出从宽处理的建议。人民检察院可以向人民法院提出从宽处罚的建议；对于犯罪情节轻微，不需要判处刑罚的，可以作出不起诉的决定。人民法院可以依法对被告人从宽处罚。

■ 近似案例

魏泽林、杨波故意伤害案[(2020)云刑终1077号]

■ 案情介绍

原公诉机关北京市西城区人民检察院。

上诉人(原审被告人):刘勇,男,1971年6月21日出生于湖南省长沙市,汉族,高中文化,无业,住北京市东城区;因涉嫌犯故意伤害罪于2016年11月26日被羁押,同年12月31日被逮捕;现羁押在北京市西城区看守所。

辩护人:陈洛群,北京市国度律师事务所律师。

北京市西城区人民法院审理北京市西城区人民检察院指控原审被告人刘勇犯过失致人死亡罪一案,于2017年12月12日作出(2017)京0102刑初第648号刑事判决。一审宣判后,在法定期限内,原审被告人刘勇对判决不服,提出上诉。本院依法组成合议庭,公开开庭进行了审理。北京市人民检察院第二分院指派检察员吴静、代理检察员张茜出庭履行职务。上诉人刘勇及其辩护人陈洛群,被害人任某近亲属的诉讼代理人北京市正海律师事务所律师邓警护到庭参加诉讼。本案现已审理终结。

北京市西城区人民法院判决认定,2016年11月26日0时许,被告人刘勇在北京市西城区某牛肉面店门前,因肢体碰撞的琐事与被害人任某发生口角,后互相揪扯。被害人任某的朋友程某拉拽被告人刘勇,被告人刘勇倒地同时将被害人任某亦拽倒在地,被害人任某的朋友试图将任某从地上拉起,因被告人刘勇的搂抱未果。被告人刘勇后将被害人任某压在身下,被害人任某的朋友程某、杨某因无法将被告人刘勇从任某身上拉开,遂对被告人刘勇拳打脚踢。被告人刘勇用拳击打任某面部。后被告人刘勇起身。当日,民警赶到现场将被告人刘勇抓获归案。被害人任某经抢救无效死亡,经鉴定被害人任某符合被钝性外力作用于胸部,造成心脏左室游离壁破裂,导致心包填塞死亡。

原判认定上述事实的证据有:李某、王某1、卜某、邹某、闫某、曲某、赵某、王某

2、王某3、王某4、程某、杨某等证人证言及辨认笔录、现场监控录像、尸体检验鉴定书、法医学技术性证据审查意见书、法医物证鉴定书、“110”接警记录、被告人刘勇供述及辨认笔录等。

根据上述事实及证据，北京市西城区人民法院认为，被告人刘勇因过失行为导致他人死亡，其行为侵犯了公民的人身权利，已构成过失致人死亡罪，依法应予惩处。判决：被告人刘勇犯过失致人死亡罪，判处有期徒刑4年6个月。

刘勇的上诉理由是，其应当属于自首，一审判决量刑过重。辩护人认为，被害人死亡是多因一果造成的，刘勇压在被害人身上的行为并不是完全主动，本案也应按照过失致人死亡罪追究被害人朋友的责任；刘勇的行为具有防卫性质；被害人是引起冲突的一方，且属于醉酒，对事件的发生有一定过错；刘勇明知他人报案在现场等待，并非被抓获归案，应被认定为自首。综上，原判量刑过重，恳请二审法院对刘勇从轻处罚。

北京市人民检察院第二分院的出庭意见是：原判认定刘勇犯过失致人死亡罪的事实清楚，证据确实充分，定罪准确，但未认定刘勇构成自首，属于适用法律错误，量刑不当，建议二审法院依法改判。

被害人任某近亲属诉讼代理人的主要代理意见为，刘勇构成故意伤害罪，也不具有自首情节。

经审理查明，2016年11月26日0时许，上诉人刘勇在北京市西城区某牛肉面店门前，因肢体碰撞的琐事与被害人任某（男，殁年26岁）发生口角，后互相揪扯。被害人任某的朋友程某拉拽上诉人刘勇，刘勇倒地同时将任某亦拽倒在地，任某的朋友试图将任某从地上拉起，因刘勇的搂抱未果。上诉人刘勇后将被害人任某压在身下，任某的朋友程某、杨某因无法将刘勇从任某身上拉开，遂对刘勇拳打脚踢。上诉人刘勇用拳击打任某面部。后上诉人刘勇起身。其间，上诉人刘勇的朋友李某、被害人任某的朋友王某4先后拨打“110”报警。上诉人刘勇明知他人报案而在现场等待，后被公安机关带离审查。被害人任某经抢救无效死亡，经鉴定，任某符合被钝性外力作用于胸部，造成心脏左室游离壁破裂，导致心包填塞死亡。

证明上述事实的证据有：

证据1－12主要包括：证人李某证言；证人王某4证言及辨认笔录证明；证人程某证言及辨认笔录证明；证人杨某证言及辨认笔录证明；证人王某1证言；证人

卜某证言;证人邹某证言;证人闫某证言对邹某证实的情况予以佐证;证人曲某证言;证人赵某证言;证人王某2证言;证人王某3证言。

证据13,现场监控录像证明:案发当日0时51分许,王某4、杨某、程某、王某1、卜某、任某出现在监控中,王某4等人在前面走,刘勇在后面跟随,刘勇跟上走在最后面的任某,拽住任某的衣服;双方争执,李某过来在二人旁边,刘勇始终拽住任某衣服;0时52分18秒许,有一过路男子过来用手拦着刘勇进行劝解;0时52分28秒,卜某过来劝解二人,后又离开;0时53分11秒许,任某用手戳刘勇面部一下;0时53分16秒许,有一女子过来拉劝解男子的背包,随后该男子和女子一同离开现场,刘勇仍拽住任某的衣服,双方继续争吵;0时53分37秒许,刘勇拽着任某衣服,对任某进行推搡;0时53分42秒许,卜某、程某、王某1等人返回,程某上来揪扯刘勇的衣服,后又用手去拉扯刘勇、任某,意图让刘勇放开任某,与刘勇发生争吵;0时54分29秒许,杨某被王某1劝离,之后任某也开始抓着刘勇的衣服,二人继续争吵;0时55分06秒许,杨某跑过来推了李某和刘勇一下,卜某跟着过来拉劝开杨某,刘勇与任某仍互相揪扯;0时55分21秒许,程某从刘勇身后搂住刘勇脖子,将刘勇摔倒,刘勇拽着任某衣服将任某带倒,随后程某和王某4拉拽地上的任某,欲将其拉起,任某上半身已被拽起,但因刘勇地紧紧搂抱,任某未能从地上起来;0时55分57秒许,刘勇将任某压在身下,程某、王某4等人分别拉拽刘勇、任某二人;0时56分14秒许,程某因拉拽不开刘勇,用脚踹刘勇后背一下,用拳打刘勇后背二下,刘勇压住任某,其间任某在大声说话,程某、杨某、王某4等人站在周围;0时56分53秒许,任某用拳击打刘勇头部,意图让刘勇松开自己,刘勇用手击打任某脸,程某、杨某见状随即对刘勇后脑勺、后背击打;0时56分59秒许,刘勇击打任某头部,程某、杨某对刘勇再次击打,刘勇再次击打任某头部,程某用脚踹刘勇头部,程某被王某4劝开,刘勇继续死死压住任某;0时57分19秒许,杨某、程某、王某4三人一起合力拉拽刘勇,让其松开任某,拉拽时刘勇等人出了监控画面。王某4等人再出现在监控中时显示王某4报警,之后警察赶到。

证据14,李某手机所拍的照片在案对现场监控予以佐证。

证据15,医院的急诊病历材料证明:任某于2016年11月26日1时38分被送到医院,当时任某意识丧失,呼吸心搏骤停,头部、颈部有外伤,医院对任某进行了抢救,2时40分心电图检查示直线,心脏超声示心脏未见明确收缩、舒张运动,宣布死亡。

证据16,户籍证明材料及死亡证明证明:任某的年龄、户籍地等基本情况及其于2016年11月26日死亡的情况。

证据17,现场勘验笔录证明:案发现场的情况及提取任某羽绒服、刘勇羽绒服的红色斑迹,刘勇左、右手指甲拭子,右掌红色斑迹,刘勇血样等痕迹物证的情况。

证据18,北京市西城区公安司法鉴定中心出具的京西公司鉴(病理)字[2016]第007号尸体检验鉴定书证明:任某头面部可见多处损伤,其右颞顶部、右顶结节部、枕部可见头皮血肿,左眼上睑、左下颏处可见片状皮肤挫伤,口唇粘膜可见破损,上述损伤均符合被钝性外力作用所致。心包腔内可见积血及血凝块,心包前壁及后壁可见挫伤,心脏左室游离壁下缘可见破裂口2处,破裂口周边可见出血,右心室后壁可见片状挫伤。左室游离壁破裂口处及右心室后壁病理组织学检验可见心外膜散在红细胞,心肌间质出血,心肌纤维断裂、细胞碎裂,心肌间质略水肿,心血管系统未见原发或基础病变或疾病。综上任某符合被钝性外力作用于胸部,造成心脏左室游离壁破裂,导致心包填塞死亡。

证据19,北京市人民检察院出具的京检技法医审[2017]31号法医学技术性证据审查意见书证明:根据送检材料及观看现场监控录像,任某的死因与刘勇身体压迫有关。现场监控录像显示,任某被刘勇压在身下时,刘勇被他人踢踹,身体有明显向下的移位,不排除此踢踹参与了造成任某左室游离壁破裂的钝性外力。

证据20,北京市公安司法鉴定中心出具的京公司鉴(毒物)字[2016]第FYA1604968-2016DW2557号毒物检验报告证明:从任某的尿液中未检出吗啡类、苯丙胺类、大麻类、氯胺酮和可卡因常见毒品,在所送任某的心血中检出乙醇,其含量为165.1mg/100ml。

证据21,北京市公安司法鉴定中心出具的京公司鉴(物证)字[2016]第FYB1609818-WZ9818号法医物证鉴定书证明:在排除同卵双(多)胞胎和其他外源性干扰的前提下,支持送检的任某左眼上睑拭子、左下颏处拭子、口唇拭子、颈部拭子为任某所留,任某的羽绒服帽子左侧、前侧中间、前侧右前兜的红色斑迹,刘勇的羽绒服前侧右下方红色斑迹、右手掌侧红色斑迹、左手指甲拭子、右手指甲拭子为刘勇所留。

证据22,北京市公安司法鉴定中心出具的京公司鉴(毒物)[2016]第

FYA1604965－2016DW2555 号毒物检验报告证明:在所送刘勇的静脉血中检出乙醇,含量为 100.9mg/100ml。

证据 23,北京市西城区公安司法鉴定中心出具的京西公司鉴(临床)字[2016]第 198 号法医学人体损伤程度鉴定书证明:刘勇鼻部皮肤擦伤 1 处,大小为 0.8 厘米×0.1 厘米,右手掌大鱼际处皮肤擦伤 1 处,大小为 1.0 厘米×0.6 厘米,刘勇身体所受损伤不构成轻微伤。

证据 24,北京市公安局西城分局刑事侦查支队出具的工作说明证明:北京市公安法医鉴定中心的专家认为,任某所受钝性外力,刘勇身体形成的挤压作用及任某同伴脚踹刘勇所造成的伤害均不能排除。根据调取的现场监控视频所见,从任某出现不适症状到停止肢体活动的过程较为短暂,据此推断任某左室游离壁破裂后在短时间内死亡,由于个体的差异性较大,无法确认其经过多长时间死亡。经对任某头面部等外伤进行伤情鉴定,可认定任某体表外伤属于轻微伤。

证据 25,"110"接警记录、到案经过证明:案发后李某及王某 4 分别报警,以及刘勇到案的情况。

证据 26,户籍证明材料证明:刘勇的年龄、户籍地等基本身份情况。

证据 27,上诉人刘勇供述及辨认笔录:2016 年 11 月 25 日 22 时许,其和妻子曲某、几个朋友在石景山区吃饭,其当时喝了九两左右的白酒,其间,李某打电话约其回去在家门口找地喝酒。之后曲某开车带其回到某厂附近,其下车步行到某烤羊腿店。和李某又喝了两瓶啤酒,然后一起回家,他们往北走了五六十米,李某说有人撞了他,那三个人往南走了。他们转身往南追,有个人出来拦着,抱着不让他走,后来走到了一个牛肉拉面的门口,他俩互相拽着领子,前面的三个人距离他们有三四十米远,看见他俩纠缠在一起就回来了。其和那名男子互相打了对方的脸,那三个人回来在后边打他,其直接跪在地上,抱着跟其发生争执的男子的腿不让对方走,抱着对方的小腿往前一顶,对方就面部朝上倒在地上,其直接扑在该人的身上压住那个人,那人的同伴拿脚踹其,其喊李某赶紧报警。其印象里趴在对方身上五六分钟,具体多长时间不清楚。李某喊警察来了,把他们拨开,其从地上起来了。后又被带到了派出所。其印象中打过倒地男子脸两拳,其鼻梁破了,右手划破一点,别的地方没有伤。其身高 1.72 米左右,体重 190 斤左右,当时整个身体压在倒地男子的身上,对方比较瘦小。刘勇辨认出任某就是倒地的男子。

以上证据，经北京市西城区人民法院庭审质证属实，本院经审核予以确认。

在本院审理期间，本院依法向证人李某调取证言。上诉人刘勇的近亲属与被害人任某的近亲属达成和解协议，任某的近亲属接受刘勇的近亲属赔偿款人民币28万元，并对刘勇表示谅解，建议法院依法对刘勇从轻处罚。

证人李某证言：其报警时刘勇和对方那个人已经倒地了，其是主动报的警，是否有人喊过让其报警记不清了。刘勇起来后，其和刘勇说过已经报警了。当时其没有听见刘勇和倒地人喊什么话。其不知道对方也报警了，好像对方拨打了急救电话。

上述证言经二审庭审质证，和解协议经庭外征求质证意见，各方诉讼参与人均无异议，本院予以确认。

本院认为，上诉人刘勇因过失行为导致他人死亡，其行为已构成过失致人死亡罪，依法应予惩处。鉴于刘勇作案后明知他人报案而在现场等待，抓捕时无拒捕行为，到案后能够供认主要犯罪事实，系自首；在本院审理期间积极赔偿被害人任某近亲属的经济损失，并取得谅解等情节，依法对其从轻处罚。北京市人民检察院第二分院所提原判认定刘勇犯过失致人死亡罪的事实清楚，证据确实充分，定罪准确，但未认定刘勇构成自首，属于适用法律错误，量刑不当，建议二审法院依法改判的出庭意见，以及刘勇及其辩护人所提刘勇应当被认定为自首等上诉理由、辩护意见成立，本院予以采纳。被害人任某近亲属诉讼代理人所提刘勇构成故意伤害罪，也不具有自首情节的代理意见不能成立，本院不予采纳。辩护人所提被害人死亡是多因一果造成的，刘勇压在被害人身上的行为并不是完全主动，本案也应按照过失致人死亡罪追究被害人朋友责任的辩护意见，经查，如有他人的介入因素亦系刘勇将被害人压在身下所引发，不能因此减轻刘勇在案件中应当承担的刑事责任；所提刘勇的行为具有防卫性质，被害人是引起冲突的一方，且属于醉酒，对事件的发生有一定过错的辩护意见，经查，从刘勇压迫被害人的部位、力度、被害人朋友多次试图将其从被害人身上拉开均未果等方面来看，其行为不是以制止不法侵害为目的，不具有防卫性质，被害人亦不具有《刑法》意义上的过错，上述辩护意见均不能成立，本院不予采纳。北京市西城区人民法院根据刘勇犯罪的事实、性质、情节及对于社会的危害程度所作出的判决，定罪正确，审判程序合法；原判未认定刘勇构成自首，且二审期间刘勇积极赔偿达成和解协议，并取得谅解，本院对原判量刑部分予以改判。本院依照《刑法》第45条、第47条、第61条、第67条第1款、第233条,最高人民法院《关于处理自首和立功具体应用法律若干问题的解释》第1条、第3条,《刑事诉讼法》第225条第1款第2项及《刑诉解释》第157条之规定,判决如下:(1)撤销北京市西城区人民法院(2017)京0102刑初第648号刑事判决,即被告人刘勇犯过失致人死亡罪,判处有期徒刑4年6个月。(2)上诉人刘勇犯过失致人死亡罪,判处有期徒刑3年(刑期从判决执行之日起计算。判决执行以前先行羁押的,羁押一日折抵刑期一日,即自2016年11月26日起至2019年11月25日止)。

本判决为终审判决。

■ 疑难点释析

本案疑难点是过失致人死亡案件能否适用刑事和解?

本案中,刘某与任某因琐事发生纠纷,刘某因过失行为导致他人死亡,其行为已构成过失致人死亡罪,依法应予惩处,鉴于刘某作案后明知他人报案而在现场等待,抓捕时无拒捕行为,到案后能够供认主要犯罪事实,构成自首;在法院审理期间积极赔偿被害人任某近亲属的经济损失,并取得谅解等情节,刘某涉嫌犯罪属于《刑法》第四章规定范围,主观上刘某也是自愿真诚悔罪,积极赔偿被害人家属经济损失,案件事实清楚,证据确实充分,符合刑事和解的适用条件,因此,对刘某按照刑事和解程序从轻处罚。

我国的刑事和解程序虽然限定了适用的范围,但列举范围中一类是因民间纠纷引起,可能判处3年以下有期徒刑,一类是可能判处7年以下有期徒刑的过失犯罪(渎职犯罪以外),主要考察的是行为人主观恶性、归案后行为人主观上有无认罪、悔罪表现。本案属于民间纠纷引起的犯罪,行为人也不是蓄谋已久,仅因言语冲突引起的纠纷,案发后认识到自己行为的严重性,如实供述自己所犯罪行,并积极与被害人家属协商,积极赔偿损失,取得被害人家属的谅解,综合全案证据考虑,行为人主观恶性不深,主观上也是真诚认罪、悔罪,可以适用刑事和解程序从轻处罚。

■ 知识点梳理

1. 刑事和解的概念和意义

当事人和解的公诉案件程序是我国2012年《刑事诉讼法》修改中新创建的四个特别程序之一,2018年《刑事诉讼法》继续保留。根据我国《刑事诉讼法》第五编第二章的规定,该项特别程序是指公安机关、人民检察院、人民法院在法定范围的公诉案件中,犯罪嫌疑人、被告人真诚悔罪,通过向被害人赔偿损失、赔礼道歉等方式获得被害人谅解、双方当事人自愿达成协议的,可以对犯罪嫌疑人、被告人作出不同方式的从宽处理的程序。

创建当事人和解程序的现实意义在于:

(1)有助于贯彻宽严相济刑事政策。宽严相济刑事政策是我国的基本刑事政策。它要求,对不同的犯罪和犯罪分子区别对待,做到严中有宽、宽以济严;宽中有严、严以济宽。而当事人和解通过犯罪嫌疑人、被告人与被害人的自主协商,有利于犯罪嫌疑人、被告人真诚悔罪,并获得从轻处理,这为贯彻宽严相济刑事政策提供了重要路径。

(2)有助于促进社会秩序的和谐安定。当事人和解作为一种新型的解决纠纷方式,具有传统刑事处罚方式所不具有的优点和功能。只有在当事人双方的意愿都得到最低程度的满足时,和解才可能达成,其中的协商谈判、心理博弈显然取决于双方当事人的自由意志,和解与否、如何和解在合法前提下完全由他们决定。这种充分尊重双方当事人主体地位的案件处理方式不仅能补偿被害人的物质损害和心理创伤,增加被害人的满意感,还由于犯罪嫌疑人、被告人可能得到从宽处理,而有利于其回归社会,进而恢复因犯罪而受到损害的社会关系,促进社会的和谐安定。

(3)有助于提高诉讼效率和有效解决纠纷。在和解程序中,通过当事人双方的协商达成和解使得办案机关能够快速处理一些罪行较轻的案件,可以节约大量司法资源。而且当事人和解是由双方当事人自愿协商达成协议解决纠纷的,通常可以避免上访和缠讼的发生。

2. 当事人和解程序创建的历史背景

(1)源于深厚的法律传统底蕴。中国古代早已存在体现和解思想的传统文化。孔子云:“礼之用,和为贵”[1],他一直憧憬“必也使无讼乎”[2]的社会。我国古代刑律有刑事当事人和解的规定,如元朝《大元通制》规定“诸戏伤人命,自愿休和者听”[3],当事人和解的传统也为新民主主义革命时期革命根据地所继承和发扬。抗战时期陕甘宁边区公布的《陕甘宁边区民刑事件调解条例》就有关于刑事当事人和解的相关内容。由此可见,刑事当事人和解是对我国固有法律文化在新的历史条件下的传承与创新。

(2)是对域外刑事和解制度的借鉴、吸收。在当代域外刑事诉讼中盛行着不同形式的当事人和解制度。英美法系国家大多数案件以辩诉交易的形式结案。如《美国联邦刑事诉讼规则》在“答辩协议”条文中规定,“检察官与辩护律师之间,或者与被告之间(当被告自行辩护时)可以进行讨论以达成协议,即被告人对被指控的犯罪,或者轻一点的犯罪或其他相关犯罪作承认有罪的答辩或不愿辩护也不承认有罪的答辩”[4],检察官可以撤销、降格指控或建议较轻刑罚。大陆法系各国也创立不同形式的刑事和解制度。《德国刑法典》第46a条规定,如果犯罪行为人的刑罚是不超过1年以下的自由刑,犯罪行为人如果已经补偿了他的行为对受害人所造成的损害,检察机关可以以不起诉中止诉讼程序,法院甚至可以完全免除该行为人的刑罚。目前德国对于刑事和解案件的范围已有扩大的趋势。[5] 日本2000年通过的《刑事程序中保护被害人等附带措施的法律》规定:要在刑事诉讼程序中导入民事和解制度。[6] 2001年修改的《俄罗斯联邦刑事诉讼法典》第25条明确规定,对第一次因涉嫌或被指控实施轻罪或中等严重犯罪而受到刑事追究的人,如果该人与被害人和解并弥补对被害人造成的损害,法院、检察长以及侦查人员和调查人员经检察长同意,有权根据被害人或其法定代理人的申请终止对之提起刑事诉讼。域外刑事和解制度的实践表明,该制度有旺盛的生命力和重要的存在价值。

---

[1] 《论语·学而第一》。

[2] 《论语·颜渊》。

[3] 《元史·刑法志》所载《大元通制》。转引自宋桂兰:《论农村语境下刑事和解适用之可行性》,载《学术论坛》2012年第7期。

[4] 《美国联邦刑事诉讼规则和证据规则》,卞建林译,中国政法大学出版社1996年版,第44页。

[5] [德]托马斯·魏根特:《德国刑事诉讼程序的改革:趋势和冲突领域》,樊文译,载陈光中主编:《21世纪域外刑事诉讼立法最新发展》,中国政法大学出版社2004年版,第240~250页。

[6] 《刑事程序保护被害人等附带措施的法律》,宋英辉译,载樊崇义主编:《诉讼法学研究》(第3卷),法律出版社2002年版,第446~452页。

(3)是对各地试点成功经验的总结和法律化。近年来,在构建和谐社会和贯彻宽严相济刑事政策的背景下,司法实务部门积极尝试运用当事人和解的方式解决轻微刑事案件,取得了良好的社会效果。许多地方的公安司法机关在结合当地的实践出台了一系列规范性文件。[1] 在各地试点的基础上,2010 年最高人民法院发布的《关于贯彻宽严相济刑事政策的若干意见》第 23 条规定:"被告人案发后对被害人积极进行赔偿,并认罪、悔罪的,依法可以作为酌定量刑情节予以考虑……"随后发布的《关于充分发挥刑事审判职能作用深入推进社会矛盾化解的若干意见》第 4 项意见就是"积极探索和开展刑事和解工作"。2011 年最高人民检察院发布的《关于办理当事人达成和解的轻微刑事案件的若干意见》则对刑事和解的指导思想和基本原则、适用范围和条件、和解的内容、对当事人和解的审查以及对当事人达成和解案件的处理等问题进行了专门系统的规定。当事人和解程序正是试点经验和有关司法文件的进一步提高和法律化。

3. 刑事和解程序的适用范围

我国《刑事诉讼法》第 288 条采取明确列举和禁止的方式规定了公诉案件当事人和解程序的适用范围:

(1)因民间纠纷引起,涉嫌《刑法》分则第四章、第五章规定的犯罪案件,可能判处 3 年有期徒刑以下刑罚的。这类案件必须符合以下三个条件:一是"因民间纠纷引起"。民间纠纷一般是指公民之间有关人身、财产权益和其他日常生活中发生的纠纷。二是"涉嫌《刑法》分则第四章、第五章规定的犯罪案件"。《刑法》分则第四章规定的是"侵犯公民人身权利、民主权利罪",第五章规定的是"侵犯财产罪"。但是,这两章中的检察机关自侦案件除外。因此,即使是因民间纠纷引起的,但不属于《刑法》分则第四章、第五章规定的犯罪案件,也不适用于和解。三是"可能判处 3 年有期徒刑以下刑罚"。主流刑法理论认为,3 年有期徒刑以下刑罚属于轻罪。将当事人和解的适用限于轻罪是为了充分发挥其积极作用,尽可能规避其负面影响。以上三个条件必须同时具备,缺一不可。

---

[1] 如湖南省人民检察院出台的《关于检察机关适用刑事和解办理刑事案件的规定(试行)》,浙江省人民检察院出台的《关于办理当事人达成和解的轻微刑事案件的规定(试行)》、上海市高级人民法院、上海市人民检察院、上海市公安局、上海市司法局出台的《关于轻伤害案件委托人民调解的若干意见》,等等。

（2）除渎职犯罪以外的可能判处7年有期徒刑以下刑罚的过失犯罪案件。这类案件也必须同时符合以下三个条件：一是“过失犯罪”。所谓“过失犯罪”是指应当预见自己的行为可能发生危害社会的结果，因为疏忽大意而没有预见，或者已经预见而轻信能够避免，以致发生这种结果的犯罪。过失犯罪，法律有规定的才负刑事责任。《刑法》分则明确规定了过失犯罪的罪名。[1] 二是“可能判处7年有期徒刑以下刑罚”。“7年有期徒刑”是多数过失犯罪的最高刑罚，这与过失犯罪的刑罚是相对应的。三是渎职犯罪除外。渎职犯罪是指《刑法》分则第九章规定的犯罪类型。渎职犯罪违背了公务职责的公正性、廉洁性、勤勉性，妨害国家机关正常的职能活动，是严重损害国家和人民利益的行为，因而不属于当事人和解的范围。

（3）犯罪嫌疑人、被告人在5年以内故意犯罪的案件不得适用当事人和解程序。换言之，即使属于上述两种案件的范围，但如果该犯罪嫌疑人、被告人在5年内故意犯罪，不论其是否被判处刑罚，禁止适用当事人和解。在此类案中，犯罪嫌疑人、被告人的社会危害性、人身危险性以及主观恶性较大，属于从重处罚的情节。因此，此类案件不得适用对犯罪嫌疑人、被告人从轻处罚的当事人和解制度。

4. 各个诉讼阶段达成和解协议后的处理方式

（1）侦查阶段：我国《刑事诉讼法》第162条第1款规定：“公安机关侦查终结的案件，应当做到犯罪事实清楚，证据确实、充分，并且写出起诉意见书，连同案卷材料、证据一并移送同级人民检察院审查决定……”据此，对于公诉案件，如果犯罪嫌疑人在事实和法律上构成犯罪应当追究刑事责任的，公安机关在侦查阶段无权作出撤销案件的决定。我国《刑事诉讼法》第290规定：“对于达成和解协议的案件，公安机关可以向人民检察院提出从宽处理的建议……”因此，公安机关对于当事人和解的案件不得作出撤销案件或者其他的直接处理方式，只能向人民检察院移送起诉，并在起诉意见书中提出从宽处理的建议。

（2）审查起诉阶段：由于人民检察院办理的自侦案件不属于当事人和解案件的范围，人民检察院在审查起诉阶段才会面临如何处理当事人和解案件的问题。对此人民检察院有两种从宽处理的方式：第一，对一般的当事人和解案件，人民检

[1] 关于我国《刑法》中哪些罪名属于过失犯罪，除《刑法》明确规定为过失犯罪的罪名，有些罪名是否为过失犯罪在司法实务中和理论界仍存在一定争议。

察院提起公诉时可以在公诉书中载明当事人已达成和解，建议人民法院对被告人从宽处罚，并附卷移送当事人和解协议书。第二，对犯罪嫌疑人犯罪情节轻微、不需要判处刑罚的和解案件，人民检察院可以根据我国《刑事诉讼法》第 177 条第 2 款的规定作出不起诉决定，即酌定不起诉（相对不起诉）决定。《刑事诉讼法》第 177 条第 2 款规定："对于犯罪情节轻微，依照刑法规定不需要判处刑罚或者免除刑罚的，人民检察院可以作出不起诉决定。"根据我国《刑法》的规定，以下情形可以适用此种不起诉：犯罪嫌疑人在我国领域外犯罪，依照我国《刑法》应当负刑事责任，但在外国已经受过刑事处罚的；犯罪嫌疑人又聋又哑，或者是盲人的；犯罪嫌疑人因正当防卫或者紧急避险过当而犯罪的；为犯罪准备工具，制造条件的；在犯罪过程中自动中止犯罪或者自动有效防止犯罪结果发生，没有造成损害的；在共同犯罪中，起次要或者辅助作用的；被胁迫参加犯罪的；犯罪嫌疑人自首或者有重大立功表现或者自首后又有重大立功表现的。因此，在上述情形中，犯罪嫌疑人与被害人达成和解的，人民检察院可以作出不起诉决定。

（3）审判阶段：对于在侦查阶段、审查起诉阶段以及审判阶段中犯罪嫌疑人、被告人与被害人进行和解的，人民法院可以对被告人从宽处罚。"从宽"主要是指对于情节较轻、社会危害性较小的犯罪，或者罪行虽然严重，但具有法定、酌定从宽处罚情节，以及主观恶性相对较小、人身危险性不大的被告人，可以依法从轻、减轻或者免除处罚；对于具有一定社会危害性，但情节显著轻微危害不大的行为，不作为犯罪处理；对于依法可不监禁的，尽量适用缓刑或者判处管制、单处罚金等非监禁刑。

还需指出，我国《刑事诉讼法》第 290 条对当事人和解案件的从宽处理或者处罚虽然都是使用"可以"之词，但是在司法实务中，公安机关、人民检察院和人民法院原则上都应当作出从宽的处理或者处罚，否则必然影响到当事人和解程序的有效贯彻。《刑诉解释》第 596 条规定："对达成和解协议的案件，人民法院应当对被告人从轻处罚……"

25
Case Study

列耀深、广州市御苑投资有限公司行贿、单位行贿案

缺席审判程序

■ 研读指导

1. 为什么设置缺席审判程序?
2. 缺席审判程序的适用前提。

■ 相关法条

《中华人民共和国刑事诉讼法》第二百九十一条　对于贪污贿赂犯罪案件,以及需要及时进行审判,经最高人民检察院核准的严重危害国家安全犯罪、恐怖活动犯罪案件,犯罪嫌疑人、被告人在境外,监察机关、公安机关移送起诉,人民检察院认为犯罪事实已经查清,证据确实、充分,依法应当追究刑事责任的,可以向人民法院提起公诉。人民法院进行审查后,对于起诉书中有明确的指控犯罪事实,符合缺席审判程序适用条件的,应当决定开庭审判。

前款案件,由犯罪地、被告人离境前居住地或者最高人民法院指定的中级人民法院组成合议庭进行审理。

■ 近似案例

付某某盗窃案[(2021)辽0381刑初332号]

■ 案情介绍

公诉机关：广东省广州市从化区人民检察院。

被告人：列耀深，男，1967 年 8 月 13 日出生，汉族，高中文化，广州市御苑投资有限公司（以下简称御苑公司）股东，户籍所在地为广东省广州市增城区，住广东省广州市增城区。因本案于 2017 年 12 月 14 日被监视居住，2018 年 1 月 12 日被刑事拘留，2018 年 1 月 27 日被逮捕，2018 年 6 月 9 日被取保候审。

委托辩护人：贾学胜，北京市君泽君（广州）律师事务所律师。

委托辩护人：张若晴，北京市君泽君（广州）律师事务所律师。

被告单位：广州市御苑投资有限公司，注册号 440125000041987，执照编号 25110015782，公司地址为广东省广州市增城区新塘镇白江村东进东路 8 号新都盛世名门盛景苑 9 栋首层 10 号，法定代表人列湛全。

诉讼代表人：成金有，男，1963 年 8 月 12 日出生，被告单位广州市御苑投资有限公司员工。

委托代理人：王金晓，广东天胜律师事务所律师。

广东省广州市从化区人民检察院以穗从检公诉刑诉[2018]576 号起诉书指控被告人列耀深犯行贿罪、被告单位广州市御苑投资有限公司犯单位行贿罪，于 2018 年 11 月 2 日向本院提起公诉，本院于同日立案并依法适用普通程序，组成合议庭，公开开庭审理了本案。广东省广州市从化区人民检察院指派检察员张新纂出庭支持公诉。被告人列耀深因患严重疾病无法出庭，本案中止审理超过 6 个月，经其近亲属申请，本院依法缺席审判，被告人列耀深的委托辩护人贾学胜、张若晴、被告单位广州市御苑投资有限公司诉讼代表人成金有及其委托代理人王金晓到庭参加了诉讼。现已审理终结。

经审理查明：

1. 2009 ~ 2012 年，被告人列耀深在承包广东省水电集团有限公司下属广州新发实业有限公司开发的增城市（现增城区）新塘镇新都盛世名门第四、五、六组团住宅建设工程中，多次贿送财物给时任广东省水电集团有限公司党委委员、副总经理的梁某 1。其中：(1)2009 年年初，被告人贿送梁某 1 一辆价值人民币 53.9615

万元的黑色雷克萨斯 ES350 型轿车和现金人民币 5 万元;(2)2009 年中秋节前的一天,被告人到梁某 1 的家里(位于广州市增城区碧桂园凤湖苑 16 街 10 号)贿送现金人民币 50 万元;(3)2010 年春节前的一天,被告人到梁某 1 的家里贿送现金人民币 50 万元;(4)2010 年中秋节前的一天,被告人到梁某 1 家里贿送现金人民币 50 万元;(5)2011 年春节前的一天,被告人到梁某 1 的家里贿送现金人民币 50 万元;(6)2011 年中秋节前的一天,被告人到梁某 1 的家里贿送现金人民币 100 万元;(7)2012 年春节前的一天,被告人到梁某 1 的家里贿送现金人民币 50 万元;(8)2012 年中秋节前,被告人到梁某 1 的家里贿送现金人民币 150 万元。

综上所述,被告人列耀深个人行贿数额合计人民币 558.9615 万元。

2. 2011 ~2012 年,广州市御苑投资有限公司在包销新都盛世名门项目第五、六组团房产中,为答谢时任广东省水电集团有限公司党委委员、副总经理的梁某 1 所提供的帮助,经公司全体股东同意,由被告人列耀深先后 5 次向梁某 1 贿送现金共计人民币 600 万元。其中:(1)2011 年 3 月的一天,被告人到梁某 1 的家里(位于广州市增城区碧桂园凤湖苑 16 街 10 号)贿送现金人民币 100 万元;(2)2011 年 8 月的一天,被告人到梁某 1 的家里贿送现金人民币 100 万元;(3)2012 年7 月的一天,被告人到梁某 1 的家里贿送现金人民币 200 万元;(4)2012 年 9 月的一天,被告人到梁某 1 的家里贿送现人民币 100 万元;(5)2012 年10 月的一天,被告人到梁某 1 的家里贿送现金人民币 100 万元。

综上所述,被告单位广州市御苑投资有限公司行贿数额合计人民币 600 万元。

上述事实,有公诉机关当庭列举并质证的户籍材料,抓获经过,证人梁某 1 的身份材料,被告人列耀深、证人胡某、梁某 1 对新车销售合约、支付款项工商银行消费存根、车辆出库通知书、机动车销售统一发票、机动车注册登记表的指认笔录,被告人列耀深、证人朱某 1、钟某 1、陈某 1 对广州御苑投资有限公司记账凭证和支付证明单的指认笔录,银行卡查询资料,新发公司、新都项目基本情况说明,广州新发实业有限公司工商登记材料,广东省电白建筑工程总公司工商登记材料,广州市御苑投资有限公司工商登记材料,广州市新基装饰工程有限公司工商登记材料,新都项目第四、五、六组团的情况说明、工程施工合同、补充协议、结算资料等材料、招标文件、施工合同等材料,证人胡某、梁某 1、朱某 1、陈某 2、钟某 2、陈某 1、钟某 1、冯某、张某 1、赖某、李某 1 的证言,被告人列耀深的供述等证据证实,足以认定。

被告单位诉讼代表人对起诉书指控的事实及罪名均无异议。

被告人列耀深的辩护人提出:(1)起诉书指控被告人列耀深行贿数额558.9615万元是不准确的。理由如下:第一,行贿人为受贿人的职务行为支付的对价才应作为行贿的数额;第二,梁某1的职务行为不包括协调挂靠广东省电白建筑工程总公司和协助收回水泥款;第三,根据事实存疑时有利于被告的原则,应在人民币100万元至500万元之间认定行贿金额。(2)御苑公司虽然在梁某1要求下向其贿送人民币600万元现金,但并非“为谋取不正当利益”,被告人列耀深和御苑公司的行为不构成单位行贿罪。(3)量刑方面,被告人列耀深就行贿罪具有自首情节,建议在“五年以下有期徒刑、拘役,并处罚金”的法定刑幅度内量刑,并考虑适用缓刑。单位行贿罪部分,对被告人列耀深涉嫌单位行贿罪的量刑不应适用“并处罚金”的规定,建议对被告人免除处罚。

被告单位的辩护人提出:(1)御苑公司没有获取实际利益,也并未谋取不正当利益,不构成单位行贿罪;(2)御苑公司应认定自首。建议法庭对其从轻或减轻处罚。

关于控辩双方辩论的焦点,本院综合评判如下:

(1)关于被告人列耀深行贿的犯罪数额。经查,被告人列耀深与受贿人梁某1的陈述相互印证,证实被告人列耀深向梁某1先后8次共贿送财物价值人民币558.9615万元的犯罪事实,二人关于贿送缘由、数额、时间、地点、方式、过程等的陈述基本一致,并有证人胡某的证言等予以佐证,本院予以采信,认定被告人列耀深行贿的犯罪数额为人民币558.9615万元。关于辩护人提出行贿人为受贿人的职务行为支付的对价才应作为行贿的数额,梁某1的职务行为不包括协调挂靠广东省电白建筑工程总公司和协助收回水泥款,由此应当扣减相应犯罪数额的辩护意见,本院认为,依据本案证据显示,被告人列耀深之所以接连向梁某1贿送财物,正是由于相互之间的利益考量。梁某1时任广东省水电集团副总经理,分管房地产项目,在涉案新都项目中能够多方面给予列耀深“帮助”“支持”“关照”,被告人列耀深为维持此种利益交换关系而向梁某1支付对价,借以谋取不正当竞争优势或经济利益。其贿送财物的时间规律亦能体现其犯罪意图,其向梁某1贿送财物均于中秋节或春节前后,借以节日名义行行贿之实,而非在梁某1具体实施某次“帮助”前后,故辩护人的上述意见割裂了本案证据所呈现的案件事实,据理不足,本院不予采纳。

(2)关于被告人单位御苑公司及被告人列耀深是否成立单位行贿罪。经查，受贿人梁某1的陈述称，因其是新都项目分管领导，如果没有其的帮助，御苑公司无法包销涉案房产项目，列耀深需要其的帮助和支持，希望在承建新都项目上继续和其保持关系，所以向其贿送600万元钱款；被告人列耀深的供述印证了梁某1的上述陈述，其供述称包销新都盛世名门项目的事情需要梁某1与广东省水电集团领导沟通协调，如果没有梁某1帮忙，其公司肯定拿不到该项目包销，之前承包的工程也不能顺利复工，同时包销该项目房产可以为其公司产生更多利润。如果梁某1不帮忙，其公司无法继续完成该项目工程建设及包销该项目房产，其公司也不会向梁某1贿送600万元好处费。综合二人供述可以得出，御苑公司向梁某1贿送钱款一方面为了包销涉案房产项目，另一方面也有更为长远的打算，即为了该公司继续完成涉案项目的工程建设。上述两方面均离不开被告人梁某1从中帮忙运作。行贿犯罪中的“谋取不正当利益”，除受贿人为行贿人提供帮助或者方便条件外，违背公平、公正原则，在经济活动中谋取竞争优势，也应当认定为“谋取不正当利益”。被告单位御苑公司与梁某1长期存在利益输出与利益交换，借由梁某1的地位、资源、职务在涉案项目中谋取相应利益，其行为已构成单位行贿罪，被告人列耀深作为单位直接责任人员，应当承担单位行贿罪的刑事责任。

(3)关于被告单位御苑公司是否成立自首。经查，御苑公司集体决定向梁某1行贿为单位谋取不正当利益，案发后，被告人列耀深主动投案，交代了其个人行贿的犯罪事实，同时亦交代了御苑公司向梁某1行贿的犯罪事实，但其自首行为不能代表集体意志，并非经集体决策代表公司而为之，故辩护人提出因单位直接责任人员列耀深自首继而应认定御苑公司自首的辩护意见据理不足，本院不予采纳。

(4)关于是否对被告人列耀深就行贿罪及单位行贿罪适用罚金刑。经查，2015年8月29日全国人大常委会《刑法修正案(九)》第45条、第49条分别对行贿罪及单位犯罪直接责任人员增设罚金刑。本案案发时间为2009～2012年，依据刑法定罪原则中“从旧兼从轻”的相关规定，不应对被告人列耀深就行贿罪及单位行贿罪适用罚金刑。

本院认为，被告人列耀深为谋取不正当利益，给予国家工作人员以财物，情节特别严重，其行为已构成行贿罪；被告单位广州市御苑投资有限公司为谋取不正当利益，给予国家工作人员以财物，其行为已构成单位行贿罪；被告人列耀深作为单位直接责任人员，又应按单位行贿罪承担刑事责任，依法应对被告人列耀深实行数罪并罚。被告人列耀深犯罪以后自动投案，如实供述自己的罪行，是自首，依法可以减轻处罚。公诉机关提出的量刑建议适当，本院予以采纳。依照《刑法》第 52 条、第 53 条、第 67 条第 1 款、第 69 条第 1 款和第 3 款、第 389 条第 1 款、第 390 条第 1 款、第 393 条，最高人民法院、最高人民检察院《关于办理贪污贿赂刑事案件适用法律若干问题的解释》第 9 条第 1 款之规定，判决如下：(1) 被告人列耀深犯行贿罪，判处有期徒刑 6 年；犯单位行贿罪，判处有期徒刑 2 年；决定执行有期徒刑 7 年(刑期从判决执行之日起计算，判决执行以前先行羁押的，羁押一日折抵刑期一日)。(2) 被告单位广州市御苑投资有限公司犯单位行贿罪，判处罚金 60 万元，该罚金限于判决发生法律效力之次日起 15 日内向本院缴纳，由本院上缴国库。

如不服本判决，可在接到判决书的第 2 日起 10 日内，通过本院或者直接向广东省广州市中级人民法院提出上诉，书面上诉的，应当提交上诉状正本一份，副本二份。后判决生效。

■ 疑难点释析

如果被告人患病审判能否继续？为什么本案可以适用缺席审判程序？

我国《刑事诉讼法》第 206 条规定，在审判过程中，有下列情形之一，致使案件在较长时间内无法继续审理的，可以中止审理：(1) 被告人患有严重疾病，无法出庭的；(2) 被告人脱逃的；(3) 自诉人患有严重疾病，无法出庭，未委托诉讼代理人出庭的；(4) 由于不能抗拒的原因。

中止审理的原因消失后，应当恢复审理。中止审理的期间不计入审理期限。也即在通常情况下，被告人患病很长时间无法审判的，我们只能中止审理，待被告人治愈之后继续审判。这样会导致诉讼的迟延以及公众对司法权威的怀疑。

根据我国 2018 年《刑事诉讼法》第 296 条之规定，因被告人患有严重疾病无法出庭，中止审理超过 6 个月，被告人仍无法出庭，被告人及其法定代理人、近亲属申请或者同意恢复审理的，人民法院可以在被告人不出庭的情况下缺席审理，依法作出判决。按照此规定，被告人患病适用缺席审判必须满足以下三个条件：客观原因是被告人身患严重疾病无法出庭;时间期限是法院中止审理满6个月之后仍然无法恢复庭审;程序条件是被告人及其法定代理人、近亲属申请或者同意恢复审理。

本案中,被告人列耀深涉嫌行贿罪,原则上应开庭审理,但因其患严重疾病无法出庭,本案中止审理超过6个月,其近亲属提出了恢复审判的申请,所以,法院可以依法进行缺席审判。

■ 知识点梳理

缺席审判程序,是指在特定刑事案件中,当被告人因潜逃、严重疾病、死亡等原因未到庭接受审判时,人民法院根据控诉方的起诉对案件进行审理,依法追究缺席被告人刑事责任的一种特殊审判程序。它不同于普通刑事诉讼程序,具有以下特点:

1. 缺席审判程序适用的案件范围特定。刑事制裁作为最严厉的法律制裁方式,刑事诉讼程序的设置要尽可能保障被追究者的合法权益,以对席审判为原则,以缺席审判为例外。基于保护被告人利益的考量,如果被告人不参与庭审,其诉讼权利得不到充分保障,如辩护权、质证权等,法官也无法对其直接进行讯问,案件存在较大的错判风险。为了加大对某些特定犯罪的惩治力度,缺席审判程序允许在被告人不到庭的情况下追究其刑事责任。由于缺席审判程序具有的天然缺席,若不严格限制其适用范围,会有侵犯人权、有失公正之嫌。在我国,缺席审判程序只适用于特定的案件范围,包括贪污贿赂案件,严重危害国家安全犯罪、恐怖活动犯罪案件,被告人因患有严重疾病无法出庭的案件以及被告人死亡的案件。

2. 缺席审判程序中被告人未到庭参与审判,不仅解决犯罪嫌疑人、被告人的刑事责任问题,也对涉案财物进行处理。它既不同于普通程序的被告人到庭也不同于违法所得没收程序只对物审判,它是在人不在场的情况下对人、物的审判。

3. 缺席审判程序强调对犯罪嫌疑人、被告人的权利保障。由于被告人未能出席庭审,其辩护权、质证权、知情权、参与权等可能无法充分行使,被告人的诉讼权利在某种程度上受到克减。为了平衡控辩双方力量,保障缺席被告人的合法权益,法律要求缺席审判程序必须有辩护律师的参与,既可以是被告人或其近亲属委托律师,也可以是法院通知法律援助纪委指定的律师。为全面保障缺席被告人的权利,法律还赋予缺席审判程序中被告人的近亲属更多的诉讼权利,如知情权、独立的上诉权等。

4. 为了保证审判质量,对管辖和送达作了特别规定。法律特别规定缺席审判程序由犯罪地、被告人离境前居住地或最高人民法院制定的中级人民法院组成合议庭进行审理,对管辖法院和审判组织作了更高要求的规定。同时,明确缺席审判程序法院应当通过有关的国际条约规定的或外交途径提出的司法协助方式,或被告人所在地法律允许的其他方式,将传票和起诉书副本送达被告人。

26
Case Study

方祝勤违法所得没收案

违法所得没收程序

■ 研读指导

1. 违法所得没收程序的立法背景、立法意义。
2. 违法所得没收程序的具体特点。

■ 相关法条

《中华人民共和国刑事诉讼法》第二百九十八条　对于贪污贿赂犯罪、恐怖活动犯罪等重大犯罪案件,犯罪嫌疑人、被告人逃匿,在通缉一年后不能到案,或者犯罪嫌疑人、被告人死亡,依照刑法规定应当追缴其违法所得及其他涉案财产的,人民检察院可以向人民法院提出没收违法所得的申请。

公安机关认为有前款规定情形的,应当写出没收违法所得意见书,移送人民检察院。

没收违法所得的申请应当提供与犯罪事实、违法所得相关的证据材料,并列明财产的种类、数量、所在地及查封、扣押、冻结的情况。

人民法院在必要的时候,可以查封、扣押、冻结申请没收的财产。

第二百九十九条　没收违法所得的申请,由犯罪地或者犯罪嫌疑人、被告人居住地的中级人民法院组成合议庭进行审理。

人民法院受理没收违法所得的申请后,应当发出公告。公告期间为六个月。犯罪嫌疑人、被告人的近亲属和其他利害关系人有权申请参加诉讼,也可以委托诉讼代理人参加诉讼。

人民法院在公告期满后对没收违法所得的申请进行审理。利害关系人参加诉讼的，人民法院应当开庭审理。

第三百条　人民法院经审理，对经查证属于违法所得及其他涉案财产，除依法返还被害人的以外，应当裁定予以没收；对不属于应当追缴的财产的，应当裁定驳回申请，解除查封、扣押、冻结措施。

对于人民法院依照前款规定作出的裁定，犯罪嫌疑人、被告人的近亲属和其他利害关系人或者人民检察院可以提出上诉、抗诉。

■ 近似案例

杨发晓违法所得没收案[（2019）琼刑终 47 号]

■ 案情介绍

原申请机关：广东省肇庆市人民检察院。

上诉人（利害关系人）：张丙耀，男，1946 年 11 月 18 日出生，香港居民，现住美国，系犯罪嫌疑人方祝勤的债权人。

代理人：李志斗、梁超平，广东五邑律师事务所律师。

犯罪嫌疑人：方祝勤，男，1948 年 4 月 22 日出生，汉族，初中文化，原户籍地广东省江门市开平市，案发前系广东省江门市开平市长沙区梁金山 XX 公司总经理，现已移民美国。广东省肇庆市端州区人民检察院于 2000 年 7 月 15 日对犯罪嫌疑人方祝勤涉嫌挪用公款罪立案侦查，并于同年 8 月 25 日决定逮捕方祝勤；广东省肇庆市公安局端州分局于 2003 年 7 月 9 日对方祝勤进行网上追逃，国际刑警协作中心中国国家中心局于同年 10 月 30 日对其发布红色通缉令；广东省公安厅于 2015 年 1 月 15 日再次对方祝勤发布通缉令。因犯罪嫌疑人方祝勤已于 1999 年外逃至美国，至今不能到案。

广东省肇庆市中级人民法院审理广东省肇庆市人民检察院申请没收犯罪嫌疑人方祝勤伙同郭忠挪用公款而产生的 10,576 平方米土地使用权违法所得一案，于 2016 年 11 月 15 日作出（2015）肇中法刑一没字第 1 号刑事裁定书。宣判后，利害关系人张丙耀不服，提出上诉。本院于 2017 年 3 月 20 日作出（2017）粤刑终 99 号刑事裁定书，撤销(2015)肇中法刑一没字第1号刑事裁定书并发回重审。肇庆市中级人民法院重审期间，肇庆市人民检察院向肇庆市中级人民法院追加提出没收犯罪嫌疑人方祝勤35万元(人民币，下同)违法所得的申请，肇庆市中级人民法院依法将该申请与没收10,576平方米土地使用权违法所得申请案合并审理，并于2018年7月6日作出(2017)粤12刑没1号刑事裁定书。宣判后，利害关系人张丙耀不服，提出上诉。本院依法组成合议庭，经审阅案卷，听取上诉人及其代理人的上诉理由及代理意见，决定不开庭审理。现已审理终结。

原判认定，1993~1997年，犯罪嫌疑人方祝勤伙同郭忠(已判刑)，利用郭忠担任肇庆市住宅物资供应公司经理的职务便利，挪用该公司公款8393.48万元，至今尚有5363.54万元未归还。其中917.2076万元用于购买位于开平市祥龙五区的57.8亩土地使用权(价款为980.72万元)，全部登记在犯罪嫌疑人方祝勤名下。犯罪嫌疑人方祝勤在1999年前后把前述57.8亩土地使用权大部分予以倒卖并收取转让款转移出境占为已有。唯剩开府国用(1999)第00401号三埠祥龙五区南29~32号地(面积6738.5平方米)及开府国用(1999)第00559号三埠祥龙五区37~39号地(面积3837.5平方米)两块土地。1999年，因犯罪嫌疑人方祝勤与张丙耀的经济纠纷案，方祝勤以上述两块土地使用权作为诉讼担保财产被江门法院依法查封，2000年7月14日肇庆市端州区人民检察院对上述两块土地予以查封扣押。

另查明，犯罪嫌疑人方祝勤于2000年1月委托其妻弟方某晖将祥龙五区57.8亩土地使用权中的27号、28号土地以总价115万余元转让给谭某尧(挂靠开平市祥X开发公司)，方某晖收取谭某尧80万元转让款后将该款转移至国外方祝勤处。案发后，谭某尧中止支付其余款项。2017年5月11日，谭某尧委托儿子谭某平把未付土地转让款35万元交至肇庆市端州区人民检察院，该款现暂扣于肇庆市端州区人民检察院。

肇庆市住宅物资供应公司是1992年5月23日由肇庆市住宅贸易发展公司更名而来，是全民所有制企业，隶属全民所有制企业肇庆市住宅公司，2004年4月28日被依法吊销工商营业执照，由于该公司未组织清算，遗留资产由肇庆市端州区政府性资产管理中心接收管理。

2000年7月15日，肇庆市端州区人民检察院对犯罪嫌疑人方祝勤涉嫌挪用公款罪予以立案侦查，同年 8 月 25 日作出逮捕决定，2003 年 7 月 9 日肇庆市公安局端州分局对方祝勤进行网上追逃，2003 年 10 月 30 日国际刑警协作中心中国国家中心局对其发出红色通缉令，2015 年 1 月 15 日广东省公安厅对其再次发出通缉令，因其已于 1999 年中秋节前后外逃到美国，至今未能到案。

原判认定上述事实，有书证、证人证言、同案人供述和辩解等证据证实。

原判认为，犯罪嫌疑人方祝勤伙同郭忠，利用郭忠的职务便利，挪用全民所有制单位肇庆市住宅物资供应公司公款共 8393.48 万元，其中的 917.2076 万元用于购买位于开平市祥龙五区的 57.8 亩土地使用权，挪用公款购买的比例是 93.52%，故该 57.8 亩土地使用权中 93.52% 份额是实施犯罪行为所取得的财产，属违法所得。上述 57.8 亩土地使用权全部登记在犯罪嫌疑人方祝勤名下，方祝勤逃匿多年不能到案，对违法所得部分依法应予没收。上述 57.8 亩土地使用权中大部分已被犯罪嫌疑人方祝勤转卖，仅遗留转让其中两块土地使用权产生的债权 35 万元及开府国用(1999)第 00401 号三埠祥龙五区南 29～32 号地(面积 6738.5 平方米)、开府国用(1999)第 00559 号三埠祥龙五区 37～39 号地(面积 3837.5 平方米)，故上述 35 万元其中的 93.52% 即 327,320 元及上述两块土地使用权中的 93.52% 份额属于违法所得，均应依法予以没收。犯罪嫌疑人方祝勤伙同郭忠挪用肇庆市住宅物资供应公司公款，目前尚有 5363.54 万元未归还，对被没收的违法所得财产，应先予返还被害单位，如有剩余，则剩余部分予以没收上缴国库。因被害单位肇庆市住宅物资供应公司已被吊销营业执照并由肇庆市端州区政府性资产管理中心接收管理，故应返还给肇庆市端州区政府性资产管理中心。据此，依法作出裁定：(1)没收犯罪嫌疑人方祝勤违法所得 327,320 元返还给肇庆市端州区政府性资产管理中心。(2)没收犯罪嫌疑人方祝勤以下违法所得：开府国用(1999)第 00401 号三埠祥龙五区南 29～32 号地(面积 6738.5 平方米)和开府国用(1999)第 00559 号三埠祥龙五区 37～39 号地(面积 3837.5 平方米)两块土地使用权中 93.52% 的份额。(3)上述两块土地使用权被依法拍卖后，所得价款中的 93.52% 部分属违法所得，应在 5330.808 万元的范围内返还给肇庆市端州区政府性资产管理中心，如有剩余，则剩余部分予以没收，上缴国库。

利害关系人张丙耀及其诉讼代理人提出：(1)法不溯及既往是法律的基本原则，2018 年《刑事诉讼法》对方祝勤发生在 1993～1997 年的行为没有溯及力，一审裁定明显违反法不溯及既往的法律基本原则。(2)一审裁定认定肇庆市住宅物资供应公司是国有(集体)企业,方祝勤是挪用公款罪的犯罪主体明显错误;认定方祝勤逃匿和被国际刑警组织通缉没有证据证实。(3)张丙耀对涉案两块土地享有担保物权,该担保物权属于善意取得,善意取得不被追缴和没收是《刑法》的基本原则,一审裁定对张丙耀善意取得的担保物权予以追缴和没收违反法律规定,明显错误。(4)一审裁定认定方祝勤挪用肇庆市住宅物资供应公司的款项购买土地没有依据,也没有任何证据证明涉案土地是方祝勤的违法所得;即使方祝勤的两块土地是违法所得,根据法律规定,合法债务优先受偿是《刑法》的基本原则,追缴、没收方祝勤的土地必须依法优先清偿张丙耀的合法债务。(5)应将肇庆检察机关扣押方祝勤的35万元款项优先用于清偿方祝勤欠张丙耀的合法债务,一审裁定没收其中的327,320元明显错误。故一审裁定认定事实错误,适用法律错误,请求二审法院予以纠正。

经审理查明,1993~1997年,犯罪嫌疑人方祝勤伙同郭忠,利用郭忠担任肇庆市住宅物资供应公司经理的职务便利,挪用肇庆市住宅物资供应公司公款8393.48万元,至今尚有5363.54万元未归还。其中917.2076万元用于购买位于开平市祥龙五区的57.8亩土地使用权,该土地使用权当时的总价款为980.72万元,全部登记在犯罪嫌疑人方祝勤名下。具体犯罪事实如下:

1. 1993年,犯罪嫌疑人方祝勤与郭忠合谋,决定以方祝勤个人名义,挪用公款向高明市X达贸易公司(以下简称高明X达公司)、佛山市石X物资总公司(以下简称石X物资公司)购买位于开平市祥龙五区的57.8亩土地使用权进行炒卖获利。同年7月郭忠将肇庆市住宅物资供应公司的公款260万元分别经由辽宁省鞍山市工商银行“梁某坚”储户、鞍山市冶金局物资经销公司、广东省开平市X成建筑公司等单位汇给高明X达公司支付购地款。

2. 1994~1996年3月,犯罪嫌疑人方祝勤与郭忠合谋,将肇庆市住宅物资供应公司的公款和以该公司名义向肇庆市X丰贸易发展公司借款2533万元,以经营钢材为名直接或经由辽宁省鞍山市工商银行“郭忠”“梁某坚”储户转汇给广东省开平市X兴经济发展公司(以下简称X兴公司)后,除1994年1月将其中的110万元作为购地款支付给高明X达公司外,其余部分用于归还郭、方二人私人所欠X兴公司的债务。

3. 1994年1月至1996年2月,犯罪嫌疑人方祝勤与郭忠合谋,由郭忠以肇庆市住宅物资供应公司合作经营钢材为由,向河北省粮油工贸公司汇款840万元,后将其中的120万元作为购地款支付给高明X达公司,另外的720万元转到X兴公司用于归还郭、方二人所欠X兴公司债务。

4. 1996年4月至1997年11月,犯罪嫌疑人方祝勤与郭忠合谋,由郭忠以肇庆市住宅物资供应公司合作经营钢材为由,向肇庆市X丰贸易发展公司借款2510.48万元,经由辽宁省鞍山市工商银行转汇给X兴公司,后将其中的227.2076万元作为购地款支付给高明X达公司、石X物资公司,其余部分用于归还郭、方二人私人所欠X兴公司债务。

5. 1997年4月11日郭忠以肇庆市住宅物资供应公司合作经营钢材为由,向河北省粮油工贸公司借款200万元,后将该款作为购地款支付给高明X达公司、石X物资公司各100万元。

犯罪嫌疑人方祝勤在1999年前后把开平市祥龙五区的57.8亩土地使用权大部分予以倒卖并收取转让款转移出境占为己有,唯剩开府国用(1999)第00401号三埠祥龙五区南29~32号地(面积6738.5平方米)及开府国用(1999)第00559号三埠祥龙五区37~39号地(面积3837.5平方米)两块土地。1999年,因犯罪嫌疑人方祝勤与张丙耀的经济纠纷案,方祝勤以上述两块土地使用权作为诉讼担保财产提供给开平市人民法院依法查封,2000年7月14日肇庆市端州区人民检察院对上述两块土地予以查封扣押。

另查明,犯罪嫌疑人方祝勤于2000年1月委托其妻弟方某晖将祥龙五区57.8亩土地使用权中的27号、28号土地以总价115万多元转让给谭某尧(挂靠开平市祥X开发公司),方某晖收取谭某尧80万元转让款后将该款转移至国外方祝勤处。案发后,谭某尧中止支付其余款项。2017年5月11日,谭某尧委托儿子谭某平把未付土地转让款35万元交至肇庆市端州区人民检察院,该款现暂扣于肇庆市端州区人民检察院。

肇庆市住宅物资供应公司是1992年5月23日由肇庆市住宅贸易发展公司更名而来,是全民所有制企业,法定代表人为郭忠,隶属全民所有制企业肇庆市住宅公司,2004年4月28日被依法吊销工商营业执照,因未组织清算,该公司遗留资产由肇庆市端州区政府性资产管理中心接收管理。

2000 年 7 月 15 日,肇庆市端州区人民检察院对犯罪嫌疑人方祝勤涉嫌挪用公款罪予以立案侦查,同年 8 月 25 日作出逮捕决定,2003 年 7 月 9 日肇庆市公安局端州分局对方祝勤进行网上追逃,2003 年 10 月 30 日国际刑警协作中心中国国家中心局对其发出红色通缉令,2015 年 1 月 15 日广东省公安厅对其再次发出通缉令,因其已于 1999 年中秋节前后外逃到美国,至今未能到案。

上述事实,有下列证据予以证实:

1. 犯罪嫌疑人方祝勤身份证明资料,证明其身份情况。

2. 广东省肇庆市中级人民法院 2001 年 11 月 28 日作出(2001)肇刑初字第 55 号刑事判决书,证明同案人郭忠于 2001 年被广东省肇庆市中级人民法院以挪用公款罪被判处无期徒刑,犯罪嫌疑人方祝勤为共犯的具体情况。

3. 补充立案决定书、逮捕证,证明 2000 年 7 月 15 日肇庆市端州区人民检察院对犯罪嫌疑人方祝勤涉嫌挪用公款罪进行立案,并于同年 8 月 25 日对其作出逮捕决定的情况。

4. 在逃人员登记信息表、上网追逃的情况说明、通缉令、关于犯罪嫌疑人方祝勤被国际红色通缉的情况说明、红色通缉令的中文翻译本,证明:方祝勤被追逃,至今未能到案的具体情况。

5. 扣押土地资料、土地地籍档案,证明:开府国用(1999)第 00401 号三埠祥龙五区南 29 ~ 32 号地,面积 6738.5 平方米及开府国用(1999)第 00559 号三埠祥龙五区 37 ~ 39 号地,面积 3837.5 平方米的两块土地,国有土地使用证上登记的使用权人均为方祝勤。

6. 银行转账记录、土地转让合同、协议资料,证明:1993 ~ 1997 年郭忠挪用肇庆市住宅物资供应公司公款转账到"梁某坚"、"郭某"、X 兴公司的账户,再由"梁某坚"、X 兴公司账户转账到高明 X 达公司、石 X 物资公司,共挪用肇庆市 XX 物资供应公司资金 917.2076 万元用于支付开平市祥龙五区 57.8 亩土地使用权价款,犯罪嫌疑人方祝勤与高明 X 达公司、石 X 物资公司签订协议购买祥龙五区 57.8 亩土地使用权的情况。

7. 肇庆市住宅物资供应公司企业登记情况、关于肇庆市住宅物资供应公司管理状况的情况说明、肇庆市住宅物资供应公司工商登记资料、肇庆市住宅建设总公司工商登记资料,证明:肇庆市住宅物资供应公司系全民所有制企业,于 2004 年 4

月吊销工商营业执照，该公司遗留资产由肇庆市端州区政府性资产管理中心接收管理的情况。

8. 开平市人民法院作出的（1999）开法经保字第6号民事裁定书、查封（扣押）财产清单，证明：1999年张丙耀因与方祝勤合伙纠纷一案向开平市人民法院起诉方祝勤并申请查封方祝勤的财产，开平市人民法院于1999年6月依法查封了张丙耀和方祝勤的合伙财产，价值300余万元的家具的情况。

9. 开平市人民法院作出的（1999）开法经初字第6－1号《民事裁定书》、解除查封的通知，证明：方祝勤为使被法院查封的家具出口，向开平市人民法院提供开府国用（1999）第00401号三埠祥龙五区南29～32号地及开府国用（1999）第00559号三埠祥龙五区37～39号地的土地使用权作为解除对家具查封的反担保，开平市人民法院于1999年8月依法查封了方祝勤提供的作为反担保的上述两块土地，并解除了对300余万元家具的查封的情况。

10. 肇庆市端州区人民检察院2000年7月14日出具的（2000）肇端检执字第01号协助执行通知书，扣押物品、文件清单，证明：涉案地块被肇庆市端州区人民检察院查封扣押的情况。

11. 江门市中级人民法院作出的（2006）江中法民四初字第37号民事判决书、广东省高级人民法院作出的（2009）粤高法民四终字第146号民事判决书、裁判文书生效证明，证明：张丙耀与犯罪嫌疑人方祝勤合伙纠纷一案，由开平市人民法院移送广东省江门市中级人民法院管辖，经江门市中级人民法院一审和广东省高级人民法院二审，判决方祝勤向张丙耀返还1,112,831.02元和诉讼费76,672元，该判决已发生法律效力的情况。

12. 江门市中级人民法院作出的（2010）江中法执字第36号受理案件通知书、（2010）江中法执字第36－6号执行裁定书，证明：判决生效后张丙耀向江门市中级人民法院申请执行，该院作出执行裁定的情况。

13. 江门市中级人民法院作出的（2001）江中法民裁字第167－1号民事裁定书、（2006）江中法民四初字第37－2号民事裁定书、（2010）江中法执字第36－1号执行裁定书、（2010）江中法执字第36－6号执行裁定书、（2010）江中法执字第36－7号执行裁定书、（2010）江中法执字第36－8号执行裁定书，证明：江门市中级人民法院对涉案的两块土地予以查封的情况，以及由于涉案的两块土地被肇庆市端州区人民检察院查封、导致江门市中级人民法院无法拍卖并裁定终结相关执行的情况。

14. 江门市中级人民法院出具的关于方祝勤追赃一案意见函，证明：江门市中级人民法院建议肇庆市端州区人民检察院尽快对涉案的两块土地依法进行处置的情况。

15. 开平市土地使用权转让合同、土地转让合同书、地籍调查土地登记审批表、中华人民共和国国有土地使用证、广东省暂时扣留、冻结财物收据，证明：1999 年 12 月 26 日方祝勤代理人方某晖将祥龙五区 27 号、28 号土地以 115.71 万元的价格转让给谭某尧（挂靠开平市祥 X 开发公司），并于 2000 年 1 月 13 日于开平市土地交易服务中心交易，开平市祥 X 开发公司于 2001 年 1 月 20 日取得国有土地使用权，该土地实际使用权人是谭某尧，谭某尧已经付款 80 万元，尚余 35 万多元未支付，2017 年 5 月 17 日委托儿子谭某平将尾款 35 万元交至肇庆市端州区人民检察院的情况。

16. 证人张某南的证言。

17. 证人方某晖的证言。

18. 证人谭某尧的证言。

19. 同案人郭忠的供述。

对于利害关系人张丙耀及其代理人的上诉理由及代理意见，综合评析如下：

1. 没收违法所得程序对本案是否具有追溯力的问题。经查，法不溯及既往是指在实体问题上适用法律的原则，没收违法所得程序不涉及对犯罪嫌疑人刑事责任的追究，而是对违法所得予以没收的特别程序，适用程序从新的一般效力原则。犯罪嫌疑人方祝勤因涉嫌挪用公款罪于 2000 年 7 月 15 日被肇庆市端州区检察院立案侦查，在逃人员登记信息表、上网追逃的情况说明、通缉令及方祝勤被国际红色通缉的情况说明、红色通缉令的中文翻译本等书证证实 2003 年 10 月国际刑警协作中心中国国家中心局对方祝勤发出红色通缉令，因方祝勤已于 1999 年中秋节前后外逃到美国，至今未能到案，其逃匿一直处于持续状态，违法所得的不法状态依然继续存在并持续到修正后的《刑事诉讼法》实施期间，故原判适用第二次修正的《刑事诉讼法》及相关司法解释中关于适用犯罪嫌疑人、被告人逃匿、死亡案件违法所得没收程序相关条文的规定并无不当。

2. 犯罪嫌疑人方祝勤是否同案人郭忠挪用公款案中的共同犯罪人的问题。经查:(1)同案人郭忠经与犯罪嫌疑人方祝勤合谋,利用其担任肇庆市住宅物资供应公司经理的职务便利,将该公司的公款转账到"郭忠"、"梁某坚"、鞍山 X 金供销公司、X 兴公司等账户,再经以上账户转账到高明 X 达公司、石 X 物资公司作为祥龙五区 57.8 亩土地使用权的购地款,该事实有汇款凭证、郭忠本人的供述、郭忠挪用公款案刑事判决书等证据证实,足资认定。(2)肇庆市住宅物资供应公司的经济性质是全民所有制企业,其主管部门肇庆市住宅公司也是全民所有制企业。虽然肇庆市住宅公司 1994 年改组为公私合营股份合作制的肇庆市住宅建设总公司,但肇庆市住宅物资供应公司的经济性质一直未发生改变,工商登记资料等书证显示该公司企业类型为国有企业,经济性质为全民所有制,其性质至郭忠挪用公款案发甚至到 2004 年 4 月 28 日被依法吊销工商营业执照时仍是全民所有制国有企业。(3)本案有转账凭证、土地转让合同、土地转让协议资料、证人证言以及同案人郭忠的供述等证据相互印证,足以证实犯罪嫌疑人方祝勤与郭忠合谋,利用郭忠的职务便利,挪用肇庆市住宅物资供应公司公款 8393.48 万元,其中 917.2076 万元用于购买位于开平市祥龙五区的 57.8 亩土地使用权的事实,方祝勤系同案人郭忠挪用公款案的共同犯罪人。

3. 犯罪嫌疑人方祝勤欠利害关系人张丙耀的合法债务是否应优先清偿的问题。经查:(1)涉案的 35 万元是犯罪嫌疑人方祝勤通过方某晖转让开平市祥龙五区的 57.8 亩土地使用权其中 27 号、28 号两块土地使用权而产生的债权,张丙耀与该宗转让没有关联,对该 35 万元不享有优先受偿权。(2)涉案的两块土地是犯罪嫌疑人方祝勤用于其与张丙耀经济纠纷案中的诉讼担保物,并非方祝勤对张丙耀债务关系的担保物,该担保权仅是民事诉讼法上的临时保全措施,故张丙耀并未取得涉案两块土地的担保物权,不享有优先受偿权。(3)犯罪嫌疑人方祝勤与郭忠合谋,利用郭忠的职务便利,挪用肇庆市住宅物资供应公司公款 917.2076 万元用于购买位于开平市祥龙五区总价款为 980.72 万元的 57.8 亩土地使用权,挪用公款购买的比例是 93.52%,故该 57.8 亩土地使用权中 93.52% 份额是实施犯罪行为所取得的财物转化后的财产;根据《刑法》第 64 条的规定"犯罪分子违法所得的一切财物,应当予以追缴或者责令退赔"及刑事诉讼法中关于没收违法所得的相关条文,涉案两块土地及 35 万元是上述 57.8 亩土地使用权其中的两块及转让上述土地使用权中的27号、28号地块所产生的债权,是实施犯罪行为所取得的财物转化后的财产收益,属于违法所得,应予没收。

本院认为,犯罪嫌疑人方祝勤伙同郭忠,利用郭忠的职务便利,挪用全民所有制单位肇庆市住宅物资供应公司公款共8393.48万元,其中的917.2076万元用于购买位于开平市祥龙五区的57.8亩土地使用权,由于购买该57.8亩土地使用权总价款为980.72万元,挪用公款购买的比例是93.52%,故该57.8亩土地使用权中93.52%份额是实施犯罪行为所取得的财物转化后的财产,属违法所得。上述57.8亩土地使用权全部登记在犯罪嫌疑人方祝勤名下,犯罪嫌疑人方祝勤逃匿多年不能到案,对违法所得部分依法应予没收。上述57.8亩土地使用权中大部分已被犯罪嫌疑人方祝勤转卖,仅遗留转让其中两块土地使用权产生的债权35万元及开府国用(1999)第00401号三埠祥龙五区南29~32号地(面积6738.5平方米)、开府国用(1999)第00559号三埠祥龙五区37~39号地(面积3837.5平方米),故上述35万元的93.52%即327,320元及上述两块土地使用权中的93.52%份额属违法所得,均应依法予以没收。犯罪嫌疑人方祝勤伙同郭忠挪用肇庆市住宅物资供应公司公款,目前尚有5363.54万元未归还,对被没收的违法所得财产,应先予返还被害单位,如有剩余,则剩余部分予以没收,上缴国库。鉴于被害单位肇庆市住宅物资供应公司已于2004年4月被吊销营业执照,由肇庆市端州区政府性资产管理中心接收管理,故应返还给肇庆市端州区政府性资产管理中心。原裁定正确,上诉人张丙耀及其代理人所提上诉理由及代理意见理据不足,不予采纳,根据《刑诉解释》第518条第1项之规定,裁定如下:驳回上诉,维持原裁定。本裁定为终审裁定。

■ 疑难点释析

本案焦点为犯罪嫌疑人、被告人逃匿后的诉讼程序如何继续及本案中犯罪所得的认定问题。

第一个问题,犯罪嫌疑人、被告人逃匿后诉讼程序如何继续?按照现代刑事诉讼制度中当事人有效参与原则和辩护原则,在一般情形下,对被追诉人财产的处分应当赋予其审判过程中的在场权,并有充分的机会和条件为维护自己合法权益进行辩护。但在司法实践中，一些案件的犯罪嫌疑人、被告人长期潜逃或者死亡，如果按照2012年《刑事诉讼法》修改以前普通案件所适用的诉讼原则和程序就无法进行审判，也无法及时挽回国家、集体或者被害人的经济损失。这种情形在贪污腐败案件中尤为突出。一些腐败案件的犯罪嫌疑人在实施犯罪行为后，往往将贪腐所得转移境外或通过其他方式隐瞒。由于犯罪嫌疑人的长期潜逃或死亡，如果不建立有效的财产追回机制，那么不仅无法对贪腐等行为进行相应制裁，也无法挽回相应损失。在其他一些严重的犯罪案件中，也存在类似的问题。如在恐怖犯罪案件中，如果不及时没收与犯罪相关的财物，不仅不能惩治犯罪行为，而且由于不能采取有力措施切断其经济来源，也不能有效防止有关犯罪行为继续发生。为了加大对贪污腐败犯罪行为和其他严重犯罪的打击力度，联合国有关国际公约规定了与被告人定罪可以分离的没收程序。《联合国反腐败公约》第54条第1款第3项规定："各缔约国应根据本国法律，采取必要的措施，以便在因为犯罪人死亡、潜逃或者缺席而无法对其进行起诉的情形或其他有关情形下，能够不经过刑事定罪而没收因腐败犯罪所获得的财产。"为了严厉打击贪污贿赂犯罪、恐怖活动犯罪等严重犯罪活动，及时追缴犯罪活动违法所得及其他涉案财物，并与我国已加入的《联合国反腐败公约》及有关反恐怖问题的决议的相关要求衔接，我国2012年《刑事诉讼法》在"特别程序编"中增加了"犯罪嫌疑人、被告人逃匿、死亡案件违法所得的没收程序"章。2018年《刑事诉讼法》，继续在特别程序中保留了这一章。

《刑事诉讼法》第298条第1款规定："对于贪污贿赂犯罪、恐怖活动犯罪等重大犯罪案件，犯罪嫌疑人、被告人逃匿，在通缉一年后不能到案，或者犯罪嫌疑人、被告人死亡，依照刑法规定应当追缴其违法所得及其他涉案财产的，人民检察院可以向人民法院提出没收违法所得的申请。"《人民检察院刑事诉讼规则》第512条第1款也规定："对于贪污贿赂犯罪、恐怖活动犯罪等重大犯罪案件，犯罪嫌疑人、被告人逃匿，在通缉一年后不能到案，依照刑法规定应当追缴其违法所得及其他涉案财产的，人民检察院可以向人民法院提出没收违法所得的申请。"《刑诉解释》第609条规定了"贪污贿赂犯罪、恐怖活动犯罪等案件的范围"。最高人民法院、最高人民检察院、公安部、国家安全部、司法部、全国人大常委会法制工作委员会《关于实施刑事诉讼法若干问题的规定》第37条、第38条第2款也作了基本相同的规定。2017 年最高人民法院、最高人民检察院专门制定了《关于适用犯罪嫌疑人、被告人逃匿、死亡案件违法所得没收程序若干问题的规定》对该程序的适用进行细致规定。

因此,有了违法所得没收程序,如果案件属于"贪污贿赂犯罪、恐怖活动犯罪等"犯罪案件,则检察机关可以在犯罪嫌疑人、被告人逃匿、死亡时启动违法所得没收程序,对犯罪所得予以没收,继续诉讼程序。

第二个问题,如何认定"犯罪所得"?《联合国打击跨国有组织犯罪公约》第 12 条也规定:"一、缔约国应在本国法律制度的范围内尽最大可能采取必要措施,以便能够没收:(一)来自本公约所涵盖的犯罪的犯罪所得或价值与其相当的财产;(二)用于或拟用于本公约所涵盖的犯罪的财产、设备或其他工具……"而我国《刑事诉讼法》规定了没收对象是违法所得及其他涉案财产,2017 年最高人民法院、最高人民检察院的《关于适用犯罪嫌疑人、被告人逃匿、死亡案件违法所得没收程序若干问题的规定》第 6 条和《人民检察院刑事诉讼规则》第 515 条对"违法所得"进行了明确规定,通过实施犯罪直接或者间接产生、获得的任何财产,应当认定为《刑事诉讼法》第 298 条第 1 款规定的"违法所得"。违法所得已经部分或者全部转变、转化为其他财产的,转变、转化后的财产应当视为前款规定的"违法所得"。来自违法所得转变、转化后的财产收益,或者来自已经与违法所得相混合财产中违法所得相应部分的收益,应当视为前述规定的"违法所得"。《人民检察院刑事诉讼规则》第 516 条规定"犯罪嫌疑人、被告人非法持有的违禁品、供犯罪所用的本人财物,应当认定为'其他涉案财产'"。

在本案中,犯罪嫌疑人方祝勤伙同郭忠,利用郭忠的职务便利,挪用全民所有制单位肇庆市住宅物资供应公司公款共 8393.48 万元,其中的 917.2076 万元用于购买位于开平市祥龙五区的 57.8 亩土地使用权,由于购买该 57.8 亩土地使用权总价款为 980.72 万元,挪用公款购买的比例是 93.52%,故该 57.8 亩土地使用权中 93.52% 份额是实施犯罪行为所取得的财物转化后的财产,属于违法所得,理应按照法律予以没收。

■ 知识点梳理

1. 概念及特点

犯罪嫌疑人、被告人逃匿、死亡案件违法所得的没收程序，是指在特定案件中，在犯罪嫌疑人、被告人逃匿或者死亡的情形下，对违法所得及其他涉案财物进行处理的特别诉讼程序。该程序具有以下特点：

（1）犯罪嫌疑人、被告人逃匿、死亡案件违法所得的没收程序适用的案件范围特定。在犯罪嫌疑人、被告人逃匿的情况下，对于普通刑事案件，其诉讼程序应当保障当事人的参与权，尤其是犯罪嫌疑人、被告人的辩护权。但是，为了加大对某些特定的严重犯罪的打击力度，法律可以适度克减当事人或者相关人的诉讼权利，即这些案件可以遵循特别程序进行。不过，这些特别程序适用的案件范围不能扩大，否则就有侵犯人权之虞。在我国，犯罪嫌疑人、被告人逃匿案件违法所得的没收程序只能针对贪污贿赂犯罪案件、恐怖活动等重大的犯罪案件以及犯罪嫌疑人、被告人死亡的情况。

（2）犯罪嫌疑人、被告人逃匿、死亡案件违法所得的没收程序适用的对象仅针对财物。我国的没收程序不同于一些国家的缺席审判程序。一些国家规定了在特殊情形下，如被追诉人逃跑或者轻微刑事案件中，在被告人不到庭的情形下，可以对被告人涉嫌的犯罪活动进行审判，其审理的对象不仅可能包括涉案财物，而且还包括对被告人的刑罚问题。我国的没收程序仅仅针对“财物”，而不涉及对被告人的定罪量刑。

（3）犯罪嫌疑人、被告人逃匿、死亡案件违法所得的没收程序保障利害关系人的诉讼权利。犯罪嫌疑人、被告人逃匿、死亡案件违法所得的没收程序虽然不同于普通诉讼程序，但是该程序涉及利害关系人的财产权的处分。考虑财产权是公民的基本、重要的权利，因此，在程序中应当保障利害关系人诉讼权利的有效行使，包括其参与权、救济权等。

2. 适用条件

犯罪嫌疑人、被告人逃匿、死亡案件违法所得的没收程序作为特别程序，其适用应当有严格的条件限制。按照《刑事诉讼法》的相关规定，此程序适用应具备四个方面的条件：

(1)适用案件范围。此类程序的适用案件范围是“贪污贿赂犯罪、恐怖活动犯罪等重大案件”。此处“贪污犯罪”，应从广义理解，即不仅包括贪污罪，还包括挪用公款罪，私分国有资产罪、私分罚没财物罪、巨额财产来源不明罪，隐瞒境外存款罪。贿赂犯罪包括受贿罪、行贿罪、介绍贿赂罪等。“恐怖活动犯罪”包括组织、领导、参加恐怖组织罪、资助恐怖活动罪、劫持航空器罪、劫持船只、汽车罪、暴力危及飞行安全罪。

需要注意的是，法条对于没收程序适用案件范围采取的是非完全列举的方式，即除了明确列举“贪污贿赂犯罪、恐怖活动犯罪”这两类外，还包括这两类罪名之外的一些犯罪案件，这些案件属于法条中“等”的范畴。在理解法律增设该特别程序的精神基础上，对照贪污贿赂犯罪和恐怖活动犯罪，其他案件可以适用没收程序的案件应符合两个条件：其一，涉及追缴其违法所得及其他涉案财产。如果案件不涉及追缴违法所得或者其他涉案财产，就不存在“没收”的必要。其二，属于重大犯罪案件。根据立法要求和精神，此类案件的性质要与贪污贿赂犯罪和恐怖活动犯罪严重程度相当。也正因为其犯罪性质或程度的严重性，即使在犯罪嫌疑人、被告人逃匿、死亡的情形下，为了加强对这些犯罪活动的打击力度，也要对其适用特别程序，没收非法所得或涉案财产。这些案件包括危害国家安全、颠覆政权的犯罪，走私罪，金融诈骗罪，走私、贩卖、运输、制造毒品罪，组织、强迫、引诱、容留、介绍卖淫罪，等等。

对于一般刑事案件，则没有必要适用此类程序。对于相关涉案财物的处理，需等待犯罪嫌疑人、被告人归案之后才能进行，或者按照其他程序进行。

(2)被追诉人不能到案。被追诉人不能到案有两种情形：一种情形是因为主观原因不能到案，即“犯罪嫌疑人、被告人潜逃”。在此种情形下，还必须符合时间条件，即“在通缉一年后不能到案”。这也意味在一般情况下，相关机关应当采取有关措施保证犯罪嫌疑人、被告人到案，只有在通缉长时间后(1 年)，仍然不能将其缉拿归案，才能适用没收程序。这也说明了立法本意是尽量保证被追诉人的参与权和辩护权。另一种情形是因为客观原因犯罪嫌疑人、被告人不能到案，即“死亡”。在此情形下，由于被追诉人死亡，不可能追究其刑事责任，但是相关的涉案财物并没有处理，因此有必要专门针对财物适用没收程序。

(3)有追缴财产的需要，即依照《刑法》规定应当追缴其违法所得，即其他涉案财产，如需要追缴贪污财产、没收涉及恐怖活动资金等。如果犯罪嫌疑人、被告人逃匿、死亡，但是案件并不涉及财物，就不需要启动没收程序。另外，需要注意的是，有些被追诉人死亡的案件，即使涉及非法所得或相关财物，但这些财物金额并不大，检察机关从诉讼效益的角度考虑，也可以不启动没收程序。也正因如此，该法条规定了人民检察院“可以”而不是“应当”向法院提出没收违法所得的申请。

(4)程序要件，即由检察机关向人民法院提出没收违法所得的申请。我国没收程序是比照普通程序设计的，即同样要经过相关机关侦查、检察机关起诉和法院审理等阶段。这种设计一方面可以在很大程度上防止没收程序被滥用，保证公民的合法财产权不被非法侵犯，另一方面也可以使得没收程序的庭审合理化。因此，如果是公安机关侦查的案件，对于符合上述几个条件的，公安机关并不能直接向法院提出没收申请，而是应当比照普通程序，提出没收财产意见书，移送人民检察院。经检察院审查后，认为有必要提起没收程序，才决定由其向法院提出没收申请。

27 Case Study

冯代平强制医疗案

强制医疗程序

研读指导

1. 制定强制医疗程序的必要性。
2. 如何启动强制医疗程序?

相关法条

《中华人民共和国刑法》第十八条第一款　精神病人在不能辨认或者不能控制自己行为的时候造成危害结果,经法定程序鉴定确认的,不负刑事责任,但是应当责令他的家属或者监护人严加看管和医疗;在必要的时候,由政府强制医疗。

《中华人民共和国刑事诉讼法》第三百零二条　实施暴力行为,危害公共安全或者严重危害公民人身安全,经法定程序鉴定依法不负刑事责任的精神病人,有继续危害社会可能的,可以予以强制医疗。

近似案例

徐某强制医疗案(最高人民法院指导案例63号)

案情介绍

湖北省宜昌市夷陵区人民检察院申请称:2015年8月10日9时,被申请人冯代平因嫉恨养女对自己不好,将养女的女儿(殁年2岁)带至宜昌市夷陵区下堡坪乡磨坪村三组19号住宅附近小路上，用事先准备的水果刀将其杀害，并将其内脏掏出丢在路边。经鉴定，被害人系被他人致伤腹部，损伤致双侧胸腔膈肌大部分缺失、心包裂伤、肝脏缺失、肠胃及右肾大部分断缺失，因急性失血性休克死亡。经宜昌市优抚医院精神司法鉴定中心鉴定，冯代平患有精神病（精神分裂症），对该案无刑事责任能力。被申请人冯代平实施故意杀人行为，严重危害公民人身安全，其经法定程序鉴定为依法不负刑事责任的精神病人，有继续危害社会的可能，事实清楚，证据确实、充分，应当对其强制医疗。

法定代理人易仁能称：对检察机关申请没有意见。

诉讼代理人陈蓉称：检察机关申请符合法律规定。

法院经审理查明：被申请人冯代平于2005年出现精神异常，2015年5月在宜昌市优抚医院住院治疗二十余天，病情没有好转，出院自行停药。2015年8月10日9时，冯代平因嫉恨养女对自己不好，将养女的女儿（殁年2岁）带至宜昌市夷陵区下堡坪乡磨坪村三组19号住宅附近小路上，用事先准备的水果刀将其杀害，并将其内脏掏出丢在路边。经鉴定，被害人系被他人致伤腹部，损伤致双侧胸腔膈肌大部分缺失、心包裂伤、肝脏缺失、肠胃及右肾大部分断缺失，因急性失血性休克死亡。经宜昌市优抚医院精神司法鉴定中心鉴定，冯代平患有精神病（精神分裂症），对涉嫌故意杀人案无刑事责任能力。冯代平现在宜昌市优抚医院接受治疗。

以上事实，有证人陈某某、易某某等人的证言，现场勘验笔录及照片，尸体检验鉴定意见，作案工具水果刀照片，身份材料、住院病历资料、抓获经过，司法鉴定意见书等证据予以证实。

湖北省宜昌市夷陵区人民法院于2016年3月1日作出（2016）鄂0506刑医1号刑事决定：对被申请人冯代平强制医疗。决定书已送达并生效，被申请人等亦未提出复议。

■ 疑难点释析

对依法不负刑事责任的精神病人无法追究刑事责任，但有严重危害公民人身安全时是否有强制医疗的必要？

本案中，被申请人冯代平患有精神分裂症，为不负刑事责任能力人，但其实施故意杀人行为，严重危害公民人身安全，并经法定程序鉴定为依法不负刑事责任，并且有继续危害社会可能，为维护公共安全和他人人身安全，应当对其进行强制医疗。

依法不负刑事责任的精神病人的强制医疗程序（以下简称强制医疗程序），是指公安司法机关对不负刑事责任且有社会危险性的精神病人采取强制治疗措施的特别诉讼程序。由于精神疾病患者失去辨别能力和控制能力，因此在不具备刑事责任能力的情形下对其实施的危害行为并不负刑事责任。但是，为了维护社会秩序，防止其行为继续危害他人人身、财产安全，并从充分保障精神病患者的健康角度考虑，国家对其人身自由进行一定限制并对其采取强制医疗措施是必要的。因此，强制医疗不是为了对行为人进行惩罚和教育，而是一种特殊的社会防卫措施。与之对应，对依法不负刑事责任的精神病人的强制医疗程序的目的也不是解决犯罪嫌疑人、被告人的刑事责任问题，而是审查决定是否对其采取强制医疗措施。

正如本案中，被申请人精神异常，经医院诊治病情未经好转自行出院停药，将养女的女儿残忍杀害，经精神病鉴定，确定其无刑事责任能力，但其危害社会的行为却一直存在，如果不对其进行强制医疗，则其他人仍然可能面临遭受暴力威胁甚至伤害的可能，因此，从维护社会秩序，防止其继续危害他人人身安全的角度出发，采取强制医疗程序对其人身自由进行限制非常必要，对被申请人也是一种保护。

■ 知识点梳理

1. 强制医疗程序的适用条件

根据我国《刑事诉讼法》第302条的规定："实施暴力行为，危害公共安全或者严重危害公民人身安全，经法定程序鉴定依法不负刑事责任的精神病人，有继续危害社会可能的，可以予以强制医疗。"

人民法院经刑事特别程序决定予以精神病人刑事强制医疗需满足三个条件：(1)前提条件，即行为人"实施暴力行为，危害公共安全或者严重危害公民人身安全"。对于此点的理解，需要注意以下几个方面：首先，必须是精神病人实施了暴力行为。因此，对于一般的精神病人，如果没有实施暴力行为，则不能被采取强制医疗措施。其次，精神病人实施的暴力行为应当达到严重程度，即"危害公共安全或者严重危害公民人身安全”。按照此要求,即使一些精神病人实施了暴力行为,但是情节并没有达到危害公共安全或者“严重危害”公民人身安全的程度,也不能对其采取《刑事诉讼法》规定的强制医疗措施。对于何为“危害公共安全或者严重危害公民人身自由”,应当理解为精神病人的行为在客观上达到了犯罪程度。换而言之,如果精神正常的公民实施了这些行为,则应当被追究刑事责任,而由于精神病人是在不能辨认或者不能控制自己行为的时候造成危害结果,不负刑事责任。这种理解与《刑法》第 18 条第 1 款规定“精神病人在不能辨认或者不能控制自己行为的时候造成危害结果,经法定程序鉴定确认的,不负刑事责任”的精神相一致。对于没有实施危害公安安全或者严重危害公民人身自由的精神病患者,只能由其近亲属或者监护人妥善看管、照顾,防止其伤害自身、危害他人或者社会。

(2)医学条件,即需要经过鉴定程序确定行为人为精神病人。确定犯罪嫌疑人、被告人是否适用强制医疗程序的关键,是查明其在实施暴力行为时是否患有精神病或者严重精神障碍而丧失辨别能力、控制能力,而这其中的关键手段是进行司法精神病学鉴定。我国《刑事诉讼法》也对鉴定作了专节规定。一旦经过确定犯罪嫌疑人、被告人系精神病人而且不负刑事责任,应当及时终止普通诉讼程序,并根据其社会危害性的大小决定是否启动强制医疗程序。

应当说,司法精神病学鉴定为强制医疗程序的必经环节,是各国的通例。如《德国刑事诉讼法》规定,对行为人适用保安处分程序,在侦查程序中就应当为鉴定人提供准备在审判程序中做鉴定的机会。英国要求,至少有两名执业医师以书面或者口头方式证明被告人正患精神变态,精神失常或者严重失常,而且应使法官确信其精神失常的性质和严重程度及对该人施以强制医疗是正当的。俄罗斯、日本等国刑事诉讼法对精神病鉴定场所、期限等也作出比较详细的规定。

(3)社会危险性要件,即精神病人有继续危害社会的可能性。所谓社会危险性是指由于精神病人已实施的行为性质及其精神、生理状态等,使法律保护的社会关系处于危险状态。总的看来,“社会危险性”往往需要由法院结合具体情形来认定。如《德国刑法典》第 63 条规定“当行为人在无刑事责任能力或限制刑事责任能力的状态下实施不法行为时,如果对行为人及其所犯罪行的评估表明,在目前状态下,行为人可能实施更严重的不法行为而对公众造成威胁,法院应当判令将其收容于精神病院”。综合精神病人实施的行为以及事后的状态分析,如果有继续危害社会的可能性,则应对其采取强制医疗措施;否则,就没有必要采取此措施。据此,如果行为人在实施暴力行为时没有刑事责任能力,但诉讼时恢复正常,或者没有继续危害社会的可能性,则不需要对其进行强制医疗。

综上,在我国,对行为人采取强制医疗,上述三个条件缺一不可。

2. 程序设置

我国依法不负刑事责任的精神病人的强制医疗程序的基本流程与普通案件诉讼程序类似,即分别由公安机关、检察机关、人民法院主持不同的诉讼阶段,最后由法院决定是否对行为人采取强制医疗措施。在普通诉讼程序过程中,有关机关发现犯罪嫌疑人、被告人是精神病人且符合强制医疗条件的,应当将普通程序转化为强制医疗程序。但是,由于强制医疗程序具有特殊性,在很多方面有别于普通程序。

在司法实践中,由于暴力性犯罪一般由公安机关管辖,因此往往由公安机关首先发现犯罪嫌疑人可能是精神病人并且符合强制医疗的条件。在此情形下,公安机关并不能直接向人民法院提出对犯罪嫌疑人强制医疗的申请。强制医疗不仅关系到对行为人自由的限制和剥夺,而且还涉及行为人的行为是否达到犯罪程度以及行为人有无刑事责任的认定问题,所以一般按照诉讼程序进行。如果公安机关发现精神病人符合强制医疗的条件,应当在 7 日以内写出强制医疗意见书,经县级以上公安机关负责人批准,连同相关证据材料和鉴定意见一并移送人民检察院。人民检察院应当在接到公安机关移送的强制医疗意见书后 30 日以内作出是否提出强制医疗申请的决定。对于公安机关移送的或者在审查起诉过程中发现的精神病人符合强制医疗条件的,人民检察院应当在作出不起诉决定后向人民法院提出强制医疗的申请。强制医疗的申请由被申请人实施暴力行为所在地的基层人民检察院提出,由被申请人实施暴力行为所在地的基层人民法院管辖。但如果由被申请人居住地的人民检察院提出更为适宜的,可以由被申请人居住地的基层人民检察院提出,由被申请人居住地的基层人民法院管辖。

原则上强制医疗程序由公安机关启动,检察院向法院提出申请,法院作出最终强制医疗的决定。法院在特殊情形下,也可以直接决定启动强制医疗程序。在整个审查程序中,为了保护被申请人及其相对人的合法权益,法律对程序作了严格限制:为保护审查的公正性,法律规定合议庭进行审查;明确法院适用此程序要告知被申请人及被告人的法定代理人;程序中增加了法律援助的规定;规定了救济程序。

28
Case Study

中壬德辰贸易有限公司走私国家禁止进出口物品案

单位犯罪程序

■ 研读指导

1. 单位犯罪如何追究？
2. 单位犯罪审判程序的特点。

■ 相关法条

《中华人民共和国刑法》第三十条　公司、企业、事业单位、机关、团体实施的危害社会的行为，法律规定为单位犯罪的，应当负刑事责任

第三十一条　单位犯罪的，对单位判处罚金，并对其直接负责的主管人员和其他直接责任人员判处刑罚……

最高人民法院《关于适用〈中华人民共和国刑事诉讼法〉的解释》第三百三十五条　人民法院受理单位犯罪案件，除依照本解释第二百一十八条的有关规定进行审查外，还应当审查起诉书是否列明被告单位的名称、住所地、联系方式，法定代表人、实际控制人、主要负责人以及代表被告单位出庭的诉讼代表人的姓名、职务、联系方式。需要人民检察院补充材料的，应当通知人民检察院在三日以内补送。

第三百三十六条　被告单位的诉讼代表人，应当是法定代表人、实际控制人或者主要负责人；法定代表人、实际控制人或者主要负责人被指控为单位犯罪直接责任人员或者因客观原因无法出庭的，应当由被告单位委托其他负责人或者职工作为诉讼代表人。但是，有关人员被指控为单位犯罪直接责任人员或者知道案

件情况、负有作证义务的除外。

依据前款规定难以确定诉讼代表人的,可以由被告单位委托律师等单位以外的人员作为诉讼代表人。

诉讼代表人不得同时担任被告单位或者被指控为单位犯罪直接责任人员的有关人员的辩护人。

近似案例

陈金殊非法转让土地使用权案[(2015)厦刑终字第55号]

案情介绍

原公诉机关:北京市人民检察院第四分院。

上诉单位(原审被告单位):北京中壬德辰贸易有限公司(以下简称中壬德辰公司),住所地北京市朝阳区博大路3号院9号楼9层919室,法定代表人冷冰。

诉讼代表人:回某,女,40岁(1978年12月26日出生),满族,大专文化,系中壬德辰公司职员,住北京市大兴区。

辩护人:张雪峰,北京市京师律师事务所律师。

辩护人:龙元富,广东静美律师事务所律师。

上诉人(原审被告人):冷冰,男,41岁(1978年1月25日出生),汉族,大专文化,中壬德辰公司法定代表人,住北京市大兴区;曾因犯抢劫罪于2011年12月被判处有期徒刑6个月(2012年1月24日刑满释放);现因涉嫌犯走私国家禁止进出口的货物、物品罪于2016年11月18日被羁押,同年12月23日被北京海关缉私局取保候审,2017年7月13日被北京市人民检察院第四分院取保候审,2018年1月31日被北京市第四中级人民法院取保候审,2018年8月8日被逮捕;现羁押在北京市第一看守所。

辩护人:刘鹏飞,北京市京师律师事务所律师。

上诉人(原审被告人):温晓春,女,32岁(1987年2月25日出生),汉族,中专文化,北京杰睿同维影像科技有限公司商务专员,住北京市大兴区;因涉嫌犯走私国家禁止进出口的货物、物品罪于2016年11月10日被羁押，同年12月16日被逮捕；现羁押在北京市第一看守所。

辩护人：孟粉，北京市京都律师事务所律师。

原审被告单位：北京杰睿同维影像科技有限公司（以下简称杰睿同维公司），住所地北京市通州区嘉创路5号1号楼2层201室，法定代表人温某1。

诉讼代表人：刘某1，男，68岁（1950年12月26日出生），汉族，初中文化，杰睿同维公司职员，住吉林省东丰县。

原审被告单位：北京百晟商贸有限公司（以下简称百晟公司），住所地北京市通州区嘉创路5号1号楼4层512室，法定代表人李伟。

诉讼代表人：韩某，女，68岁（1950年12月26日出生），汉族，初中文化，百晟公司职员，住吉林省东丰县。

原审被告单位：上海利璞医疗器械有限公司（以下简称利璞公司），住所地上海市金山工业区恒顺路135号地下一层B123室，法定代表人徐某。

诉讼代表人：刘某2，男，41岁（1978年3月7日出生），汉族，大专文化，利璞公司职员，住天津市武清区。

原审被告人：李伟，男，40岁（1978年9月10日出生），汉族，出生地吉林省辽源市，大学文化，百晟公司法定代表人，杰睿同维公司、利璞公司实际控制人，住北京市大兴区；因涉嫌犯走私国家禁止进出口的货物、物品罪于2016年11月10日被羁押，同年12月16日被逮捕；现羁押在北京市第一看守所。

辩护人：林杰，北京德恒律师事务所律师。

北京市第四中级人民法院审理北京市人民检察院第四分院指控原审被告单位杰睿同维公司、百晟公司、利璞公司、中壬德辰公司及原审被告人李伟、冷冰、温晓春犯走私国家禁止进出口的货物罪一案，于2018年8月17日作出（2018）京04刑初11号刑事判决。宣判后，原审被告单位中壬德辰公司及原审被告人冷冰、温晓春不服，向本院提出上诉。本院依法组成合议庭并公开开庭审理了本案，北京市人民检察院指派检察员刘丽娜出庭履行职务。上诉单位中壬德辰公司的诉讼代表人回某及其辩护人张雪峰、龙元富，上诉人冷冰及其辩护人刘鹏飞，上诉人温晓春及其辩护人孟粉，原审被告单位百晟公司及其诉讼代表人韩某，利璞公司及其诉讼代表人刘某2，原审被告人李伟及其辩护人林杰均到庭参加诉讼，原审被告单位杰睿同维公司诉讼代表人刘某1因身体原因未能到庭参加诉讼，其将开庭事宜全权委托刘某2。本案现已审理终结。

北京市第四中级人民法院刑事判决认定：

被告人李伟系被告单位百晟公司的法定代表人及被告单位杰睿同维公司、利璞公司的实际控制人。杰睿同维公司于2010年3月19日成立，经营范围为销售Ⅱ、Ⅲ类医疗器械等；百晟公司于2014年10月9日成立，经营范围为销售Ⅲ类医疗器械、医用超声仪器及有关设备等；利璞公司于2012年6月20日成立，经营范围为Ⅱ、Ⅲ类医用超声仪器及有关设备等；被告单位中壬德辰公司于2012年12月3日成立，法定代表人为本案的被告人冷冰，经营范围为销售Ⅰ、Ⅱ、Ⅲ类医疗器械，代理进出口及维修医疗器械等。

2012年7月至2016年5月，李伟在实际控制杰睿同维公司、百晟公司及利璞公司的过程中，在明知旧医疗器械为国家禁止进口货物的情况下，伙同被告人温晓春以单位名义，通过冷冰的中壬德辰公司等单位从美国UIT公司购买翻新的医疗器械，冒充全新医疗器械申报进口，走私旧医疗器械52台，涉案价值人民币（以下币种均为人民币）2425万余元。其中，杰睿同维公司参与进口25台，涉案价值1142万余元；百晟公司参与进口10台，涉案价值491万余元；利璞公司参与进口17台，涉案价值791万余元；冷冰参与进口42台，涉案价值1925万余元；温晓春参与进口19台，涉案价值935万余元。经鉴定，上述52台彩色超声波诊断仪（以下简称彩超仪或彩超）均为翻新机器。

2016年11月10日，李伟、温晓春被北京海关缉私局查获归案，同年11月18日，冷冰被北京海关缉私局电话传唤到案。案发后，侦查机关扣押彩超仪、医用超声探头、彩超仪标签及手机等物品，并冻结杰睿同维公司的银行账户、百晟公司的银行账户及李伟个人的银行账户。

一审法院认定上述事实的证据有：证人温某1、伍某、李某1、魏某、吴某、姚某、赵某1、莫某、周某1、王某1、马某1、回某、段某的证言，证人林某1、魏某、鲁某1、游某、彭某、付某、杨某、林某2、宫某、王某2、方某、马某2、鲁某2、包某、温某2、陈某1、周某2、唐某、林某3、郭某、王某3、佟某、林某4、王某4、李某2、王某5、明某、崔某、张某1、张某2、胡某、王某6、陈某2、郑某、张某3、王某7、刘某、蒋某、黄某、朱某、赵某2、王某8、康某等人的证言或亲笔证词，鉴定人张某4、李某3当庭所作的证言;南京掌控通信科技有限公司司法鉴定所出具的宁掌控司鉴所[2016]电鉴字第71号《司法鉴定意见书》及鉴定聘请书;北京海关缉私局提供的邮箱打印件、温晓春笔记本复印件,北京海关缉私局侦查二处出具的情况说明,网站打印件及翻译件,北京海关缉私局查获的标签及出具的情况说明,海关进口货物报关单、报关信息、委托报关协议、入境货物检验检疫证明、进口委托代理协议、UIT公司发票、提(运)单、符合性声明、入境货物通关单、自动进口许可证、中壬德辰公司与UIT公司的合同、查验记录单、海关查验通知单、箱单、海关查验通知单、检验证书、海关进口增值税、关税专用缴款书及退换货协议,通用上海公司出具的《关于GE超声诊断仪相关问题的说明》《关于涉案彩超仪有关情况的说明》《回函》,中国检验认证集团北京有限公司(以下简称中检集团北京公司)出具的鉴定意见书及鉴定机构资质证明材料,杭州艾玛妇产医院有限公司等单位分别出具的情况说明,河北省第七人民医院提供的由杰睿同维公司出具的证明、产品销售合同、产品购销合同、设备租赁协议、设备转让协议、医疗器械采购合同、设备委托购买合同、银行业务回单、设备安装完成确认函、超声科合作服务项目协议、补充协议、合作协议、合作项目书、销售出库单、设备采购明细表、物资入库单、维修服务合同、医疗设备、特种设备验收单、整机销售合同,投资合作协议书、领(付)款凭证、扣款通知书、银行业务回单、银行客户专用回单、记账凭证、网上银行付款回单、固定基金明细账、固定资产明细账、收款收据、电汇凭证、结算业务申请表、借记卡账户历史明细清单、网上银行电子回单、增值税普通发票、增值税专用发票、费用报销单,杰睿同维公司业务明细、中标通知书、采购项目合同书、设备安装报告、安装验收报告、提货清单、政府采购合同、购买合同、正本税单签收单、起租通知书、融资租赁合同、GE超声应用培训签收单,查封决定书、物品清单、往来邮件,现场勘验/检查笔录,照片、营业执照、民办非企业单位登记证书、组织机构代码证、医疗器械注册证、北京海关缉私局及锦州海关缉私分局出具的情况说明、搜查证、搜查笔录、扣押决定书及扣押清单、协助冻结财产通知书及涉案账户交易明细查询结果,程士昇出具的《关于中壬德辰公司进口医疗器械检验监督情况的说明》,北京出入境检验检疫局出具的京检调复字[2017]15号《司法调查/行政协查回复函》,最高人民法院司法技术专业机构名册入选通知及进出口商品检验鉴定机构资格证书,中检集团北京公司出具的情况说明,中壬德辰公司提供的情况说明及杰睿同维公司、利璞公司、百晟公司对外付汇汇总材料，杰睿同维公司2012～2016年业务明细、百晟公司2015～2016年业务明细及利璞公司销售整机明细表，受案登记表及立案决定书、拘留手续、逮捕手续、取保候审手续，北京海关缉私局侦查员出具的到案经过，杰睿同维公司、百晟公司、利璞公司、中壬德辰公司工商注册资料，利璞公司出具的情况说明、利璞公司与杰睿同维公司《关于业务协同战略合作框架协议书》及中壬德辰公司提供的任职证明、利润表等，吉林省东丰县公安局东丰派出所出具的《常住人口基本信息详细信息》及通用电气（中国）有限公司人事部出具的工作经历证明，北京海关缉私局侦查二处出具的《常住人口基本信息》，辽宁省灯塔市人民法院（2011）灯刑初字第365号刑事判决书及灯塔市看守所刑满释放证明书，河北省阜平县公安局城南庄派出所出具的户籍证明信及证明以及李伟、冷冰、温晓春的供述。

一审法院认为：被告单位杰睿同维公司、百晟公司、利璞公司及中壬德辰公司违反国家法律法规，将国家禁止进口的旧医疗设备以全新医疗设备的名义进口，四被告单位的行为均已构成走私国家禁止进出口的货物罪。被告人李伟、冷冰作为被告单位直接负责的主管人员，被告人温晓春作为被告单位的其他直接责任人员，三被告人的行为亦构成走私国家禁止进出口的货物罪。杰睿同维公司、百晟公司、利璞公司、中壬德辰公司、李伟、冷冰、温晓春所犯走私国家禁止进出口的货物罪，情节严重，依法应予惩处。被告人冷冰曾因犯抢劫罪被判处有期徒刑，刑满释放后5年内再犯应当判处有期徒刑以上刑罚之罪，系累犯，依法应当从重处罚。在单位共同犯罪中，中壬德辰公司主要负责报关报检等事宜，相比于杰睿同维公司等在共同犯罪中所起的作用，其起次要作用，系从犯，冷冰亦系从犯。在单位犯罪的责任人员中，李伟负责公司全面工作和进口业务，直接与外商联系订货，在走私活动中起主要作用，系主犯；温晓春主要负责报关报检及修改标签等，其协助李伟进口部分彩超仪，参与了公司的部分走私活动，与李伟相比起次要作用，系从犯。鉴于温晓春系从犯，且能如实供述指控的犯罪事实，自愿认罪认罚，并签署了认罪认罚具结书，依法可对其减轻处罚。鉴于中壬德辰公司及冷冰系从犯，依法予以减轻处罚。故依法判决：被告单位北京杰睿同维影像科技有限公司犯走私国家禁止进出口的货物罪，判处罚金人民币100万元。被告单位北京百晟商贸有限公司犯走私国家禁止进出口的货物罪，判处罚金人民币50万元。被告单位上海利璞医疗器械有限公司犯走私国家禁止进出口的货物罪，判处罚金人民币80万元。被告单位北京中壬德辰贸易有限公司犯走私国家禁止进出口的货物罪,判处罚金人民币100万元。被告人李伟犯走私国家禁止进出口的货物罪,判处有期徒刑9年6个月,罚金人民币10万元。被告人冷冰犯走私国家禁止进出口的货物罪,判处有期徒刑3年6个月,罚金人民币4万元。被告人温晓春犯走私国家禁止进出口的货物罪,判处有期徒刑3年,罚金人民币3万元。在案冻结、扣押的款、物分别予以没收或发还(附清单)。继续追缴被告单位北京杰睿同维影像科技有限公司、北京百晟商贸有限公司、上海利璞医疗器械有限公司及北京中壬德辰贸易有限公司的违法所得,予以没收。

中壬德辰公司上诉提出:一审法院认定中壬德辰公司犯走私禁止国家进出口的货物罪事实不清,证据不足,适用法律错误;没有证据证明涉案进口的医疗器械是翻新的医疗器械;请求二审法院宣告中壬德辰公司无罪。该公司的辩护人的辩护意见为:中壬德辰公司并不知晓李伟公司委托进口的医疗器械为翻新机器,中壬德辰公司在代理报关、报检过程中提交真实有效的材料,并未虚报、伪报和制作虚假材料逃避北京海关、海淀出入境检验检疫局的监管,经检查检疫均予以通关、签发入境货物检验检疫证明。冷冰的个人行为不能代表公司意志,其行为也不属于代理进口报关报检的业务行为,且其个人行为对中壬德辰公司的代理业务均不产生影响,并未获取非法利益,中壬德辰公司代理进口收取的费用均为正常代理费用,中壬德辰公司不构成走私国家禁止进出口货物罪的单位犯罪。恳请二审法院改判上诉人无罪或发回重审。

冷冰上诉提出:其没有走私旧医疗器械的主观故意,并不明知涉案器械系翻新的旧机器,没有逃避海关监管的行为,在案的鉴定意见不属实。一审法院未认定其具有自首情节,量刑过重。其辩护人的辩护意见为:冷冰不具有走私旧医疗器械的主观故意,对涉案医疗器械系翻新的旧机器并不明知。本案鉴定标的物与被告单位进口或代理的彩超仪器不能证明具有同一性,该案手机电子数据来源不清,鉴定人不具有鉴定资质,在案鉴定意见依法不应被采信。一审判决认定的基本法律关系错误,将海关检查与商检的法律性质混为一谈。通关后商检阶段的行为与本案无关,不能用通关后商检阶段的行为定性通关前海关监管的行为。冷冰的行为不构成走私国家禁止进出口的货物罪,应依法宣告其无罪。如果认为冷冰涉嫌犯罪,其具有自首情节,一审法院对其量刑不当。

温晓春上诉提出:一审判决对其量刑过重,罚金过高。其辩护人的辩护意见为:温晓春在本案中主观故意不明显,没有和李伟等人事先通谋,案发后认罪态度好,主动认罪悔罪,请求二审法院对温晓春改判,再予从轻并降低罚金。

原审被告单位杰睿同维公司的诉讼代表人刘某1对一审判决不持异议。

原审被告单位百晟公司的诉讼代表人韩某对一审判决不持异议。

原审被告单位利璞公司的诉讼代表人刘某2对一审判决不持异议。

原审被告人李伟当庭辩称:一审法院认定其公司进口设备的事实存在,但是认定的结论是错误的,其进口的设备没有问题。其辩护人的辩护意见为:李伟不具有走私旧医疗器械的故意,一审判决认定的事实不清,证据不足,量刑畸重。请求二审法院宣告李伟无罪、从轻处罚或发回重审。

北京市人民检察院出庭履职的检察员的出庭意见为:原判认定的事实清楚,证据确实充分,定性准确,量刑适当,上诉单位及上诉人的上诉理由及其辩护人的辩护意见不能成立,建议二审法院驳回上诉,维持原判。

在本院审理期间,上诉单位中壬德辰公司的辩护人及上诉人冷冰的辩护人共同提交了从北京海关缉私局调取的中壬德辰公司相关进口仪器报关材料等证据共计61份,从北京海关海淀出入境检验检疫局调取的中壬德辰公司报检材料共计55份,拟证明冷冰所有代理进口环节没有刻意指定给谁进行代理,负责代理的公司之间也没有任何区别对待。中壬德辰公司的辩护人申请侦查员以及鉴定人出庭作证,拟证明冷冰在公安机关所作有罪供述不属实,鉴定意见不能作为定案依据。

北京市人民检察院出庭履职的检察员当庭提交了如下证据:

1. 海关总署缉私局关于平行进口政策是否适用于医疗设备的答复:平行进口政策只适用于汽车,不适用于医疗器械。

2. 通用电气医疗系统贸易发展(上海)有限公司出具的"关于GE超声诊断仪相关问题的说明",拟证明李伟等人对涉案医疗器械为新设备的辩解不能成立,鉴定结论具备合理性。

3. 江苏省司法厅关于注销王海啸司法鉴定人执业证的决定,南京掌控通信科技有限公司司法鉴定所出具的"关于北京海关缉私局委托鉴定案件中检材手机的说明",北京海关缉私局出具的"工作说明",拟证明鉴定人执业证的注销与本案并无关联,在案手机扣押、鉴定程序符合法律规定,且从内容看能够印证扣押、送检手机的同一性。

4. 北京市人民检察院司法鉴定中心出具的鉴定文书（含光盘一张、法律文书一份），北京海关缉私局出具的“抓获经过补充说明”，拟证明冷冰被扣押的手机恢复出厂设置的时间是在接到海关缉私局电话后，到海关缉私局接受调查前，具有不配合侦查机关调查取证的主观态度。

针对辩护人、检察员提交的前述证据以及辩护人所提相关申请，合议庭经审查认为：

上诉单位中壬德辰公司的辩护人及上诉人冷冰的辩护人提交的116份书证，与本案事实无关，不具有关联性，也不能否定原判认定的案件事实，本院不予采纳；对于中壬德辰公司的辩护人所提侦查员、鉴定人出庭作证之申请，经查，尚无证据证实本案侦查员在审讯中存在刑讯逼供、诱供等违法情形，鉴定结论亦依法定程序取得，故前述申请之理由不充分，本院不予支持。

检察员当庭出示的相关证据，可与在案其他证据相互印证，本院予以采纳。

本院经审核，一审判决书列举的各项证据来源及形式合法，证据内容具有客观性，证据之间具有关联性，能够证明案件事实，本院对一审查明的事实和证据均予以确认。

本院经审理查明的事实和证据与原判相同。

根据查明的事实和证据，对于上诉人单位中壬德辰公司、上诉人冷冰、温晓春所提上诉理由、原审被告人李伟所提辩解以及各位辩护人所提辩护意见，出庭检察员的出庭意见，本院综合评判如下：

1. 原判认定上诉单位中壬德辰公司、上诉人冷冰、温晓春、原审被告单位杰睿同维公司、百晟公司、利璞公司以及原审被告人李伟走私国家禁止进出口的货物的事实清楚，证据确实、充分。

我国相关法律法规规定，禁止进口二手医疗设备。本案的焦点在于本案进口的货物是否为二手医疗设备，各行为人是否具有走私旧医疗器械的主观故意。

（1）从本案进口货物的性质看，在案证据证实美国UIT公司的网站已明示，该公司出售二手和翻新的医疗器械；李伟为使杰睿同维公司、百晟公司及利璞公司获取非法利益，从UIT公司进口医疗器械。案发后中检集团北京公司对本案进口的52台彩超仪进行了鉴定，鉴定意见书证实上述彩超仪均为翻新机器；经查，在案相关医疗机构负责人的证言、设备委托购买合同及设备安装报告等证据足以证明鉴定标的物即系涉案进口或代理进口的彩超仪,二者具有同一性;该鉴定意见系司法机关依法定程序调取,鉴定机构、鉴定人员均具有法定资质,内容客观、真实,且与在案的其他证据可相互印证,能够作为定案的依据。李伟曾向美国 UIT 公司外商 HEATHER 及 RAVID 表示,需要"价格更低一些的系统"、"相对来说便宜一点,价格低一些的设备"以及"探头是新的或者看起来很新,因为我的客户对探头的要求是很仔细很谨慎的"等,显见李伟具有明知该公司销售旧彩超仪,仍向其购买并进口的主观故意。

(2)李伟曾在通用电气(中国)有限公司担任现场服务工程师,精通彩超仪维修及装机等业务。其从美国 UIT 公司进口的彩超仪分别存在掉漆、操作面板开裂、冻结键颜色不正常、无法开机、零配件缺失以及经常出现故障等情况;此外,从软件功能看,正常渠道售出的全新彩超仪只开通基本功能,开通其他功能需要额外支付较高费用,而本案进口的彩超仪软件功能已全开,显系旧机器。证人武某证实,机器开机检查时发现硬盘已工作几千个小时,正常新机器一般在 90 个小时以内,李伟则要求工程师更换新的硬盘,重做系统,这样显示的时间就跟新的一样。对此李伟曾供述"UIT 给自己的设备这么便宜,又经营翻新机,有可能是翻新机"。

(3)从高价报关行为看,报关前李伟曾就进口彩超仪的报关价格向冷冰"询价",冷冰告知李伟从美国 UIT 公司购买的机器价格低于 GE 公司代理商进口机器的报关价格,价格低的话不太好通关,并提供了相关公司机器的报关价格范围,后李伟将进口的彩超仪高价报关,从而逃避海关监管,掩盖低价进口旧医疗器械的事实。

(4)从制作虚假标签的行为看,合法进口的医疗器械的标签应当符合国家相关规定及标准要求,并在出厂时即粘贴完毕。为了使进口医疗器械通过出入境检验检疫机构的检验,李伟指使温晓春修改标签,温晓春明知涉案公司进口旧的医疗器械,仍按照李伟的指使通过冷冰找到原厂标签模板,让他人制作出与原厂标签一样的标签,并将制作好的标签交给冷冰用于检验。

(5)在案证据证实,侦查机关依法扣押了李伟、温晓春的手机,并委托南京掌控通信科技有限公司司法鉴定所对上述两个手机中相关微信信息进行了鉴定。司法鉴定意见书证实,李伟与温晓春,温晓春与冷冰的手机微信往来信息分别显示如下内容:李伟与温晓春多次讨论制作标签、发货前注意事项、机器瑕疵、更改序列号、如何应付检查及举报后应对等问题;温晓春告诉李伟称,冷冰要修改廊坊的 E8 内部序列号,以防止有人到医院查;冷冰提醒温晓春标签的材质、颜色尽量不要更换,要求温晓春做的标签与冷冰提供的那份一模一样;冷冰打电话特意嘱咐温晓春,千万不要再往国内发货,有内部人通知 3 月肯定要严查等;冷冰曾帮温晓春找相关原厂文件及标签、注册证等资料,向温晓春提供过 GE 质量证明、授权书、飞利浦授权书、GE 的发票、装箱单模板及飞利浦外包装图片等近百张文件资料。

(6)冷冰长期从事代理进口彩超仪的业务,亦明知国家明令禁止进口二手医疗设备,其供职的中壬德辰公司在代理杰睿同维公司、百晟公司从美国 UIT 公司进口彩超仪的同时,也代理 GE 公司、飞利浦公司进口彩超仪,对于进口彩超仪的价格、外观等方面熟知。当李伟向其询问彩超仪的报关价格时,冷冰了解到李伟从美国 UIT 公司进口彩超仪明显低于其他客户,仍实施了提供其他公司机器的注册证、原厂标签、外包装照片等行为,对此冷冰曾供述,觉得李伟说的价格太低了,李伟说实际成交价格就是这么多,自己说这是不可能的,并且告诉了李伟其他客户的一个申报价格范围。过了一段时间,李伟又问其他彩超型号其他公司拿货多少钱,他就告诉李伟一个范围,后李伟申报过来的价格都在这个范围之内,该供述与在案书证、李伟的供述可相互印证,足以证实冷冰在明知李伟从美国 UIT 公司进口翻新医疗器械的情况下,仍积极协助其冒充全新医疗器械申报进口,冷冰参与并帮助李伟实际控制的相关单位走私旧医疗器械的犯罪故意明显。

(7)冷冰系中壬德辰公司的法定代表人,代表公司从事各项经营活动,中壬德辰公司代理进口的 42 台彩超仪均为翻新机,因本案所获取的代理费亦转入公司的银行账户;经查,该公司并非为犯罪而成立,原判认定中壬德辰公司构成单位犯罪,并无不当。

综上,上诉人冷冰、温晓春及原审被告人李伟均具有走私旧医疗器械的主观故意,且各自分别实施了相关走私行为,原判认定杰睿同维公司、百晟公司、利璞公司、中壬德辰公司、李伟、冷冰、温晓春均构成走私国家禁止进出口的货物罪,具有充分的事实和法律依据。

2. 冷冰不具有自首情节。在案证据证实,冷冰被北京海关缉私局电话传唤后主动到案,但其在归案后至一审庭审期间,否认实施本案的相关走私行为,依法不构成自首。

3. 原判对李伟、冷冰、温晓春的量刑适当。根据我国《刑法》及相关司法解释的规定,杰睿同维公司、百晟公司、利璞公司、中壬德辰公司、李伟、冷冰、温晓春所犯走私国家禁止进出口的货物罪,均属情节严重,应对单位判处罚金,并对直接负责的主管人员和其他直接责任人员,处 5 年以上有期徒刑,并处罚金。李伟作为原审被告单位杰睿同维公司、百晟公司、利璞公司的法定代表人或实际控制人,为使单位获取巨额非法利益,起意并策划了以上述单位的名义进口旧医疗器械的走私活动,并负责公司的全面事务,系上述三单位直接负责的主管人员,在本案中起主要作用,系主犯,参与走私犯罪数额高达 2425 万余元,其不具备法定从轻处罚的情节,原判对其量刑适当;冷冰曾因犯抢劫罪被判处有期徒刑,刑满释放后 5 年内再犯应当判处有期徒刑以上刑罚之罪,系累犯,依法应当从重处罚,其在本案中主要负责报关报检工作,起次要作用,系从犯,参与走私犯罪数额高达 1925 万余元,原判鉴于其系从犯,已依法对其减轻处罚,且罚当其罪;温晓春作为单位的商务专员,受李伟的指使,负责联系报关报检及修改标签等事宜,起次要作用,系从犯,参与走私犯罪数额 935 万余元,原判鉴于其系从犯,且能如实供述犯罪事实,自愿认罪认罚,已依法对其减轻处罚,且量刑适当。

综上,中壬德辰公司、冷冰、温晓春所提上诉理由、原审被告人李伟所提辩解以及各自的辩护人分别所提相关辩护意见,缺乏充分的事实和法律依据,不能成立,本院均不予采纳。检察员的出庭意见,本院予以采纳。

本院认为:一审法院根据上诉单位中壬德辰公司、上诉人冷冰、温晓春及原审被告单位杰睿同维公司、百晟公司、利璞公司、原审被告人李伟犯罪的事实,犯罪的性质、情节、各自在共同犯罪中所起作用和对于社会的危害程度,依法所作判决,事实清楚,证据确实、充分,定罪及适用法律正确,量刑适当,审判程序合法,应予维持。据此,本院依照《刑事诉讼法》第 236 条第 1 款第 1 项之规定,裁定如下:驳回北京中壬德辰贸易有限公司以及冷冰、温晓春的上诉,维持原判。

本裁定为终审裁定。

■ 疑难点释析

本案的疑难点有二：单位犯罪如何进行追究？我国单位犯罪案件“双罚制”如何实现？

本案中，中壬德辰公司、冷冰、温晓春、杰睿同维公司、百晟公司、利璞公司以及李伟走私国家禁止进出口的货物的事实，经法院审理查明，有相关证据予以证明。根据《刑法》的相关规定，实现双罚制。为了保证双罚制的实现，在诉讼程序中有特殊的设计。为了区分单位责任和直接责任人员的刑事责任，法律规定为单位诉讼确定诉讼代表人，根据《刑诉解释》第 336 条规定，“被告单位的诉讼代表人，应当是法定代表人、实际控制人或者主要负责人；法定代表人、实际控制人或者主要负责人被指控为单位犯罪直接责任人员或者因客观原因无法出庭的，应当由被告单位委托其他负责人或者职工作为诉讼代表人。但是，有关人员被指控为单位犯罪直接责任人员或者知道案件情况、负有作证义务的除外。依据前款规定难以确定诉讼代表人的，可以由被告单位委托律师等单位以外的人员作为诉讼代表人。诉讼代表人不得同时担任被告单位或者被指控为单位犯罪直接责任人员的有关人员的辩护人”。也就是单位犯罪的诉讼代表人可以从法定代表人、实际控制人、主要负责人、其他负责人、职工、律师等产生，其中，三个层次的规定也考虑了单位犯罪中谁是更能代表单位熟悉单位并能尽量维护单位利益的主体，通过确定单位的诉讼代表人使单位刑事责任与自然人的刑事责任分离，同时进行追究。开庭审理单位犯罪案件，应当通知被告单位的诉讼代表人到庭；诉讼代表人不符合法律规定的，应当要求检察院另行确定。

除此以外，法律还规定了代表单位被追究刑责的诉讼代表人可以委托辩护人为自己进行辩护，行使被告人享有的基本权利。本案的自然人主体利用单位名义走私国家禁止进出口的货物，自然人和单位都获取了非法利益，违背了国家的税收及进出口政策，理应进行处罚。为了避免自然人把刑事责任推诿给单位，必须明确自然人和单位的刑事责任并进行区分，分别进行追究。自然人按照一般诉讼主体参与诉讼，单位犯罪则有特别规定。

■ 知识点梳理

单位犯罪，是指公司、企业、事业单位、机关、团体实施的危害社会，依照法律规定应受刑罚处罚的行为。单位犯罪必须具备以下条件：

1. 单位犯罪的主体，必须是公司、企业、事业单位、机关、团体。这里所说的“公司、企业、事业单位”包括任何形式的公司、企业、事业单位。“机关”是指国家机关。“团体”包括人民团体和社会团体。虽然这些单位通常都具有法人资格，但是，我国《刑法》并没有要求单位犯罪的主体必须具有法人资格。

2. 单位实施的犯罪行为必须是法律规定为单位犯罪的那些危害社会的行为。就是说构成单位犯罪首先必须是单位实施了危害社会的行为，这些危害社会的行为必须是在刑法分则和有关法律具体规定中规定为单位犯罪的行为。如果刑法分则和其他法律没有具体规定，则不能以单位犯罪追究刑事责任。这主要是从单位犯罪的实际情况出发考虑的。由于目前我国正处于改革开放不断深入，经济不断发展的时期，有些规章制度尚不健全，在社会生活中单位的哪些行为属于犯罪，情况比较复杂。因此，《刑法》将那些实践中比较突出的、社会危害比较大、罪与非罪的界限较容易划清的单位危害社会的行为，规定为犯罪。

3. 单位犯罪，一般都由单位集体决定或者由单位的领导人员决定，以单位的名义并由单位内部人员具体实施，在通常情况下，犯罪的目的是谋取非法利益。

根据《刑法》的规定，对单位犯罪的处罚分为两种情况：(1)一般采取双罚制原则。即单位犯罪的，对单位判处罚金，同时对单位直接负责的主管人员和其他直接责任人员判处刑罚。(2)由于单位犯罪的复杂性，其社会危害程度差别很大，一律适用双罚制的原则，尚不能全面准确地体现罪刑相适应的原则和符合犯罪的实际情况。因此，法律作了例外的规定，即刑法分则和其他法律对单位犯罪的处罚另有规定的，依照规定。对个别的单位犯罪未采用双罚制，而实行了代罚制，即对单位不判处罚金，只对直接责任人员进行处罚。

根据《刑诉解释》第 336 条之规定，被告单位的诉讼代表人，应当是法定代表人、实际控制人或者主要负责人；法定代表人、实际控制人或者主要负责人被指控为单位犯罪直接责任人员或者因客观原因无法出庭的，应当由被告单位委托其他负责人或者职工作为诉讼代表人。我们清楚,被告单位的诉讼代表人代表单位进行诉讼,其权利来源于单位的正式授权。一方面,诉讼代表人不是作为个人嫌疑人或个人被告人、为维护本人的利益而参加诉讼活动,而是以单位名义,代表单位的利益并在单位授权范围内从事诉讼行为,他本人一般也不承担诉讼的后果,因而他不是嫌疑人,也不是被告人。另一方面,诉讼代表人也不是证人,因为证人的身份具有不可替代性,其陈述只能是证人证言,而诉讼代表人的陈述则是一种犯罪嫌疑人、被告人供述和辩解。

因此,单位的诉讼代表人应当成为一种独立的诉讼参与人,具有独立的诉讼地位。这主要可表现在以下四个方面:第一,诉讼代表人在单位授权的范围内从事的诉讼行为,应视为单位的诉讼行为。诉讼代表人向公安司法机关所作的陈述,在证据法上应视为单位的陈述,他所从事的诉讼行为对单位具有约束力。第二,诉讼代表人有权行使嫌疑人、被告人的一切诉讼权利。他本人虽不是嫌疑人、被告人,却可以行使辩护权、申请回避权、上诉权等诉讼权利。第三,诉讼代表人有义务承受强制措施。为确保诉讼的顺利进行,公安司法机关对于无正当理由拒不到场或出庭的诉讼代表人可以采取传唤、拘传等措施。第四,诉讼代表人应承担伪证责任。如果诉讼代表人故意向公安司法机关提供虚假的陈述,而这又违背了单位的授权范围,他的陈述将失去效力。如果该诉讼代表人的伪证行为造成了严重的后果,那么他将失去诉讼代表人的资格,并应承担伪证的责任。当然,如果诉讼代表人是在单位的授权或授意下提供了伪证,这就应当视为单位故意提供伪证,法院在对有罪的单位量刑时应将此作为对其从重处罚的情节。

PART 05

执行程序

29 Case Study

王志才故意杀人案

执行之限制减刑程序

■ 研读指导

1. 为什么设置执行之限制减刑？
2. 程序的具体适用。

■ 相关法条

《**中华人民共和国刑法**》第五十条第二款　对被判处死刑缓期执行的累犯以及因故意杀人、强奸、抢劫、绑架、放火、爆炸、投放危险物质或者有组织的暴力性犯罪被判处死刑缓期执行的犯罪分子，人民法院根据犯罪情节等情况可以同时决定对其限制减刑。

第七十八条第二款第三项　人民法院依照本法第五十条第二款规定限制减刑的死刑缓期执行的犯罪分子，缓期执行期满后依法减为无期徒刑的，不能少于二十五年，缓期执行期满后依法减为二十五年有期徒刑的，不能少于二十年。也就是说，无论如何被限制减刑的死缓犯罪分子都要服满至少二十年的徒刑。

■ 近似案例

陈某抢劫案[(2012)沪高刑复字第25号]

■ 案情介绍

被告人王志才与被害人赵某某（女，殁年26岁）在山东省潍坊市科技职业学院同学期间建立恋爱关系。2005年，王志才毕业后参加工作，赵某某考入山东省曲阜师范大学继续专升本学习。2007年赵某某毕业参加工作后，王志才与赵某某商议结婚事宜，因赵某某家人不同意，赵某某多次提出分手，但在王志才的坚持下二人继续保持联系。2008年10月9日中午，王志才在赵某某的集体宿舍再次谈及婚恋问题，因赵某某明确表示二人不可能在一起，王志才感到绝望，愤而产生杀死赵某某然后自杀的念头，即持赵某某宿舍内的一把单刃尖刀，朝赵某某的颈部、胸腹部、背部连续捅刺，致其失血性休克死亡。次日8时30分许，王志才服农药自杀未遂，被公安机关抓获归案。王志才平时表现较好，归案后如实供述自己罪行，并与其亲属积极赔偿，但未与被害人亲属达成赔偿协议。

山东省潍坊市中级人民法院于2009年10月14日以（2009）潍刑一初字第35号刑事判决，认定被告人王志才犯故意杀人罪，判处死刑，剥夺政治权利终身。宣判后，王志才提出上诉。山东省高级人民法院于2010年6月18日作出（2010）鲁刑四终字第2号刑事裁定，驳回上诉，维持原判，并依法报请最高人民法院核准。最高人民法院根据复核确认的事实，作出（2010）刑三复22651920号刑事裁定，不核准被告人王志才死刑，发回山东省高级人民法院重新审判。山东省高级人民法院经依法重新审理，于2011年5月3日作出（2010）鲁刑四终字第2-1号刑事判决，以故意杀人罪改判被告人王志才死刑，缓期2年执行，剥夺政治权利终身，同时决定对其限制减刑。

■ 疑难点释析

为什么在本案执行中对被告人适用限制减刑？

本案的被告人王志才的行为已构成故意杀人罪，罪行极其严重，论罪应当判处死刑。鉴于本案系因婚恋纠纷引发，王志才求婚不成，恼怒并起意杀人，归案后坦白悔罪，积极赔偿被害方经济损失，且平时表现较好，故对其判处死刑，可不立即执行。同时考虑到王志才故意杀人手段特别残忍,被害人亲属不予谅解,要求依法从严惩处,为有效化解社会矛盾,依照《刑法》第50条第2款等规定,判处被告人王志才死刑,缓期2年执行,同时决定对其限制减刑。

■ 知识点梳理

我国《刑法修正案(八)》增设以下规定:"对被判处死刑缓期执行的累犯以及因故意杀人、强奸、抢劫、绑架、放火、爆炸、投放危险物质或者有组织的暴力性犯罪被判处死刑缓期执行的犯罪分子,人民法院根据犯罪情节等情况可以同时决定对其限制减刑。"死缓制度作为仅次于死刑立即执行的一种极为严厉的惩罚,原本是要设计成为生刑与死刑之间的过渡制度,从而有效且合理地调控当前死刑执行的数量。[1] 而在《刑法修正案(八)》颁布前,我国的死缓的实际执行最长年限为24年。[2] 死缓制度本身的刑罚惩戒力度被过度稀释,为死刑的立即执行的限制适用设置了障碍。[3] 死缓的实际执行过轻,使得其不能有效地威慑罪犯,而且也难以抚慰被害人的家属,兼失法律效果和社会效果。当死缓这种执行方式无法表达死刑的威慑力时,司法者只能诉诸死刑立即执行。因此,提高死缓的严厉程度是我国刑罚结构调整中被普遍关注的问题。在《刑法修正案(八)》的制定过程中,立法者清晰地表达了死缓限制减刑制度设立的理由,即要解决死刑偏重、生刑偏轻,尤其是对有些被判处死刑缓期执行的犯罪分子,实际执行的期限过短的问题。这些问题导致死缓的实际执行刑期难以起到惩戒的作用,也妨碍了死缓在司法实践中的适用,不利于司法实践中有效控制和减少死刑。[4] 而死缓限制减刑制度的设立,能够使一些罪犯的最低实际执行刑期在判决作出时受到严格限制。

---

〔1〕 袁彬、徐永伟:《我国现阶段死刑制度改革之立法前瞻——对〈刑法修正案(十一)〉死刑修正的设想》,载《学术界》2020年第4期。

〔2〕 陈兴良:《死刑备忘录》,武汉大学出版社2006年版,第52页。

〔3〕 梁根林、王华伟:《死刑替代措施的中国命运:观念、模式与实践》,载《中国法律评论》2020年第5期。

〔4〕 全国人大常委会法制工作委员会刑法室编:《中华人民共和国刑法修正案(八)条文说明、立法理由及相关规定》,北京大学出版社2011年版,第15页。

30

Case Study

赵青山监外执行案

执行变更之暂予监外执行程序

研读指导

1. 什么是暂予监未执行程序？
2. 暂予监外执行的监督。

相关法条

《中华人民共和国刑事诉讼法》第二百六十五条　对被判处有期徒刑或者拘役的罪犯，有下列情形之一的，可以暂予监外执行：（一）有严重疾病需要保外就医的；（二）怀孕或者正在哺乳自己婴儿的妇女；（三）生活不能自理，适用暂予监外执行不致危害社会的。

对被判处无期徒刑的罪犯，有前款第二项规定情形的，可以暂予监外执行。

对适用保外就医可能有社会危险性的罪犯，或者自伤自残的罪犯，不得保外就医。

对罪犯确有严重疾病，必须保外就医的，由省级人民政府指定的医院诊断并开具证明文件。

在交付执行前，暂予监外执行由交付执行的人民法院决定；在交付执行后，暂予监外执行由监狱或者看守所提出书面意见，报省级以上监狱管理机关或者设区的市一级以上公安机关批准。

■ 近似案例

被告人赵某某撤销监外执行案[(2015)定刑执字第4号]

■ 案情介绍

罪犯赵青山,男,1953年10月5日出生,汉族,初中文化,经商,户籍登记地河南省临颍县故厢乡赵村216号。因涉嫌犯走私废物罪,现羁押于温州市看守所(监管医院)。

法院于2018年6月10日作出(2017)浙03刑初168号刑事判决,以罪犯赵青山犯走私废物罪,判处有期徒刑13年,并处罚金50万元;对同案人员范爱琴、王兵、赵志凯均以犯走私废物罪,判处刑罚;判令将作案工具、赃款予以没收;违禁物固体废物,由海关监管部门依法处置。判决后,赵青山等人提出上诉,案经浙江省高级人民法院审理,予以维持原判。本院依法向温州市看守所开具执行刑罚通知书等送监材料。后看守所向我院送达了《关于建议对罪犯赵青山依法予以变更刑罚措施的函》,该函的主要内容如下:因该罪犯病情较为严重,基本符合暂予监外执行情况,为减少投劳风险,看守所于2018年7月25日主动委托龙湾区第一人民医院对赵青山作医学鉴定,鉴定结论为:(1)高血压3级,很高危;(2)左心室肥大;(3)2型糖尿病;(4)左侧基底节区软化灶。符合(2014)112号文件《暂予监外执行》附件《保外就医严重疾病范围》第3条第4款之规定。2018年10月31日,看守所将罪犯赵青山投送浙江省临海监狱,因赵青山符合保外就医条件,监狱不予收押,故特请法院对罪犯赵青山依法作出强制收监或暂予监外执行决定。看守所的函并附温州市龙湾区第一人民医院的《病情诊断书》及浙江省临海监狱出具的《罪犯不予收监通知书》,该通知书载明,监狱以赵青山符合保外就医条件为由,不予收监。本院依法进行了审理。

经查,罪犯赵青山不符合暂予监外执行的条件,对其应予收监执行。具体理由如下:

1. 看守所提请的目的不明确。看守所向本院送达了《关于建议对罪犯赵青山依法予以变更刑罚措施的函》。但是,赵青山已被生效判决判处有期徒刑13年,非经审判监督等法定程序,判处的刑罚不得变更。

2. 看守所报送的过程不合法。根据规定,看守所应当就是否对罪犯提请暂予监外执行进行审议,经审议决定对罪犯提请暂予监外执行的,应当在看守所内进行公示。但是在看守所报送的材料中,没有发现看守所有进行审议及公示的内容,有否经过审议及公示的情况不明。

根据规定,看守所在审议监外执行前,应当将相关材料抄送人民检察院;决定提请暂予监外执行的,应当将提请暂予监外执行书面意见的副本和相关材料抄送人民检察院。人民检察院可以向决定或者批准暂予监外执行的机关提出书面意见。但是在看守所报送的材料中,没有发现看守所在审议监外执行时,以及在决定提请暂予监外执行时,有将相关材料抄送人民检察院。并且,由于没有将情况报送人民检察院,致使人民检察院"可以派员监督有关诊断活动"的法律监督无法得以落实。

3. 病情诊断书所附资料不齐全。根据规定,医院出具的病情诊断,应当由两名具有副高以上专业技术职称的医师共同作出。在看守所附送的温州市龙湾区第一人民医院的《病情诊断书》中,虽有两名诊断人签名,但是笔迹潦草,无法辨认,且没有附技术职称的证书,致使无法对诊断人的适格性问题作出判断。

4. 赵青山的居住社区无法落实,保证人也没有明确。根据规定,看守所对拟提请暂予监外执行的罪犯,应当核实其居住地。需要调查其对所居住社区影响的,可以委托居住地县级司法行政机关进行调查。但是,看守所并没有对赵青山作社区矫正调查。对罪犯予以暂予监外执行的,是据案情而对刑罚执行方式的暂时变更,并非刑罚的豁免,更非是对其一放了之,必须要由社区矫正机构予以接管。且据本院在审理案件中掌握的情况,赵青山的户籍地和居住地相分离,从现有资料,尚不能明确对其适格的,可以实施社区矫正,从而进行监管的机构。

另外,根据规定,罪犯需要保外就医的,应当由罪犯本人或者其近亲属、监护人提出保证人,保证人由监狱、看守所审查确定。而据本案的实际情况,赵青山的两名近亲属均是同案人员,显然不具备保证人的资格。赵青山其本人也没有提出保证人;看守所也没有核查落实赵青山的适格保证人情况;也没有其他人员来反映愿意做赵青山暂予监外执行的保证人。况且,保证人还要具备保证能力,对其保证人本人的资质,也要审查;并且还要和社区矫正地、被保证人居住地有法定的关联性。因此,目前保证人无法落实,赵青山的暂予监外执行显然也无法落实。

5. 并非对患有《保外就医严重疾病范围》中的疾病的人员,就得予以监外执行。法律规定的对患有《保外就医严重疾病范围》中的严重疾病,需要保外就医的人员,是可以暂予监外执行,而并非应当暂予监外执行。同时,法律又规定了,对某些人员,包括该人员的罪名、主刑刑种、生活自理情况、配合治疗情况、社会危害性等,是不得暂予监外执行。

同时,本案没有材料反映,赵青山在被暂予监外执行后,其病情可以得到治疗;也没有人员声称可以承担赵青山的疾病治疗费用。因此,如果将患有严重病情的赵青山只"保外",不"就医"的话,也与保外就医、暂予监外执行等司法制度的设立初衷相违背。

本院认为,鉴于如上理由,罪犯赵青山尚不具备暂予监外执行的条件,需要予以收监执行。据此,依照《刑事诉讼法》第 265 条之规定,决定如下:将罪犯赵青山收监执行。本决定书送达后立即生效。

■ 疑难点释析

为什么规定暂予监外执行? 如何把握暂予监外执行的适用条件?

根据相关法律规定,对判处有期徒刑、拘役的罪犯以及特定条件下判处无期徒刑的罪犯,符合相关条件,可以暂予监外执行。暂予监外执行制度自 1954 年由劳动改造条例创设后,逐步发展和完善,为 1979 年《刑事诉讼法》第 157 条所吸收,成为一种特殊的执行制度。长期以来,暂予监外执行制度不仅体现人道主义精神和行刑方式的灵活性,而且对于特定罪犯的感化和改造起到了积极作用,受到社会的广泛肯定。但是,暂予监外执行改变了法院的原判刑罚,改变了罪犯的服刑期限、服刑地点和服刑方式,也成为司法腐败容易滋生的环节。因此,严格暂予监外执行的适用条件、加强暂予监外执行程序的法律监督成为该程序正确适用的关键。

本案中,赵青山符合保外就医的"患有严重疾病需要保外就医",可以保外就医,但同时,也符合"经诊断短期内没有生命危险的不得暂予监外执行",除此以外,本案还存在特殊情形,赵青山的近亲属属于本案的同案犯,不能做保证人,赵某也未提出其他保证人,即保证人无法明确。另外,其居住社区也无法落实,无法确定其矫正社区,最终监外执行很难实现。本身,其疾病也属于可以治疗、控制的范围,在监狱里面执行不等于不给其治疗,因此,综合考虑该案的各种情形,赵某完全可以收监执行。

■ 知识点梳理

暂予监外执行是指对被判处无期徒刑、有期徒刑、拘役的罪犯因具备或出现某种法定特殊情形不宜在监内执行时,暂时将其放在监外交由社区矫正机构执行的一种变通方法。它不仅变更了执行场所,而且变更了执行方式。

1. 暂予监外执行的适用对象及条件

(1)暂予监外执行的适用对象

根据我国《刑事诉讼法》第 265 条和最高人民法院、最高人民检察院、公安部、司法部、原国家卫生和计划生育委员会联合制定的《暂予监外执行规定》第 5 条的规定,对于被判处有期徒刑、拘役或者已经减为有期徒刑的罪犯,以及对被判处无期徒刑但已怀孕或者正在哺乳自己婴儿的罪犯,具备法定情形的,可以暂予监外执行。

对于被判处死缓的罪犯,不能适用监外执行。这些人社会危险性大,在监外执行难以达到改造目的。

(2)暂予监外执行的适用条件

根据我国《刑事诉讼法》第 265 条的规定,可以适用暂予监外执行的有如下三种情形:

第一,有严重疾病需要保外就医的。它是指罪犯病危或者患有恶性传染病、不治之症等,不宜在监狱或其他执行机关的医院治疗而由罪犯提出保证人担保其在监外执行兼治病期间不违反有关规定的制度。但是,为了防止罪犯在监外危害社会和保外就医被滥用,《刑事诉讼法》第 265 条第 3 款还作了限制性规定,即对于适用保外就医可能有社会危险性的罪犯或者自伤自残的罪犯,不得保外就医;该条第 4 款还规定,对于罪犯确有严重疾病,必须保外就医的,由省级人民政府指定的医院诊断并开具证明文件。

第二，怀孕或者正在哺乳自己婴儿的妇女。哺乳婴儿一般自分娩之日起，到婴儿1周岁以前。只要该罪犯不致危害社会，原则上都可以对其决定暂予监外执行。对于被判处无期徒刑的罪犯如果是怀孕或者正在哺乳自己婴儿的妇女，也可以暂予监外执行，以体现法律对胎儿、婴儿的保护。

第三，生活不能自理，适用暂予监外执行不致危害社会的。它是指罪犯由于老、弱、病、残等原因需要他人照顾才能生活的。对这些罪犯决定暂予监外执行，体现了人道主义精神，既有利于罪犯矫正，也不致给执行机关带来麻烦。

只要具备以上三种情形之一的，对罪犯就可以决定暂予监外执行。但是必须明确：第一，对于适用保外就医可能有社会危险性的罪犯，或者自伤自残的罪犯，不得保外就医；第二，对于不符合保外就医条件不予保外就医的罪犯，也会得到执行机关医院的治疗，对于疑难或复杂病症，医院还可以聘请专家会诊积极治疗；第三，对起居不便的罪犯，给予生活上的照顾。

但是，为了正确适用法律和防止危害社会的情形发生，以及更好地保障罪犯的各项权益，《暂予监外执行规定》第6条、第7条对此也作了具体规定：

对需要保外就医或者属于生活不能自理，但适用暂予监外执行可能有社会危险性，或者自伤自残，或者不配合治疗的罪犯，不得暂予监外执行。对职务犯罪、破坏金融管理秩序和金融诈骗犯罪、组织（领导、参加、包庇、纵容）黑社会性质组织犯罪的罪犯适用保外就医应当从严审批，对患有高血压、糖尿病、心脏病等严重疾病，但经诊断短期内没有生命危险的，不得暂予监外执行。对在暂予监外执行期间因违法违规被收监执行或者因重新犯罪被判刑的罪犯，需要再次适用暂予监外执行的，应当从严审批。

对需要保外就医或者属于生活不能自理的累犯以及故意杀人、强奸、抢劫、绑架、放火、爆炸、投放危险物质或者有组织的暴力性犯罪的罪犯，原被判处死刑缓期2年执行或者无期徒刑的，应当在减为有期徒刑后执行有期徒刑7年以上方可适用暂予监外执行；原被判处10年以上有期徒刑的，应当执行原判刑期1/3以上方可适用暂予监外执行。对未成年罪犯、65周岁以上的罪犯、残疾人罪犯，适用前款规定可以适度从宽。对患有本规定所附《保外就医严重疾病范围》的严重疾病，短期内有生命危险的罪犯，可以不受本条第一款规定关于执行刑期的限制。

2. 暂予监外执行决定、批准的机关及其程序

（1）决定或批准暂予监外执行的机关

我国《刑事诉讼法》第265条第5款规定："在交付执行前，暂予监外执行由交付执行的人民法院决定；在交付执行后，暂予监外执行由监狱或者看守所提出书面意见，报省级以上监狱管理机关或者设区的市一级以上公安机关批准。"该规定表明，暂予监外执行决定的作出有两种情况：一种是在交付执行前，罪犯具有上述法定条件的，由人民法院在宣告判决的同时，作出暂予监外执行决定；另一种是在交付执行后，监狱或看守所对服刑罪犯出现上述情况的，依照法定程序决定对其暂予监外执行。因此，有权作出暂予监外执行决定或批准的是人民法院、省级以上监狱管理机关和市级以上公安机关。但是，对于职务犯罪罪犯适用暂予监外执行，还应当依照有关规定逐案报请备案审查。[1]

（2）暂予监外执行的程序

执行的程序。根据《暂予监外执行规定》，在交付执行前"被告人可能被判处徒刑而符合暂予监外执行条件的，被告人及其辩护人有权提起暂予监外执行的申请，看守所可以将有关情况通报人民法院。人民法院应当进行审查，并在交付执行前作出是否暂予监外执行的决定"。决定对罪犯暂予监外执行的，由人民法院制作暂予监外执行决定书，载明罪犯基本情况、判决确定的罪名和所判刑罚、决定暂予监外执行的原因、依据等，送达看守所或者执行取保候审、监视居住和罪犯居住地的社区矫正机构，并抄送同级人民检察院；对于罪犯在服刑过程中发现需要暂予监外执行的，执行机关应当提出书面意见，报省、自治区、直辖市的监狱管理机关或者设区的市一级以上公安机关批准。批准的，由执行机关派员持相关文书与社区矫正机构办理交接手续，并通报人民检察院。在看守所、拘役所服刑的罪犯，出现暂予监外执行情形的，依上述规定办理。

将批准的决定通知公安机关、原审人民法院，并抄送人民检察院。在看守所、拘役所服刑的罪犯，出现暂予监外执行情形的，依上述规定办理。

人民检察院认为对罪犯暂予监外执行不当的，应当自接到通知之日起1个月

[1] 最高人民检察院《关于对职务犯罪罪犯减刑、假释、暂予监外执行案件实行备案审查的规定》，2014年6月23日印发。

内经检察长批准,向决定或者批准暂予监外执行的机关提出书面纠正意见。该机关接到人民检察院书面意见后,应当立即对决定进行重新核查。

对于暂予监外执行罪犯的监督管理、教育帮助和届满解除等,具体程序应依照《社区矫正法实施办法》的相关规定执行。

对暂予监外执行罪犯的收监处理,我国《刑事诉讼法》第268条作了规定,对此,《刑诉解释》第516~518条作了具体解释:人民法院收到社区矫正机构的收监执行建议书后,经审查,确认暂予监外执行的罪犯具有下列情形之一的,应当作出收监执行的决定:(1)不符合暂予监外执行条件的;(2)未经批准离开所居住的市、县,经警告拒不改正,或者拒不报告行踪,脱离监管的;(3)因违反监督管理规定受到治安管理处罚,仍不改正的;(4)受到执行机关两次警告,仍不改正的;(5)保外就医期间不按规定提交病情复查情况,经警告拒不改正的;(6)暂予监外执行的情形消失后,刑期未满的;(7)保证人丧失保证条件或者因不履行义务被取消保证人资格,不能在规定期限内提出新的保证人的;(8)违反法律、行政法规和监督管理规定,情节严重的其他情形。

对于人民法院决定暂予监外执行的罪犯应当收监的,由人民法院作出决定,收监执行决定书一经作出,立即生效,并将决定书及有关的法律文书送达公安机关、监狱及罪犯居住地的司法行政机关,同时抄送人民检察院。

对于不符合暂予监外执行条件的罪犯通过贿赂等非法手段被暂予监外执行的,在监外执行的期间不计入执行刑期。罪犯在监外执行期间脱逃的,脱逃的期间不计入执行刑期。

对被暂予监外执行罪犯的收监处理,是对监外执行方式的终止,使其失去了更多的人身自由;对其监外执行或脱逃的期间不计入执行刑期,实则是一种惩罚。

31 Case Study 黄景嘉国家刑事赔偿案

刑事赔偿程序

■ 研读指导

1. 什么是刑事赔偿程序？
2. 为什么规定刑事赔偿？

■ 相关法条

《中华人民共和国国家赔偿法》第十七条　行使侦查、检察、审判职权的机关以及看守所、监狱管理机关及其工作人员在行使职权时有下列侵犯人身权情形之一的，受害人有取得赔偿的权利：(一)违反刑事诉讼法的规定对公民采取拘留措施的，或者依照刑事诉讼法规定的条件和程序对公民采取拘留措施，但是拘留时间超过刑事诉讼法规定的时限，其后决定撤销案件、不起诉或者判决宣告无罪终止追究刑事责任的；(二)对公民采取逮捕措施后，决定撤销案件、不起诉或者判决宣告无罪终止追究刑事责任的；(三)依照审判监督程序再审改判无罪，原判刑罚已经执行的；(四)刑讯逼供或者以殴打、虐待等行为或者唆使、放纵他人以殴打、虐待等行为造成公民身体伤害或者死亡的；(五)违法使用武器、警械造成公民身体伤害或者死亡的。

第十八条　行使侦查、检察、审判职权的机关以及看守所、监狱管理机关及其工作人员在行使职权时有下列侵犯财产权情形之一的，受害人有取得赔偿的权利：(一)违法对财产采取查封、扣押、冻结、追缴等措施的；(二)依照审判监督程序再审改判无罪，原判罚金、没收财产已经执行的。

第十九条　属于下列情形之一的，国家不承担赔偿责任：(一)因公民自己故意作虚伪供述,或者伪造其他有罪证据被羁押或者被判处刑罚的;(二)依照刑法第十七条、第十八条规定不负刑事责任的人被羁押的;(三)依照刑事诉讼法第十五条、第一百七十三条第二款、第二百七十三条第二款、第二百七十九条规定不追究刑事责任的人被羁押的;(四)行使侦查、检察、审判职权的机关以及看守所、监狱管理机关的工作人员与行使职权无关的个人行为;(五)因公民自伤、自残等故意行为致使损害发生的;(六)法律规定的其他情形。

第二十一条　行使侦查、检察、审判职权的机关以及看守所、监狱管理机关及其工作人员在行使职权时侵犯公民、法人和其他组织的合法权益造成损害的,该机关为赔偿义务机关。

对公民采取拘留措施,依照本法的规定应当给予国家赔偿的,作出拘留决定的机关为赔偿义务机关。

对公民采取逮捕措施后决定撤销案件、不起诉或者判决宣告无罪的,作出逮捕决定的机关为赔偿义务机关。

再审改判无罪的,作出原生效判决的人民法院为赔偿义务机关。二审改判无罪,以及二审发回重审后作无罪处理的,作出一审有罪判决的人民法院为赔偿义务机关。

■ 近似案例

杨素琴、王有申申请辽中县人民检察院刑事违法扣押国家赔偿案[(2014)赔监字第25号,最高人民法院、最高人民检察院公布8起刑事赔偿典型案例之五]

■ 案情介绍

赔偿请求人:黄景嘉。

委托代理人:夏建军,浙江君胜律师事务所律师。

委托代理人:夏吉先,华东政法学院教授。

赔偿义务机关:浙江省平湖市人民检察院。

法定代表人:赵陆鸣,检察长。

复议机关:浙江省嘉兴市人民检察院。

法定代表人:朱立乔,检察长。

黄景嘉以曾被浙江省平湖市人民检察院错误逮捕、羁押共204天为由,向浙江省嘉兴市中级人民法院赔偿委员会提出刑事赔偿申请,要求平湖市人民检察院赔偿侵犯其人身自由的赔偿金,并支付精神损失费5万元;公开为其消除影响、恢复名誉、赔礼道歉。

嘉兴市中级人民法院赔偿委员会经审理查明:

1998年10月7日,平湖市人民检察院根据举报,派人将赔偿请求人黄景嘉带到该院反贪局进行调查。同年10月9日,以黄景嘉在担任平湖中学办公室主任、校办企业负责人期间涉嫌贪污为由,将黄景嘉拘留。同年10月23日,以涉嫌贪污为由将黄景嘉逮捕。1999年4月29日,平湖市人民检察院决定,对黄景嘉取保候审,解除羁押。同年9月29日,平湖市人民检察院以主要证人去向不明、使案件难以审结为由,作出了撤销黄景嘉涉嫌贪污案的决定。自1998年10月7日至1999年4月29日,黄景嘉共被剥夺人身自由204天。

2000年5月22日,赔偿请求人黄景嘉以平湖市人民检察院错误逮捕为由,向该院提出赔偿申请。同年6月22日,平湖市人民检察院作出刑事确认书,对赔偿请求不予确认。同年6月26日,赔偿请求人黄景嘉向复议机关嘉兴市人民检察院提出申诉。同年8月25日,嘉兴市人民检察院作出刑事确认申诉复查决定书,维持了平湖市人民检察院的不予确认决定。

认定上述事实的依据有:1998年10月7日和8日浙江省平湖市人民检察院对黄景嘉调查笔录;浙江省平湖市人民检察院平检反贪拘通(98)9号拘留通知书、平检反贪逮通(1998)9号逮捕通知书、平检保书(1999)12号保证书、平检撤案(1999)第1号撤销案件决定书、平检确字(2000)第1号刑事确认书;浙江省嘉兴市人民检察院浙嘉检确复决字(2000)第1号刑事确认申诉复查决定书。

赔偿义务机关抗辩认为:本案未经确认,不能进入赔偿程序,赔偿委员会应不予受理;赔偿请求人黄景嘉有贪污犯罪事实,只是因为主要证人案发时出走,至今去向不明,致使证据达不到确实、充分的起诉条件而撤销案件,不属于错误拘留,不应当赔偿。

嘉兴市中级人民法院赔偿委员会认为:

根据《国家赔偿法》第15条的规定,行使侦查、检察、审判、监狱管理职权的机关及其工作人员,对没有犯罪事实的人错误逮捕的,属于侵犯人身权的情形,受害人有取得赔偿的权利。平湖市人民检察院以涉嫌贪污为由,强制限制赔偿请求人黄景嘉204天的人身自由,事实清楚。黄景嘉涉嫌贪污案最终因平湖市人民检察院认为证据达不到确实、充分的起诉条件而撤销,实际上是无法证明犯罪嫌疑人有犯罪事实。不能证明犯罪嫌疑人的犯罪事实而将其逮捕,就是没有犯罪事实的错误的逮捕。受害人对作出错误的逮捕决定的司法机关,有权提出刑事赔偿。因此,赔偿请求人黄景嘉要求平湖市人民检察院作为赔偿义务机关赔偿其损失,符合法律的规定。

赔偿义务机关平湖市人民检察院对赔偿请求人黄景嘉的赔偿申请,已经作出了不予确认的决定;复议机关嘉兴市人民检察院经复议,维持了平湖市人民检察院的决定。上述两个决定,致使黄景嘉的国家刑事赔偿申请应当进入国家赔偿程序而没有进入国家赔偿程序。对平湖市人民检察院作出的不予确认决定以及嘉兴市人民检察院作出的复议决定,应视为赔偿义务机关和复议机关已经分别作出了不予赔偿的决定。赔偿请求人黄景嘉认为赔偿义务机关和复议机关的决定违反《国家赔偿法》的规定,向本院赔偿委员会提出申请赔偿的请求,本院应该依法予以受理。

《国家赔偿法》第20条规定:“赔偿义务机关对依法确认有本法第十五条、第十六条规定的情形之一的,应当给予赔偿。”平湖市人民检察院没有充分证据证明黄景嘉有贪污犯罪的事实,即以涉嫌贪污犯罪对其予以逮捕,侵犯了公民的人身权利。平湖市人民检察院应当作为赔偿义务机关依法承担刑事侵权国家赔偿责任,并实际履行赔偿义务。

《国家赔偿法》第25条第1款规定:“国家赔偿以支付赔偿金为主要方式。”《国家赔偿法》第26条规定:“侵犯公民人身自由的,每日的赔偿金按照国家上年度职工日平均工资计算。”赔偿义务机关对受害人予以国家赔偿,应该以国家赔偿法所规定的赔偿范围为准。赔偿请求人黄景嘉要求赔偿义务机关平湖市人民检察院对侵犯其人身自由作出赔偿,并消除影响、恢复名誉、赔礼道歉,符合法律规定。平湖市人民检察院应当依法作出赔偿,并为赔偿请求人消除影响,恢复名誉,赔礼道歉。但赔偿请求人黄景嘉要求赔偿义务机关支付精神损失费,超出了国家赔偿法规定的赔偿范围，且没有其他法律依据，依法不予支持。

综上，浙江省嘉兴市中级人民法院赔偿委员会于2000年11月12日决定如下：

浙江省平湖市人民检察院赔偿黄景嘉人民币6705元。自收到本决定之日起15日内履行完毕。

本决定为发生法律效力的决定。

■ 疑难点释析

检察机关无法证明当事人有犯罪行为而进行逮捕的，当事人向法院赔偿委员会申请国家赔偿，可否取得刑事赔偿？

本案中，请求人认为受到检察机关的非法逮捕，要求国家给予赔偿。根据《国家赔偿法》的规定，国家机关和国家机关工作人员行使职权，侵犯公民、法人和其他组织合法权益的情形，造成损害的，受害人有依法取得国家赔偿的权利。另外，该法第17条第1项、第2项规定："行使侦查、检察、审判职权的机关以及看守所、监狱管理机关及其工作人员在行使职权时有下列侵犯人身权情形之一的，受害人有取得赔偿的权利：（一）违反刑事诉讼法的规定对公民采取拘留措施的，或者依照刑事诉讼法规定的条件和程序对公民采取拘留措施，但是拘留时间超过刑事诉讼法规定的时限，其后决定撤销案件、不起诉或者判决宣告无罪终止追究刑事责任的；（二）对公民采取逮捕措施后，决定撤销案件、不起诉或者判决宣告无罪终止追究刑事责任的……"

本案中，检察机关无法证明当事人有犯罪行为而进行逮捕的，即对没有犯罪事实的人错误逮捕，属于侵犯人身权的情形，依照《国家赔偿法》第17条的规定，行使侦查、检察、审判、监狱管理职权的机关及其工作人员，对没有犯罪事实的人错误逮捕的，受害人有取得赔偿的权利。受害人应当以作出错误逮捕决定的检察机关为赔偿义务机关，申请刑事赔偿，赔偿义务机关应当依照法律规定的赔偿标准履行赔偿责任。

■ 知识点梳理

1. 刑事赔偿的基本概念

刑事赔偿,也称冤狱赔偿,是指行使侦查、检察、审判、监狱管理职权的机关及其工作人员侵犯公民人身权或者侵犯公民、法人或其他组织的财产权,法定赔偿义务机关给予受害人的赔偿。我国的刑事赔偿范围采用了严格的法定原则,即除《国家赔偿法》第17条、第18条规定的情形外,国家都不承担赔偿责任。现有我国刑事赔偿的范围主要包括以下二类:侵犯公民人身权的和侵犯公民财产权的。立法上明确了公民取得国家赔偿的条件是逮捕后被做无罪处理、终止追究刑事责任,这是一种典型的"推导倒置"的做法,即以法院判决结果作为认定是否错误逮捕的标准。我国《国家赔偿法》的制定和修改是在充分考虑当时的实际状况、发展水平和社会需要基础上进行的。逮捕存在的根本目的之一就是保障人权,然而却是以限制或者剥夺具体人权为条件的;逮捕既可以成为保障绝大多数人生存权、自由权以及财产所有权的手段,同时也可能被人为地利用或者错误使用而成为侵犯人权的撒手锏〔1〕。逮捕是一柄"双刃剑",如何正确、合法地运用逮捕这一强制措施,避免错误逮捕情况的发生,特别是错误逮捕发生后,如何依法保障刑事诉讼中公民的人身权利,就成为公安司法机关必须面对和解决的问题。

刑事赔偿是以国家名义对刑事诉讼中被侵害的法益进行的救济。刑事诉讼是特定机关代表国家追诉犯罪,实现国家的刑罚权。刑事诉讼中发生的各种侵害被追诉者合法权益的行为,是国家刑事司法权力不规范运作造成的。刑事司法机关(包括公安机关、检察机关、审判机关、监狱管理机关以及对特定案件具有侦查权的军队保卫部门)及其工作人员在刑事诉讼中作出的决定和实施的行为,是代表国家为实现刑罚权而实施的,体现的是国家意志。根据谁造成损害,由谁承担责任的原则,对刑事诉讼动态平衡进行救济的主体应当是国家。

国家既对刑事司法机关及其工作人员履行职责产生的积极结果承担责任,也应当对刑事司法机关及其工作人员履行职责产生的消极后果承担责任。

---

〔1〕 孙谦:《逮捕论》,法律出版社2001年版,第127页。

刑事赔偿制度正是国家向刑事诉讼程序中合法权益遭受侵害的被追诉人承担赔偿和补救责任的机制。通过向受害人履行刑事赔偿责任,尽可能地使被追诉者遭受侵害的合法权益恢复到原本状态,努力使打破了的刑事诉讼动态平衡状态得以弥补,体现刑事诉讼追求的价值目标。

刑事赔偿实现的公正价值,与刑事诉讼实现的价值目标相比,尽管是滞后的,但绝不是徒劳的。刑事赔偿制度的存在,可能使刑事诉讼中没有兑现的价值目标得以间接体现。没有刑事赔偿制度,刑事追诉程序中一旦发生侵权或者错误的司法决定,通过刑事追诉中的再审程序只能使错误的裁判得以纠正,但对已经造成的被追诉人权益受侵害的事实,从制度设计和救济规范化的角度则无法得到弥补,刑事诉讼要达到的程序正义及其他价值目标,在实践中就要打折扣。

当然,刑事赔偿制度的存在并不会产生纵容刑事司法人员随意行使职权,不会因国家替代追诉人员承担错误追诉或者错误决定的侵权损害责任,就使追诉人员降低执法标准。对因与行使职权无关的个人行为造成公民、法人和其他社会组织的权利损害的,国家不承担刑事赔偿的责任,由侵权人本人承担相应的法律责任,达到应受刑罚处罚程度的,国家还将依法追究其刑事责任。国家通过刑事赔偿制度对刑事诉讼进行救济的同时,还通过落实责任人员的追偿责任,迫使刑事追诉人员提高公正意识,避免发生各种侵权行为,尽量维护刑事诉讼的动态平衡,保证公平正义的价值目标随追诉程序的终结而得以实现。

2. 刑事赔偿对刑事诉讼的意义

刑事赔偿对刑事诉讼的救济贯穿刑事诉讼程序的始终。刑事诉讼程序的启动、强制措施的适用、法院裁判的形成,都需要证据予以支撑。刑事诉讼的各环节,如果证据收集或者采信标准把握不准,就会导致错误的决定或者错误的司法行为。

刑事诉讼的每一个环节都有可能出现侵犯被追诉人合法权益的行为,刑事诉讼的动态平衡可能因任意环节出现侵权行为而被打破。从刑事赔偿的范围和事由、刑事赔偿对刑事诉讼的影响看,刑事赔偿牵涉刑事诉讼的整个过程,无论是强制措施的错误运用,侦查中违法适用武器、警械侵犯被追诉人的健康权,违法扣押、追缴被追诉人的财产侵犯其财产权,还是法院错误的裁判以及刑罚执行中发生的侵权行为,都在刑事赔偿的范围之内。

从刑事赔偿涉及的事由和特点看,无论在刑事诉讼的哪个阶段,只要发生侵害被追诉人合法权益的行为,并有证据证实或者经依法确认的,都可由国家向受害人给予赔偿和安抚。无论哪种情形的赔偿,都是通过向受害人承担物质赔偿或者精神安抚的形式,实现对刑事诉讼程序的事后救济。